Paulo Proença

EM TORNO DE ALBERTO GIACOMETTI

Arte, Ética e Psicanálise

Paulo Proença

EM TORNO DE ALBERTO GIACOMETTI

ARTE, ÉTICA E PSICANÁLISE

Editor
José Nazar

Companhia de Freud

EDITORAÇÃO ELETRÔNICA
Mariana Blanc e Afranio de Souza

Rio de Janeiro, 2010.

FICHA CATALOGRÁFICA:

P957e

Proença, Paulo

Em torno de Alberto Giacometti : arte, ética psicanálise / Paulo Proença; editor José Nazar. - Rio de Janeiro : Cia. de Freud , 2010.

225p. : il. Inclui bibliografia

ISBN 978-85-7724-077-7

1. Giacometti, Alberto, 1901-1966. 2. Psicanálise. 3. Psicanálise e arte. 4. Arte moderna - Séc. XX - Suiça. 5. Psicanálise e ética. I. Nazar, José. II. Título.

10-2570. CDD: 150.195
CDU: 159.964.2

01.06.10 09.06.10 019549

Companhia de Freud
Editora
Rua Barão de Sertório, 48 - casa
Tel.: (21) 2273-9357 • (21) 2293-5863
Rio Comprido - Rio de Janeiro
www.ciadefreud.com.br • ciadefreud@gmail.com

SUMÁRIO

Dedico este trabalho aos artistas.
Em especial àqueles de onde surgiram
o amor pela arte e o apoio imprescindível:
Miguel, Marly, Daniel e Laura.

Este livro é resultado do trabalho de elaboração de algumas poucas questões surgidas a partir do diálogo entre arte e psicanálise durante o Mestrado no Programa de Pós-graduação em Psicanálise da Universidade do Estado do Rio de Janeiro – UERJ. Ali pude encontrar, na forma da interlocução mais viva e do espírito mais ético, o acolhimento para a elaboração de algo que já vem de muito longe e que tem envolvido muitas pessoas importantes. De fato, são questões de uma vida inteira.

Meus agradecimentos

A Doris Rinaldi, pela interlocução fundamental, precisa e entusiasmada.

A Edson Luiz André de Sousa e Marco Antonio Coutinho Jorge, que muito me honraram ao poderem, juntamente com Doris Rinaldi, compor a banca de defesa da dissertação e estarem presentes em torno de Giacometti (outubro de 2008), falando sobre o artista e as ressonâncias de sua arte em suas falas e elaborações.

A Ana Costa e, mais uma vez, a Marco Antonio Coutinho Jorge, pela disponibilidade, acolhida e pelo rigor no momento importante que foi o da qualificação.

Aos professores do Programa de Pós-Graduação em Psicanálise, em especial a (repetirei nomes): Ana Costa, Doris Rinaldi, Luciano Elia, Márcia Mello, Heloísa Caldas, Marco Antonio Coutinho Jorge, Sonia Altoé e Sonia Alberti, cuja transmissão da psicanálise me rendeu muita inspiração e trabalho e que me renderá ainda sempre novos frutos.

À querida mestra Benita Lopes, com quem tanto aprendi e que, na graduação na Universidade Santa Úrsula, acreditou nessas ideias quando ainda nasciam.

À cumplicidade de Ângela Coutinho, do pioneiro Centro de Pesquisa e Clínica em Psicanálise CEPCOP/USU, que também acreditou nas possibilidades giacomettianas.

À preciosa presença dos professores do CEPCOP em meu percurso, e à querida Heloísa Vogel, assim como os amigos para toda a vida que lá encontrei e que acompanham esse caminhar.

A Áurea Schechtman pela escuta fundamental das primeiras passagens.

A Dulce Duque Estrada, em cujo divã se delineia a inacabada figura de Alberto Giacometti.

A Wanda Costa, pelo apoio e pela presença nos momentos importantes.

A Susana Fuentes, pelo amor que testemunhou as primeiras elaborações, as mais fundamentais.

A Elda Barbosa, amiga sempre incentivadora

A Graziela Alberici, pelo amor e o desafio inspirador.

A Taís Azeredo, por intuir a "alma giacomettiana".

A Renata Mattos, pela amizade rara e pelas conversas extremamente enriquecedoras, assim como pelo carinho e paciência com que leu e revisou o texto.

Aos demais colegas do mestrado e da orientação que sempre contribuíram com sugestões e observações.

APRESENTAÇÃO

*Doris Rinaldi**

Alberto Giacometti, pintor e escultor suíço, um dos maiores artistas do século XX, é o guia de Paulo Proença em seu trabalho de trançar arte e psicanálise, sob o viés da ética. Guia como ele diz "nada ortodoxo, (...) à deriva", que o conduz por dentro de sua arte a esse encontro impossível do real, que norteia a ética da psicanálise. Tomando como material de trabalho seus *Escritos*, publicações junto aos surrealistas, papéis e guardanapos de cafés, sua produção poética e as entrevistas "preciosas" que concedeu, mas sem deixar de se surpreender com a força de suas obras de pintura e escultura, Paulo articula com sua própria pena, ou melhor, com seu *estilete*, de modo ensaístico, denso e vibrante, arte e psicanálise, sem reduzi-la uma a outra. Não se trata de um estudo psicanalítico do artista e de sua obra, nem de tomar a arte como suporte para a teoria, mas de abordá-la em sua *coisidade*, como enigma que impõe um certo trabalho significante de contorno, nesse limite ético do real, onde se conjugam, no estilo singular do autor, a paixão pela arte e o desejo do psicanalista.

Giacometti é um artista paradigmático para esse empreendimento porque traz para a boca de cena, de forma candente, a experiência do artista com o impossível. A escrita de Paulo, como ele bem situa, se faz "em torno" dessa experiência, "catando as migalhas", como indica Lacan ao definir a posição do psicanalista diante da obra de arte. O que busca em Giacometti é a *especificidade do fazer artístico*, atravessado que está por uma ética, a ética do artista, cujo ponto de encontro com a ética da psicanálise é o apelo à dignidade do vazio. Vazio que diz respeito à Coisa - *das Ding* - que Freud encontra na experiência do próximo (*Nebenmensch*), constitutiva do sujeito, como algo irrepresentável e inassimilável, mas que causa uma poderosa impressão. Lacan a define como núcleo do real, esse buraco cavado no real pela linguagem, causa de desejo, a partir do qual propõe uma ética da psicanálise, como ética do desejo e da diferença. No horizonte da ética da psicanálise não há nenhum Bem a alcançar, nenhum ideal de harmonia, pois o desejo está marcado inapelavelmente pela falta que o causa.

Na perplexidade de Giacometti diante do abismo da vida, quando diz "tudo me ultrapassa", Paulo reconhece uma postura ética que aproxima do que Lacan formulou acerca da ética da psicanálise, sua dimensão trágica e ao mesmo tempo comum. Giacometti era um homem comum, "Um homem entre outros", título do documentário que Jean Marie Drot fez sobre ele. Um homem que gostava de passear na rua, de ir ao cinema, de rir de si mesmo. Quando perguntado sobre sua obra ele diz: "... só a vida me interessa". E é justamente diante da realidade da vida, que a "aventura secreta de Giacometti" se desenrola, confrontando-o permanentemente com o impossível, no estranhamento do mundo que se dá *pari passu* com a valorização das coisas do mundo.

Como relata em seus *Escritos,* a partir de um determinado momento de sua vida foi tomado pela angústia diante da impossibilidade de copiar o que via, de retratar os objetos e modelos a partir de uma visão fotográfica. A realidade lhe escapava: "... é como se a realidade estivesse continuamente por detrás de cortinas que se abrem. Há ainda outra... sempre mais outra... E continua-se, sabendo que quanto mais se se aproxima da coisa mais ela se distancia" (Giacometti apud Proença, 2009:31). Vemos aqui o artista diante das sucessivas telas que se interpõem entre o que vê e o "núcleo da vida", nesse encontro impossível com d*as Ding*, que atravessa a experiência da realidade, a um só tempo trágica e comum. À medida que a realidade se dissolve e se afasta cada vez mais, Giacometti, em seu deslumbramento, toma cada coisa em sua "dignidade de Coisa", ao valorizar cada detalhe - um pé de cadeira ou um simples copo, que se furta ao reconhecimento, aparecendo e desaparecendo. Como diz Paulo Proença, "Um copo, flagrado na sua inconsistência, "contêm" todas as outras coisas do mundo" (idem: p.37), o que o remete ao apólogo do vaso heideggeriano, tal como retomado por Lacan no Seminário sobre *A Ética da Psicanálise*.

Nesse Seminário, ao abordar a questão da sublimação, Lacan se vale da noção de *criação* não apenas para pensar a própria sublimação, mas também a ética. Nessa direção, ele toma o vaso, objeto criado pela arte mais primitiva, a do oleiro, como exemplar para representar a Coisa, à medida que, em sua função de modelagem do significante, introduz no mundo, ao mesmo tempo, o vazio e a perspectiva de preenchê-lo. Tal como vaso do oleiro, o copo para Giacometti contém esse vazio que o espanta pela impossibilidade de captá-lo em sua presença de Coisa, impossível de ser copiada, mas que ganha "dignidade de Coisa" ao surpreendê-lo em sua banalidade e em sua beleza, mais resplandecente do que tudo que pudesse ver nas muitas viagens que porventura fizesse. Como diz Lacan, na obra de arte, "o objeto é instaurado numa certa relação com a Coisa que é feita simultaneamente para cingir, para presentificar e para ausentificar" (Lacan, 1986:176).

Diante da estranheza do mundo, Giacometti, esse artista que espantou os seus contemporâneos por sua postura singular diante da vida e da arte, apresenta uma definição que guiará Paulo Proença em seu trabalho de procurar contornar o que está em causa para ele e sua arte: "A arte não é outra coisa senão uma forma de ver" (Giacometti apud Proença: 31).

O caminho escolhido pelo autor em sua "aventura" em torno de Giacometti, seguindo o exemplo de Lacan, passará por Heidegger e sua filosofia da arte, de onde recolherá elementos para pensar a especificidade do campo artístico e seu estatuto ético. O filósofo, no texto *A origem da obra de arte*, traz o enigma da arte para a boca de cena, como uma "questão a olhos vistos". Não se trata, para Heidegger, de tentar resolver o enigma, mas de "ver o enigma". Sua empreitada é a de, a partir da experiência que a obra de arte lhe proporciona, tornar visível esse enigma.

O diálogo com Heidegger, "o último filósofo", é bastante frutífero porque, sem pretender adentrar aos domínios da filosofia no sentido de explorá-lo profundamente, Paulo o traça rigorosamente a partir da noção de *coisidade* trazida por Heidegger, para falar do que está no âmago da experiência artística. De início, o aspecto coisal a que se refere Heidegger está relacionado ao que há de matéria nas obras de arte, assim como em todas as coisas, o que o afasta da Coisa freudiana e lacaniana. Contudo, rompendo com a tradição metafísica acerca da *coisidade* da coisa, remetida a um saber já dado, Heidegger situa a *coisidade* ao nível da obra de arte de forma distinta. "Se o aspecto coisal é a pedra que está na escultura, a coisidade, em Heidegger, é o que faz com que a escultura, por meio da função do artista seja o que ela é - elevada à dignidade da Coisa" (Proença, idem:60). Ou seja, a *coisidade* da escultura dá a ver o enigma da obra de arte, como "coisa enformada pela falta" (Idem:64). A Coisa, *das Ding*, espreita nesse lugar da coisidade, seja nos sapatos de Van Gogh, comentados por Heidegger e também por Lacan, seja no templo grego, que para o filósofo inaugura um mundo, encarnando o enigma da origem.

Paulo Proença costura, assim, arte e psicanálise com a agulha de Heidegger, não sem os reparos de Lacan sobre o fracasso metafísico deste último, mas reafirmando que se a arte é, como diz Heidegger, "o por-se-em-obra da verdade do ente", essa verdade é a não-verdade, é da ordem do furo, aí residindo a sua *coisidade,* que se dá a ver e que nos olha. O artista, como nos mostra Giacometti, testemunha o espetáculo do mundo através de sua "forma de ver", que coloca em jogo a dialética do ver e do olhar, pois a obra é para ele o instrumento que instaura a possibilidade de ver, já que o olhar desconcerta a visão e enceguece. A obra de arte, por sua vez, se torna olhar e traz nela mesma esse ponto de opacidade, ponto de lesão, no qual podemos reencontrar a sua *coisidade*: a verdade da obra de arte para Heidegger e o real para a psicanálise.

O trabalho de contorno de Paulo continua, ainda, com Jean Genet em seu belo livro *O ateliê de Giacometti*, em que apresenta um texto que é, ao mesmo tempo, análise, interpretação e testemunho poético de um artista sobre outro artista. Afastando-se da filosofia, Proença retoma a questão do sujeito e sua fenda estrutural, ao recolher desse texto elementos para pensar a questão da singularidade de Giacometti e de sua ética como artista. Genet tematiza a *dignidade*, assim como Heidegger e Lacan, pela via da "preciosidade", ao dizer que Giacometti nunca olhou um ser e uma coisa com desprezo. "Cada um deve lhe parecer em sua mais preciosa solidão" (Genet apud Proença, idem:79). Solidão preciosa de cada objeto e de cada ser na sua diferença pura, restituída pelo olhar secreto do artista ao valorizar os mínimos detalhes, as formas disformes, sua estranheza - como diz Genet, "é sempre uma ferida" - insubstituível. Ao lado disso, Genet se refere às figuras de Giacometti (suas esculturas) que evidenciam o ponto precioso em que o ser humano é devolvido à irredutível solidão de ser igual a qualquer outro.

As esculturas de Giacometti, filiformes e alongadas são, como Paulo assinala, feridas em bronze que apresentam um caráter contagioso e provocam uma vibração em torno delas. Falta radical encarnada que, na tensão entre o perto e o longe, o pequeno e o grande, nos aspiram para esse buraco, reenviando o sujeito por elas capturado à sua falta fundamental. Falta que, para a psicanálise, diz respeito ao real, ou como o define Lacan, ao impossível da relação sexual, da qual Freud partiu ao falar da realidade sexual do inconsciente, como uma intuição de ordem ética. Esse real em arte é tocado na medida em que a obra se apresenta como portadora dessa ferida, dessa falta radical, enigmática que provoca o nosso olhar, nos captura, causando nosso desejo. Essa é a *Ding-nidade* da arte que o autor aproxima da *Ding-nidade* da psicanálise, ambas modos de organização em torno do vazio constitutivo do sujeito. Se a experiência da psicanálise conduz o sujeito a se deparar com a falta que o constitui e a fazer alguma coisa com isso, a obra de arte denuncia esse vazio para a psicanálise, o que levou tanto Freud quanto Lacan a dizerem que o artista precede o psicanalista e lhe mostra os caminhos.

Ao final de seu trabalho Paulo envereda pelas "profundezas do gosto" expressão retomada de Lacan no texto "Kant com Sade", quando este aproxima a alcova sadiana dos lugares das escolas da antiga filosofia (Academia, Liceu): "Aqui como lá, prepara-se a ciência retificando a posição da ética. Nisso, sim, opera-se um aplanamento que tem que caminhar cem anos nas profundezas do gosto para que a via de Freud seja viável" (Lacan apud Proença, idem:142).

Paulo segue esse caminho, procurando contornar mais uma vez o fazer artístico de Giacometti, comentando algumas de suas obras enigmáticas, propondo pensar a problemática dessa profundeza pela via de sua arte, que traz a tona esse objeto "côisico", invisível e inapreensível, causa do desejo do sujeito. Giacometti, como ele diz, nos leva "às profundezas do inferno, munido de seu empenho artístico, e assim pode contar-nos o que ele lá pode ver. Mesmo que essa reportagem seja incomunicável e condenada à solidão secreta de uma ferida, vale o que ela denuncia: a dimensão da perda" (*Ibidem*:201). A arte como uma práxis da diferença situa-se, assim, como uma ética fundada no exercício do homem com sua falta, o que permite que se estabeleça um diálogo extremamente frutífero com a psicanálise e sua ética. É o que Paulo Proença nos oferece nesse belo e inspirado texto.

* Psicanalista, Professora da UERJ, Coordenadora do Programa de Pós-graduação em Psicanálise do IP/UERJ, Pesquisadora do CNPq.

GIACOMETTI: TRAVESSIAS

*Edson Luiz André de Sousa**

Em 1961, Henri Cartier-Bresson capturou uma das mais belas imagens que conheço de Alberto Giacometti (p.16). O artista atravessa a Rua de Alesia em Paris em um dia de chuva. Está sozinho e seu corpo adquire repentinamente uma potência botânica. Ele está entre duas árvores: uma a sua frente, do outro lado da rua, para onde se dirige apontando um ponto de horizonte, e a outra às suas costas, como uma lembrança inquieta do enigma da origem. Giacometti é a árvore que se move no meio do asfalto. Travessia de um artista inquieto que nos deixou uma obra extraordinária e que Paulo Proença soube tão bem capturar com seu olhar sensível, atento e não menos inquieto. Embora o autor tenha se centrado nos textos de Giacometti, em vários momentos evoca alguns dos trabalhos visuais do artista, mostrando ao leitor uma tessitura contínua entre palavra e imagem. Na imagem úmida de Bresson, tudo parece se diluir em reflexos e a rua surge como um grande espelho. O Giacometti refletido no asfalto nos endereça a questão do estatuto da imagem, paradigma de todo trabalho de arte que fundamentalmente recoloca para seu tempo uma questão crucial: o que é uma imagem?

Paulo Proença inicia seu livro com uma vertical, indicando assim sua sensibilidade de escuta às formas que tanto animaram o fazer artístico de Giacometti. O fragmento poético de E.E. Cummings joga o leitor em uma experiência de queda (ou ascensão?) indicando o fragmentário, a letra partida que quer se fazer imagem, a palavra que falta na definição do belo. *Beautiful* de Cummings (p.19) funciona, portanto, como uma espécie de farol que conduzirá o leitor a tantas outras travessias com a psicanálise, com a filosofia e com a história da arte.

Na foto de Bresson vemos pequenas sinalizações brancas e de formas circulares como se fossem pontos de reticências no tecido da cidade. O artista avança com determinação sobre estes pontos. Paulo nos mostra que o fazer artístico, em sua dimensão ética, é fundamentalmente uma abertura do olhar às reticências do mundo, instigando nosso pensamento e, sobretudo, nossas vidas a outras visibilidades. O desafio do artista é nos arrancar da letargia cíclica do caminhante que sempre atravessa a rua no mesmo ponto, se é que atravessa!

O livro de Paulo Proença nos apresenta um Giacometti inquieto, irreverente, radical, incansável e nos ajuda a compartilhar a experiência do ferimento de quem se confronta com a criação. Assim, oferece ao leitor uma chance de atravessar a Rua de Alesia junto com Giacometti sabendo de antemão que será impossível não se m(olhar).

* Psicanalista, Professor da UFRGS, Pesquisador CNPQ.

Beautiful

is the
unmea
ning
of(sil

ently)fal

ling(e
ver
yw
here)s

Now

E.E. Cummings

A TÍTULO DE INTRODUÇÃO

A ÁRVORE DA ARTE E DA PSICANÁLISE

Em seu Seminário VII *A ética da psicanálise*, Jacques Lacan (1959-60/1991) retoma a enigmática e polêmica frase de Picasso, "*no busco, encuentro*[1]", como aproximação à questão do fazer do artista. Deteremo-nos nela mais adiante, no decorrer do texto, mas gostaríamos, antes de mais nada, de partir de seu enigma para que, em seguida, possamos dar início à nossa investigação. Quem viu o filme de Henri-Georges Clouzot, *Le mystère Picasso* (1956), sabe ao que a frase de Picasso alude. Trata-se de um documentário que registra a feitura passo-a-passo de alguns quadros por Picasso. Na verdade, o que o expectador testemunha é o desfilar infinito e ininterrupto de quadros que se sucedem, saídos uns dos outros, uns por cima dos outros, atravessando uma mesma tela, perfazendo um pouco mais do que uma dezena de telas no total, durante os 78 minutos de duração da película. Só existirá um quadro, 'aquele' quadro (ou 'aqueles' quadros), em função do limite de tempo (muitas vezes rigorosamente cronometrado pelo diretor), limite de material e de recursos, quem sabe, para a produção de Clouzot. O diretor deve dar o basta, e temos o quadro em questão como num jogo de roleta – onde a bolinha parar, estará o número sorteado. Picasso, no entanto, sorri e provoca o diretor: "se quiser, posso continuar, indefinidamente... é só dizer!". Mas até este momento, não temos outra coisa senão um movimento ininterrupto de pinceladas variadas, motivos, cores, recomeços, términos. Um mundo nasce numa dada paisagem com casinhas à beira da praia, a alegria dos banhistas, para logo vir a morrer soterrado pelo surgimento de um novo mundo, que se insinua em pinceladas agora motivadas em outro ritmo, na beleza de um rosto sombrio de mulher. Vemos, portanto, Picasso encontrar. E o expectador se perder, boquiaberto. Não são apenas as mutações que intrigam, mas também a presentificação do estilo de Picasso no movimento cinemático que Clouzot nos proporciona ao apresentar a própria constituição da obra em seus elementos

---

1 Não procuro, acho.

(perdidos ou acrescentados), na decisão de seus traçados, em suas cores, enfim, o "milagre" do artista.

Isto é certo: o ponto de onde partimos, esse vivo no qual se situa a experiência e a reflexão de um artista, é, portanto, algo desde já encontrado. Ao psicanalista restam as migalhas, como diz Lacan no Seminário VII *A ética da psicanálise*.[2] Não temos aqui, de maneira alguma, uma questão engatilhada, encomendada, um tema já 'clássico', referido ao campo psicanalítico enquanto tal e encaminhado para o seu percurso texto adentro. Não visamos, tampouco, aplicar um saber psicanalítico à obra do artista, o que resultaria numa teoria solitária às voltas com seu umbigo – quando, na verdade, o umbigo é de um real que se trata. O umbigo é o Outro. Como disse Freud: "O umbigo do sonho é esse ponto onde o sonho é insondável, quer dizer, ponto onde se interrompe o sentido ou toda a possibilidade de sentido" (Freud, 1900/1987, p. 482). Sendo assim, tivemos inicialmente uma sensação difusa, – quase uma perplexidade – frente a algo umbilical de limites muito sensíveis com o real, do qual, a esse respeito, pululam indagações e 'ululam' falsas obviedades na obra de Alberto Giacometti. Dito de outro modo, encontramos algo, mas não sabemos exatamente do que se trata. E esse algo nos levará para tantos caminhos diferentes quantas são as vias e questões possíveis e pertinentes.

O escultor e pintor suíço Alberto Giacometti (1901-1966), que está no centro disso tudo, é um dos maiores artistas do século XX, não somente pela força de suas obras pintadas, esculpidas e desenhadas, mas também em função de suas ideias escritas. Baseamo-nos aqui quase que inteiramente nos seus *Écrits*, ou seja, nas suas publicações junto aos surrealistas, seus papéis (*calepins*) e guardanapos de cafés, sua produção poética, e ainda nas suas preciosas entrevistas. A esse propósito, uma das mais conhecidas entrevistas de Giacometti, concedida a Jean-Marie Drot, para a série de filmes *Les heures chaudes de Montparnasse*, intitula-se *Un homme parmi les hommes*[3], o que é muito pertinente em relação às questões muito singulares e complexas que ele traz para a arte e o pensamento, mas que se originam da sua vida e mesmo do cotidiano mais "banal". Então podemos dizer que, literalmente, sua vida era sua arte, e que, de certa maneira, diz respeito à vida de todos nós, à vida de cada sujeito. As discussões com os amigos, a exaustiva rotina no atelier, seus passeios por Paris (sua cidade de adoção), suas idas aos museus, eis

2 "(...) Freud foi de uma prudência singular. Sobre a natureza do que se manifesta de criação no belo, o analista, segundo ele, nada tem a dizer. No domínio cifrado do valor da obra de arte, encontramo-nos numa posição que não é nem mesmo a dos colegiais, mas dos catadores de migalhas" (Lacan, [1959-60] 1991, p. 289).

3 Um homem entre os homens.

como ele descreve sua aventura: "O mundo me espanta cada dia que passa, mais e mais. Ele tornou-se mais vasto, mais maravilhoso, mais imponderável, mais belo" (Giacometti, 1990, p. 274). Ele é, por isso, um *flâneur* boquiaberto e fonte das questões mais intrigantes e ricas a respeito da arte e de toda a atitude que intenta apreender o vivo. Diz ele, em entrevista a David Sylvester: "O prazer de fazer um passeio pela floresta desapareceu completamente para mim, pois uma única árvore sobre uma calçada em Paris, já me basta. Já é o suficiente para mim como árvore; duas árvores então, isso já me dá medo" (Giacometti, 2000, p. 274).

Pretendemos, portanto, para efeito de introdução, retomar o título do presente trabalho na sua literalidade: *Em torno de Alberto Giacometti*. Porque é disso mesmo que se trata: o trabalho pretende fazer girar algumas "migalhas" em torno desse enigma que é Alberto Giacometti às voltas com o seu fazer, seu olhar, ou seja, questões que a arte deste artista nos coloca e que encontram ressonâncias as mais diversas no campo da psicanálise, mas que sobretudo nos pareceu falar de uma ética. Desse modo, não nos deteremos num suposto "caso" Giacometti, ou em uma direção diagnóstica que ele nos apontaria; enfocaremos por ora apenas o *pathos* e o seu lugar fundamental na ética da psicanálise, tecendo o fio das interlocuções possíveis entre arte e psicanálise.

Duas coisas se nos apresentam nesse primeiro momento: por um lado, o artístico, ou seja, a especificidade da arte e o fazer do artista; e, por outro, a abordagem da sublimação pela psicanálise. Ou simplesmente: a arte, a psicanálise, e no centro ou no fundo disso tudo: a ética elaborada por Lacan, mas cuja raiz mais funda é um certo apelo à dignidade do vazio. Portanto, é importante, do ponto de vista do nosso trabalho, articular a singularidade do fazer do artista, quando molda sua obra e fala sobre ela, e a questão de um mais-além que a sublimação comporta, cuja fórmula em Lacan (1959-60/1991, p. 140-1) é "elevar o objeto à dignidade da Coisa". Isto quer dizer: que essa relação seja de atravessamento, no sentido de que, tanto arte quanto psicanálise, passem uma por dentro da outra, que uma não seja simplesmente objeto da outra, que uma não aplique simplesmente sua teoria à outra, que uma não esteja preparada para encaixar-se na outra. Digamos, pelo menos, que é de nosso interesse que a arte não sirva apenas de suporte para a teoria *prêt-à-porter* – mas que a arte apareça na sua coisidade e na fala do artista, para que também possamos trabalhar com ela e não somente com a teoria-da-arte. Claro que se trata aqui, antes de mais nada, de um exercício que nos esforçamos em manter contínuo, um esforço que não apenas intenta, mas de fato precisa passar por dentro da ética, da dignidade que o vazio nos oferece como causa de nosso trabalho.

Assim propomos no texto que se segue: fazer desfilar algumas considerações – ensaiar alguns caminhos, fazer alguns recortes – a respeito da interlocução entre arte e psicanálise a partir da ética. Mas isso, no entanto, sem receio em reconhecer que a força de uma presença singular como a do artista Alberto Giacometti implica necessariamente na produção de meras migalhas. Que, em psicanálise, tem sido sempre assim, desde Freud, e passando pelo "retorno" de Lacan, – ou se põe tudo a perder com universalismos teóricos. Contentamo-nos, portanto, com pouco. Mas não somente por mero exercício consciencioso de humildade, mas sobretudo porque o pouco às vezes é muito, o é em demasia. Para Giacometti é sempre muito, e isso aprendemos com ele, chegando ao nível do insuportável. "Tudo me ultrapassa", diz ele (Giacometti, 1990 p. 264), entre encantado e horrorizado em face do abismo da vida. Disto queremos depreender algo como uma "ética do artista", próxima das elaborações que Lacan inferiu a partir da ética: sua dimensão trágica e, simultaneamente, o modo como o "comum", o cotidiano, disfarçam e anestesiam uma ferida sempre aberta. A arte deve nascer desse imbróglio, muitas vezes perpassar, senão construir, os labirintos e os meandros em que esse sujeito caminha. E, para o analista, sobretudo, e também no que se refere à relação arte-psicanálise, trata-se de escutar esse sujeito, esse "artista", e o que ele tem para nos ensinar – como o fez Freud. Tanto Lacan quanto Freud articularam isto: a arte antecipa a psicanálise. "Delimitando" o campo de uma, a outra comparece.

Lacan, em *A instância da letra no inconsciente*, compõe uma ode à *arbre* saussuriana, aquela árvore que exemplifica o signo, fazendo-a eclodir por conta da incidência do significante:

> É que decomposta no duplo espectro de suas vogais e suas consoantes, ela evoca, juntamente com o carvalho e o plátano, as significações de que é carregada em nossa flora, as de força e majestade. Drenando todos os contextos simbólicos em que é tomada no hebraico da Bíblia, ela ergue sobre um outeiro sem fronde a sombra da cruz. Depois, reduz-se ao Y maiúsculo do signo da dicotomia que, sem imagem que historiza o armorial, nada deveria à árvore, por mais genealógica que ela se diga. Ó, árvore circulatória, árvore vital do cerebelo, árvore de Saturno ou de Diana, cristais precipitados numa árvore condutora do raio, será talvez tua figura que traça nosso destino no casco chamuscado da tartaruga, ou teu clarão que faz surgir de uma inominável noite a lenta mutação do ser no *hen panta* da linguagem (Lacan, 1957/1998, p. 507).

CAPÍTULO I

ALBERTO GIACOMETTI: TRAJETÓRIA DE UMA "FORMA DE VER"

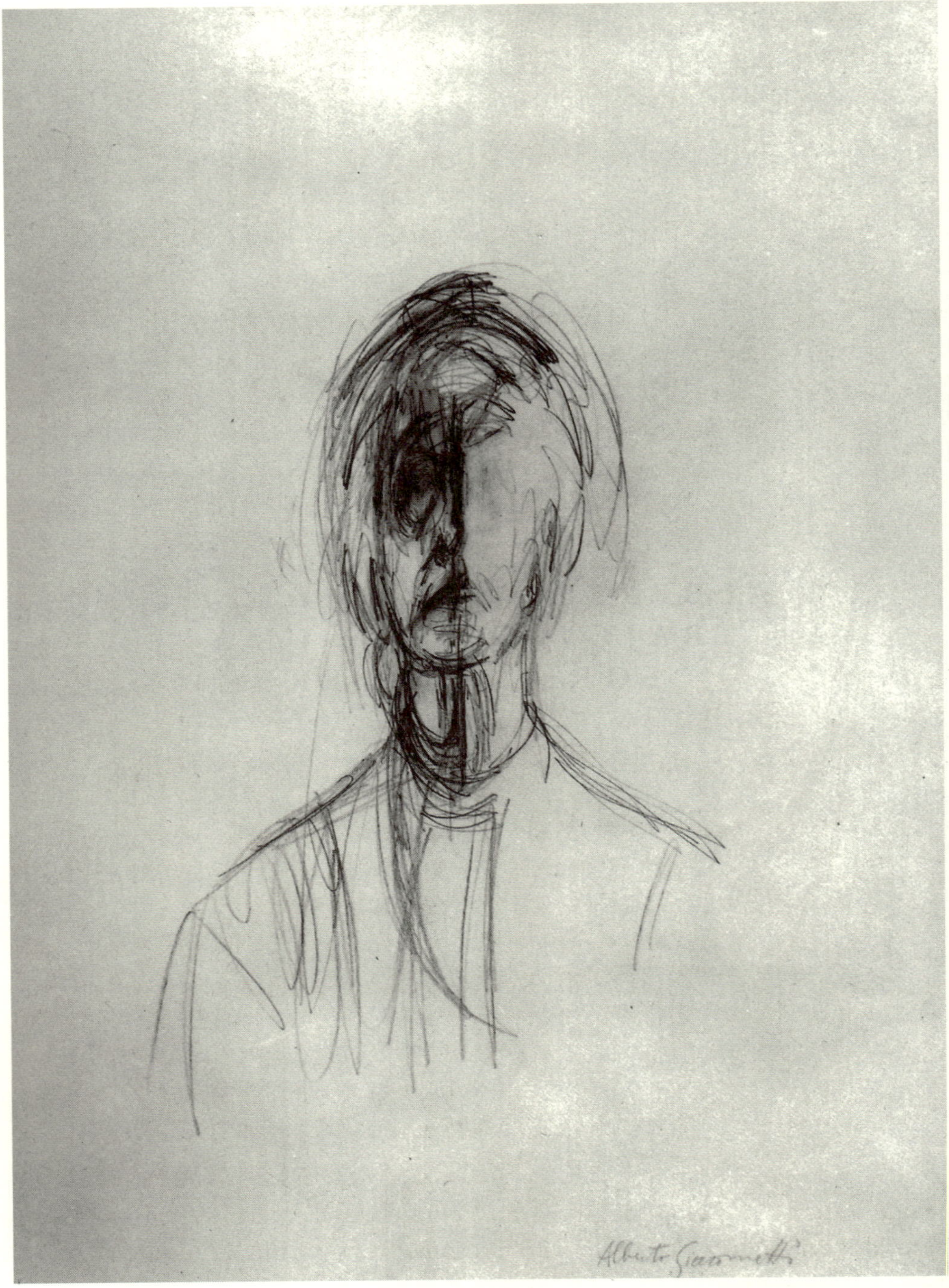
Alberto Giacometti

Jean-Paul Sartre, amigo de Alberto Giacometti, para quem, inclusive, posou para um retrato, considerava Giacometti o artista existencialista por excelência. Giacometti, de fato, daria um bom personagem de um livro de Sartre, como aquele Antoine Roquentin de *A Náusea*, que testemunha, a olhos vistos, as raízes de uma árvore em seu cerne vivente, de existência transbordante. Seja como for, Giacometti tinha uma posição singular no cenário artístico europeu, afastado que estava tanto da tradição quanto do chamado Modernismo, e cujas obras e questões puseram, não somente Sartre, mas muitos outros pensadores para trabalhar e reformular seus conceitos em arte. O que pretendemos aqui é mostrar um pouco o porquê desse espanto geral frente à experiência de um artista com o impossível.

Alberto Giacometti nasceu em 1901, em Borgonuovo, no sudoeste da Suíça. Mas é em Stampa, um povoado vizinho, onde viverá até 1922, quando, incentivado pelo pai, o pintor Giovanni Giacometti, parte para estudos em Paris. Nesta cidade, passará a viver o resto da vida e onde conquistará a fama como um dos maiores artistas do século XX.

O romancista e ensaísta americano James Lord, amigo e biógrafo de Giacometti, procura mostrar em seu livro *Um retrato de Giacometti* o transcurso de 19 dias em que posou para o artista[4], a relação artista e modelo e os impasses e dificuldades de Giacometti para a realização de um retrato seu. O escritor pôde testemunhar as incontáveis vezes em que Giacometti, numa mesma sessão, desfazia tudo o que tinha feito e recomeçava do nada. O retrato aparecia e

4 Imagem desta obra na página 217

desaparecia. Os diálogos reproduzidos por Lord durante as sessões e fora delas são repletos de um humor mordaz e zombeteiro entre amigos e entre artista e modelo, entremeados, no entanto, por suspiros angustiados, imprecações, gritos e berros do artista, menosprezando suas próprias habilidades como pintor:

> O trabalho, escreve Lord, tinha começado a ir muito mal. Pelo menos, era o que Alberto dizia. Ele gemia, batia os pés, exclamava: "É abominável", ou "Estou com os nervos prestes a explodir!", ou "Não sei fazer nada". Tentamos persuadi-lo, Anette [esposa de Giacometti] e eu, a relaxar ou a descansar um pouco, mas sem sucesso. No entanto, acabou por dizer:
>
> - Não sei mais nem como segurar meu pincel (Lord, 1998, p. 126).

Em um outro momento, durante uma pausa da mesma sessão:

> No café, todavia, ele pareceu esquecer rapidamente que tinha havido algum progresso. Suspirou e socou a mesa, o que chamou a atenção das pessoas a nossa volta, sem que ele tivesse consciência. Sacudiu a cabeça e exclamou:
>
> - Nada é como eu gostaria que fosse, absolutamente nada.
>
> - O engraçado, observou depois de algum tempo, é que simplesmente não consigo reproduzir o que vejo. Seria preciso morrer disso para conseguir (*Ibidem*, p. 39).

Todo o drama de Giacometti está aí nesta simples frase: "não consigo reproduzir o que vejo". Mas será que isto quereria significar que ele não consegue reproduzir fielmente o modelo que ali está, objetivamente? Absolutamente. Sua luta e insatisfação estão na incompatibilidade entre a realização da obra e a visão que ele tem da realidade. O que resulta dessa luta é apenas a obra. Aliás, como ressalta James Lord em seu livro:

> (...) Alberto não se preocupava com o quadro como uma obra isolada, objetiva, a ser apreciada como tal. Isso só interessava a mim. Ele só olhava o quadro como um subproduto, por assim dizer, de sua luta sem fim para retratar não simplesmente um indivíduo, mas a realidade. (*Ibidem*, p. 127)

Para saber de que realidade se trata para Giacometti é preciso seguir um pouco mais a diante no que se refere à obra. De fato, a obra, em Giacometti, pelo que ele fala dela, é quase como um pretexto, podendo-se dizer que ela chega a alcançar um segundo plano, como algo que tem sua importância, mas de uma natureza 'menor'. Em uma entrevista concedida a André Parinaud em 1962, coloca:

> No fundo, eu trabalho somente pela sensação que tenho durante o trabalho. E se depois eu vejo melhor, e, se saio para uma caminhada, vejo a realidade ligeiramente diferente, no fundo, mesmo se o quadro não tenha nenhum sentido ou se é destruído, ganho da mesma maneira. Ganho uma nova sensação, uma sensação que jamais tive (Giacometti, 1990, p. 275).

Ainda na mesma ocasião, surge na entrevista a Parinaud a frase lapidar: "A arte não é outra coisa que uma forma de ver" (*Ibidem*, p. 275). No que esta frase parece ter de 'óbvio' ou ingênuo, tem também de intrigante, pois ela está diretamente implicada na frase acima, onde ele diz não conseguir reproduzir o que vê. Desse modo vamos paulatinamente delineando e nos aproximando do universo giacomettiano:

> O que eu olho, diz ele, tudo me ultrapassa, me deixa perplexo, e eu não sei exatamente o que vejo. É bastante complexo. Assim, é preciso tentar copiar para dar conta ao menos um pouco do que se vê. É como se a realidade estivesse continuamente por detrás de cortinas que se abrem. Há ainda outra... sempre mais outra. Mas tenho a impressão, ou a ilusão, de que faço progresso todos os dias. É isso que me faz agir, como se pudesse chegar a compreender o núcleo da vida. E continua-se, sabendo que quanto mais se se aproxima da coisa, mais ela se distancia. A distância entre mim e o modelo tende a aumentar interminavelmente (*Ibidem*, p. 265) .

A questão de Giacometti é, portanto, relativa ao olhar e ao ver, à realidade tal qual ele a percebia. Isso implica, de saída, numa especificidade: que a dificuldade estava toda no fazer artístico a partir do trabalho de observação, ou seja, com o modelo posando ou com natureza morta (*d'aprés nature*). A distância interminável entre o modelo e o artista de que fala acima é a história de um fracasso, de uma impossibilidade, que aliás é muito bem exemplificada por James Lord em seu livro. O mesmo, no entanto, não ocorria em relação ao trabalho feito de memória, a partir de ideias preconcebidas ou que surgissem "da cabeça" simplesmente. Sendo assim, para não enfrentar a dificuldade de representar os modelos e os objetos de natureza morta, ele se volta para realização de esculturas de inspiração cubista, confecção de objetos de decoração (para o decorador Jean-

Michel Frank), e objetos de caráter abstrato. Vale destacar aqui a série "cubista" de trabalhos chamada *placas*, na qual se inclui o exemplo mais expressivo dessa produção em *Cabeça que olha* (1927), e outras obras como *Bola suspensa*[5] (1930), que teremos oportunidade de abordar mais à frente.

Em 1930, durante a exposição que Giacometti divide com Arp e Miró na Galerie Pierre, *Bola suspensa* chama a atenção de Salvador Dali e André Breton, que fazem o convite para que Giacometti integre o grupo surrealista. Integrado ao movimento, Giacometti passa a concentrar toda sua energia na produção de objetos do estilo de *Bola suspensa* e a escrever para as suas publicações e a participar das exposições do grupo, travando conhecimento com Luis Buñuel, Man Ray, Paul Éluard, Louis Aragon, entre outros. Esse período, como dissemos, é um momento de produção prolífica, mas também de 'fuga' e evitamento dos modelos e do trabalho de observação, caracterizado por um adiamento quase infindável. Ele relata:

> Durante 10 anos, não fiz outra coisa que reconstituir. Não começava uma escultura se não tivesse visto muito claramente o que eu ia realizar. No dia em que eu fazia a escultura eu a realizava num tempo mínimo. Era uma época portanto mais feliz. Eu ia dar passeios, trabalhava, o trabalho em si não apresentava nenhuma dificuldade e eu fazia o que eu queria. Mas eu sabia que, seja lá o que eu fizesse ou quisesse fazer, eu seria obrigado, um dia, a me sentar frente a um modelo, sobre um tamborete, e tentar copiar o que via. Mesmo que eu não tivesse a menor esperança de me sair bem sucedido. Eu temia, de uma certa maneira, ser obrigado a chegar a esse momento, e sabia que era inelutável... Eu temia, mas ao mesmo tempo ansiava por isso. Porque as obras abstratas que eu fazia já estavam finalizadas, terminadas, uma vez por todas. E continuar significaria produzir obras desse tipo, mas toda a aventura abstrata estava terminada, ou seja, não me interessava mais (*Ibidem*, p. 263).

Em 1934, rompe com o surrealismo. Deste momento em diante está decidido a tomar seu próprio rumo – procura enfrentar a questão da observação no dia a dia de seu ateliê, trabalhando compulsivamente com modelo. Sua produção nesse momento começam a adquirir as características que são mais comumente associadas ao seu estilo: as formas humanas afiladas e despojadas de suas

5 *Tête qui regarde* e *Boule suspendue*. Imagens destas obras, respectivamente, nas ps. 222 e 216.

esculturas. E, na pintura, além das naturezas mortas, têm-se os retratos cujos princípios formais se repetem, testemunhando de forma enfática e até dramática a luta interna de Giacometti com a questão da representação.

Mas retornando aqui um pouco para os tempos pré-surrealistas: até 1925, conta-nos ele, achava que poderia copiar tudo; tudo era possível no desenho ou na escultura. Seus primeiros bustos datam dos 14 anos de idade, mas bem antes já desenhava com extrema facilidade e revelava precocidade admirável.

> Eu tinha a impressão que entre minha visão e a possibilidade de fazer não havia nenhuma dificuldade. Eu dominava minha visão e isso era o paraíso, que durou até os 18/19 anos, quando tive a impressão de que não podia fazer mais absolutamente nada! Isso foi aparecendo aos poucos... A realidade me escapava, fugia. Antigamente eu acreditava ver as coisas com total clareza, uma espécie de intimidade com o todo, com o universo... E a partir daí de um só golpe tudo se torna estranho (*Idem*).

De fato, até 1925 a possibilidade de representar a realidade, ou seja, de permanecer naquilo que se poderia chamar de uma feliz comunhão entre realidade e desejo de representação, cai por terra. É nesse mesmo ano que ocorre um episódio marcante em que tenta retratar a mãe, Anetta Giacometti, e depara-se com a primeira impossibilidade radical de representar o que vê, que o levará à longa crise com o trabalho de observação, como colocado anteriormente. Vejamos mais uma fala a respeito dessa impossibilidade:

> A linha – lembro-me muito bem – a linha que vai da orelha ao queixo, compreendi que eu jamais poderia copiar isso tal qual eu via, para mim era da ordem de uma impossibilidade absoluta. Obstinar-se em cima disso era absurdo, pois isso terminava com toda a possibilidade de copiar, mesmo sumariamente, o que eu via... Assim foi que abandonei a pintura de observação (*d'après nature*), e a escultura também (*Idem*).

Esse abandono é, indubitavelmente, um dos fatores determinantes que o encaminham ao grupo surrealista. Mas após o rompimento com o Surrealismo, em 1934, a questão dessa impossibilidade se amplia, do âmbito restrito do trabalho com modelos para o âmbito da realidade que o cerca. Giacometti observa:

> Nada resta da realidade senão a aparência. Se um personagem está a 2 ou 10 metros de distância, já não posso mais me remeter à verdade da realidade positiva. Se estou no terraço de um café e de lá

> vejo pessoas caminhando na outra calçada, eu as vejo minúsculas. Seu tamanho natural não existe! (*Idem*).

É por volta de 1940 que essas mesmas questões do tamanho e da imagem começam a se apresentar radicalmente na confecção de suas esculturas:

> As cabeças tornavam-se minúsculas, (...) elas tendiam à desaparição. Eu só distinguia um número enorme de detalhes. Para ver o conjunto, era preciso fazer com que o modelo recuasse cada vez mais para longe. Quanto mais ele recuava, mais a cabeça diminuía, o que me aterrorizava. O perigo da desaparição das coisas... (*Ibidem*, p. 68)[6].

Episódios semelhantes já haviam ocorrido anteriormente, mas não da mesma maneira como se dá em 1940, com intensidade e frequência.

Chegamos a 1945. Neste ano uma experiência é decisiva e emblemática daquilo que se denomina a "forma de ver" de Giacometti. Nesta experiência, que é assombrosa, reside a questão do artista no que se referia ao trabalho de observação, pois que é, literalmente, a observação de que se trata aqui, observação da vida vivida, das coisas viventes, da vida "banal" das ruas que de fato o intriga.

> Anteriormente havia uma realidade conhecida ou banal, digamos, estável, não é? Isto foi até 1945... (...) minha visão do mundo era uma visão fotográfica, como creio ser mais ou menos para todo mundo, não? Não se vê jamais as coisas, vê-se sempre através de uma tela... Na pintura se passa a mesma coisa. Hoje em dia, quase todos os pintores, se, por exemplo, desejam fazer uma paisagem, eles a vêem através do impressionismo (a última visão pictórica do mundo exterior válida é o impressionismo).
>
> Eis que de repente houve uma quebra, de um só golpe. Lembro-me muito bem, foi no cinema, no *Actualité* em Montparnasse. Prá começar, eu não sabia muito bem o que eu estava vendo na tela; no lugar de figuras, via tudo como borrões pretos e brancos, quero dizer, que elas perdiam toda a significação, e, ao invés de olhar para a tela, olhava os vizinhos de poltrona que nesse momento se tornavam um espetáculo totalmente desconhecido. O desconhecido era a realidade ao meu redor e não mais o que se passava na tela! Ao sair do cinema, no *boulevard*, tive a impressão de estar diante de algo jamais visto, uma reviravolta completa da realidade... Sim,

---

6 Exemplos dessas esculturas na imagem da página 220.

o jamais visto, o total desconhecido, maravilhoso. O *boulevard* Montparnasse adquiria uma beleza de Mil e uma noites, fantástica, totalmente desconhecida... e ao mesmo tempo um silêncio, uma espécie de silêncio inacreditável. E isso ia mais adiante. Todos os dias eu acordava no meu quarto, e havia uma cadeira com uma toalha em cima que me impressionava e chegava a me dar um frio na espinha, pois em tudo havia um ar de imobilidade absoluta.. Uma espécie de inércia e perda de peso das coisas: a toalha sobre a cadeira não tinha peso, ela não tinha nenhuma relação com a cadeira, a cadeira sobre o assoalho não pesava sobre o assoalho, ela estava inerte enquanto tal e isso me dava uma espécie de impressão de silêncio... Era o princípio: havia acontecido uma transformação da visão que eu tinha de tudo... como se o movimento não fosse mais do que uma sucessão de pontos de imobilidade. Uma pessoa falando, por exemplo, passava a ser não mais um movimento, mas sim imobilidades que se sucediam, completamente desligadas uma das outras; eram momentos imóveis que poderiam durar, depois de tudo, uma eternidade, uma imobilidade interrompida e seguida por outra imobilidade. Lembro-me uma vez, pedindo alguma coisa em um café, o rapaz que eu observava, abria a boca e dizia alguma coisa, esse movimento da boca me pareceu ser uma sucessão de momentos imóveis, descontínuos, completamente descontínuos. O homem tornava-se uma espécie de desconhecido total (*Ibidem*, p. 265).

Houve para mim uma cisão total entre a visão fotográfica e a visão própria que adoto. Foi o momento onde a realidade me assombrou como nunca. Antigamente, quando saia do cinema, não havia nada, ou seja, que o hábito da tela se projetava sobre a visão corrente da realidade. Depois, num repente, aconteceu uma ruptura, ou seja, que o que se passava na tela do cinema não se parecia mais com nada e eu olhava para as pessoas na sala do cinema como se jamais as tivesse visto. Foi nesse momento que me surgiu novamente a necessidade de pintar e de esculpir, pois a fotografia não podia de maneira nenhuma me dar uma visão fundamental da realidade. Assim, para eu saber como eu via, seria preciso que eu tentasse produzir. Muitos artistas adquirem uma espécie de terror da realidade, pois eles imaginam que viverão para todo o sempre sob o jugo da fotografia, na qual eles acreditam sem qualquer questionamento. Se é daí que eles copiam, pintar torna-se banal; ou como, por exemplo, pintar através da visão impressionista, enfim, a partir do que já foi feito e estabelecido. Assim, realmente, não vale mais a pena recomeçar. Para eles o mundo é vazio! (*Ibidem*, p. 277).

"Mundo vazio", para ele, significaria um mundo apreensível na sua totalidade, um mundo banal e já dado, que corresponderia ao artista enquanto soberano e senhor de sua arte. Nada mais falso do que isso para Giacometti. Na sua arte, é com o estranho, com o desconhecido e com o objeto faltoso, que ele se defronta o tempo todo, que lhe impõe um trabalho de Sísifo. É o inapreensível de sua experiência do mundo que flagra o movimento, e a falta se faz presente na irrupção do real. Para Giacometti, portanto, como vimos, processa-se a descoberta (irrupção) de alguma coisa que o impulsiona a trabalhar novamente (da qual antes ele fugia), para tentar compreender o que via e, por causa disso, como desdobramento dessa maior aproximação, ocorre uma valorização de todo o meandro possível do campo da percepção. Como Picasso, Giacometti é aquele que não procura, acha:

> O mundo me espanta cada dia que passa mais e mais. Ele tornou-se mais vasto, mais maravilhoso, mais imponderável, mais belo. O detalhe me apaixona, o pequeno detalhe, como o olho em um rosto, ou o musgo na árvore. São os detalhes que fazem o conjunto... que fazem a beleza de uma forma (*Ibidem*, 274).

Se, de um só golpe, a realidade, na sua estranheza, se presentifica da forma como ele nos relata, é porque simultaneamente já está aí presente uma desierarquização de todos os elementos da realidade percebida: "Se antigamente ainda ansiava por fazer viagens", diz em entrevista ao crítico inglês David Sylvester em 1962,

> hoje viajar ou não viajar me é totalmente indiferente! A curiosidade de conhecer as coisas do mundo vem se tornando cada vez mais reduzida, uma vez que um simples copo sobre uma mesa, por exemplo, me impressiona muito mais do que costumava me impressionar. Se o copo que está à minha frente me impressiona muito mais do que todos os copos que vi em pinturas, e se penso que a maravilha das maravilhas em arquitetura não podem me impressionar mais do que este copo, realmente não vale a pena que eu me empenhe numa viagem até a Índia para ver tal e qual templo quando tenho tanto quanto ou até mais diante de mim. Mas então, se este copo se torna a maravilha das maravilhas, todos os copos se tornam também a maravilha das maravilhas. Mas todos os outros objetos também. Limitando-se a um só copo, tem-se muito mais a noção de todos os outros objetos do que se quisesse fazer o todo.

> Tendo meio centímetro que seja de qualquer coisa, tem-se muito mais chance de se ter um sentimento do universo do que se tivesse a pretensão de fazer o céu inteiro (*Ibidem*, p. 291).

Um copo, flagrado na sua inconsistência, "contém" todas as outras coisas do mundo. O copo é colocado em rede, pois todas as coisas são importantes na sua diferença pura – todas as coisas podem se presentificar a partir de um só ponto, que é evanescente. E, lembrando *das Ding* heideggeriana no apólogo do vaso e do oleiro, retomado por Lacan no Seminário VII *A ética da psicanálise*, é como se todo um mundo passasse pelo vazio do copo de Giacometti:

> No momento em que olho um copo, sua cor, sua forma, sua luz, chega a mim a cada novo olhar algo pequenino e difícil de precisar, que pode se traduzir por um mínimo traço, uma mínima mancha; cada vez que olho para o copo, ele parece se refazer, quer dizer, que sua realidade torna-se duvidosa, pois sua projeção sobre o meu cérebro é duvidosa, suspeita, ou parcial. Vê-se o copo, então, como se ele desaparecesse... reaparecesse... desaparecesse... reaparecesse... poderíamos dizer que seria como se ele estivesse entre o ser e o não-ser. E é isso que se quer copiar... todo o esforço dos artistas modernos está nessa vontade de capturar, de possuir algo que flui constantemente. Eles querem possuir a sensação que eles têm da realidade, mais do que a realidade ela mesma. De toda maneira, não se pode ter tudo... (*Ibidem*, p. 274).

O copo desaparece... reaparece... desaparece... Ele é uma questão a olhos vistos. Como esse copo, tudo, num movimento incessante, se presentifica na sua vacilação, na sua estranheza e completa desnaturalização. Algo se desencadeia a partir disso, não em direção aos domínios da loucura, do delírio, mas em direção a um questionamento da construção da realidade, da fantasia como "tela" entre ele e as coisas. E tudo isso através do pensamento e do questionamento sobre a arte – Giacometti é um artista, e é fundamental lembrarmos disso.

Mas em Giacometti, a obra de arte enquanto tal (que função terá ela aqui?), em si mesma, é relegada a um segundo plano, pois não somente o copo, mas os transeuntes na rua, o cachorro, a toalha na cadeira, um musgo na árvore... tudo isso está aí e o perturba, fascina, tudo está acontecendo sempre como que pela primeira vez, no tempo flagrante. O que é que Giacometti chama de belo?, pergunta um entrevistador. Eis a resposta:

> (...) Pode-se dizer que há pessoas que acham a realidade banal e qualquer, e que pensam que as obras de arte são mais belas. Para mim, a questão não se coloca mais dessa maneira! Em um outro momento da minha vida, eu ia ao Louvre e os quadros e as esculturas davam-me um impressão sublime... Eu as amava na medida mesma em que elas me davam o que a realidade não podia me dar. Eu as julgava belas e muito mais belas que a realidade mesma. Hoje em dia, se vou ao Louvre, não consigo resistir a olhar as pessoas que olham as obras de arte. O sublime para mim hoje em dia está nos olhares mais do que nas obras... A tal ponto que as últimas vezes em que fui ao Louvre, eu tive que fugir de lá, literalmente, fugir. Todas aquelas obras tinham um ar tão miserável – um procedimento tão miserável, tão precário, uma aproximação balbuciante através dos séculos, em todas as direções possíveis, mas extremamente sumárias, primárias, ingênuas, para cercar, abordar, uma imensidão formidável, eu olhava com desespero as pessoas viventes. Compreendi que jamais alguém conseguiria captar, agarrar esta vida... (*Ibidem*, p. 275).

Avancemos, portanto. Para apreender alguma coisa do que Giacometti procura nos mostrar – sim, porque ele deseja fazer ver algo – precisamos percorrer outros caminhos, caminhos próximos, mas que sempre contornam o que está em causa.

CAPÍTULO II
ARTE, QUESTÃO A OLHOS VISTOS / HEIDEGGER COM GENET

Já não posso classificar os bens preciosos
Tudo é precioso...
e tranquilo
como olhos guardados nas pálpebras.

(Movimento de espada – Drummond)

O BURACO

Conta-se acerca de Tales, que teria caído num poço quando se ocupava com a esfera celeste e olhava para cima. Acerca disto, uma criada trácia, espirituosa e bonita, ter-se-ia rido e dito que ele queria, com tanta paixão, ser sabedor das coisas do céu, que lhe permaneciam escondidas as que se encontravam diante do seu nariz e sob seus pés (Heidegger, 1962/1987, p. 14).

É do *Teeteto* de Platão que Martin Heidegger retira esta pequena história, contida nas páginas iniciais de *O que é uma coisa*[7], texto de 1962. Em seguida, arremata: "Platão acrescentou ao relato desta história, a seguinte afirmação: 'o mesmo escárnio aplica-se a todos os que se ocupam da filosofia'" (*Ibidem*, 15). Heidegger se serve desta história para falar da metafísica e na tarefa que o pensamento (e não mais, no seu entender, a filosofia propriamente dita) encontra pela frente, no séc. XX em diante, que é a sua ultrapassagem. Mas isso de ultrapassar a metafísica,seja lá o que signifique, não é uma deliberação qualquer, ou um capricho do filosofar. É antes, como o poço que surpreende Tales, um buraco. Um buraco que é exigência de pensamento. Sobre a metafísica, Heidegger observa, portanto: "Queremos libertar o mais possível a palavra metafísica do que historicamente lhe está ligado. Para nós, ela designa, somente, aquele modo de proceder no qual se corre, em particular, o perigo de cair num poço" (*Ibidem*, p. 13).

Para Heidegger, portanto, por metafísica não se quer designar um domínio particular dentro da filosofia, como se tem uma "ética" ou uma "estética". Trata-se, antes de mais nada do "cerne" mesmo da filosofia tradicional, ou seja, o modo mesmo de proceder que esta encarna historicamente. O corte cartesiano, operação que faz surgir o sujeito da ciência, parece ser o momento auge dessa metafísica, momento de seu maior aprimoramento, e que inaugura a razão moderna. A razão cartesiana baseia-se num deslocamento da substancialidade da antiguidade para a subjetividade, ou ato de pensar do homem, o *cogito*. O sujeito cartesiano se faz coincidente consigo mesmo através da proposição fundamental *Cogito ergo sum*[8]. O fundamento não é mais buscado no exterior, em Deus ou na Natureza, mas sim na interioridade (ainda que sustentada e legitimada pelo Outro 'divino' da pura razão). Pensar e ser são coincidentes e evidentes. O sujeito cartesiano é, portanto, aquele cuja certeza fundamenta todo o conhecimento. Frente a toda a obscuridade do mundo, tudo que é confuso e refratário ao controle e ao pensamento deve ser deixado de lado.

Mas é com Freud que o sujeito cartesiano cai no buraco. De fato, para Lacan, é no seio mesmo desse projeto metafísico que funda a razão moderna que pode surgir a psicanálise. Freud traz uma ruptúra (buraco) aí onde esse sujeito "coincide" consigo mesmo, faz surgir um intervalo, uma divisão que coloca o sujeito, tão soberano que é no mundo moderno cartesiano, agora confrontado com a ordem inconsciente e o mais além que é tudo que o precede e determina.

---

7 *Die Frage nach dem Ding.*

8 Penso, logo sou.

O buraco, portanto, é preciso pensá-lo. Em psicanálise, não podemos falar de outra coisa senão desse buraco. A psicanálise denuncia sua existência, e, mais do que isso, cava-o mais fundo e melhor. Algo de irremediável e radical.

> O que aqui se articula é justamente a virada essencial de uma crise de onde saiu toda a nossa instalação moderna no mundo. É a isso que Freud vem dar sua sanção, sua última estampilha, fazendo entrar, de uma vez por todas, essa imagem do mundo, esses arquétipos falaciosos, lá onde devem estar, isto é, em nosso corpo (Lacan, 1959-60/1991, p. 118).

Note-se bem o termo "arquétipos falaciosos" como representando um tipo de pensamento cultivado numa estruturação fechada e imaginária – onde, aliás, muito provavelmente a concepção junguiana deve estar incluída. A ousadia de trazer para o corpo e seus buracos algo que surge e não deixa de surgir como diabólico, mas que está aí desde sempre, é o passo seguinte e definitivo de Freud. Lacan cita Lutero: "Sois o dejeto que cai no mundo pelo ânus do diabo" (*Ibidem*, p. 118) para dizer da pulsão, seu buraco e o objeto. A pulsão é referida ao real, e não à realidade tal qual a compreendemos; o real é o que vem constituir o destino e a vocação da psicanálise: a falta – e é nesse núcleo que se inaugura uma lógica do 'em torno'. E aí, no mesmo golpe da cava do buraco, surge toda uma dimensão objetal que confronta o homem e o desafia em sua própria casa. Desafio à razão cartesiana, e despertar. Dizemos isso quando o século XX já entra com uma obra arrebatadora e inovadora, a *Traumdeutung*[9], que mostra o sonho como esse confronto com algo que, de outro em nós, nos fala de nós mesmos, o inconsciente e o desejo. E, mais adiante, em 1905, nos *Três Ensaios sobre a Sexualidade*, Freud mostrará aquilo que vem a ser uma cartografia desse corpo que é gozo. "(...) Freud marca, no nível do que podemos chamar de fonte dos *Triebe* [pulsões], um ponto de inserção, um ponto de limite, um ponto irredutível (...) desses resíduos das formas arcaicas da libido" (*Ibidem*, p. 119).

Com o tema da pulsão, deparamo-nos com a questão da precariedade, em oposição ao mundo 'cor-de-rosa' pastoral da metafísica. Se procuramos desenvolver algo que se relacione com uma estética, essa estética deve, necessariamente, estar assentada nessa precariedade, nesse corpo crivado pela hiância e pelo inacabamento. Precariedade, supomos, é aqui, portanto, concebida e ensaiada como ritmo e diferença, modos de falar de uma estética articulada a esta hiância, ao buraco que insiste em manter-se aberto, ou seja, ao real que não cessa de não se escrever.

---

9 *A interpretação dos sonhos.*

O estatuto ético da estética que procuramos investigar se baseia em todo esse quadro de contra-fluxo que Alberto Giacometti apresenta para nós, nesses bastidores da bela-alma artística, por assim dizer, que revela um modo de gozar atrelado ao horror e à morte, mas também frequentado pela experiência reveladora da "verdade" do artista no resplandecimento de seu fazer e de seu olhar. O que Giacometti nos traz é, de certa forma, um despertar, mas ainda dentro do pesadelo de um gozo insuportável e ameaçador, arrastado que se vê por *das Ding*. Como esse termo das Ding (a Coisa), resgatado de Freud, Lacan se refere, no Seminário VII A ética da psicanálise, ao objeto desde sempre perdido, faltoso, pensado como vazio, mas, paradoxalmente, também como o objeto absoluto, objeto impossível, destrutivo e ameaçador, como o buraco, do qual vínhamos falando até aqui, que aspira o sujeito à destruição. Nós veremos *das Ding* mais à frente, quando nos ateremos mais detida e precisamente na questão da ética da psicanálise na relação com o *ethos* artístico. Mas seria isso um despertar, uma tal experiência do real? Lacan, em 1975, disse algo interessante: "Só há despertar no singular[10]". Giacometti é um artista – um sujeito –, e essa especificidade faz toda a diferença para nós; algo de singular vem se introduzir aí. A arte é um discurso, um lugar, ou, quem sabe, a lira de Orfeu que lhe abre o caminho para o Hades? Questão importante. A experiência do artista é, para Giacometti, uma experiência que se posiciona na total contramão do sonho metafísico, ou do sonho da modernidade – e até mesmo de muitos ideais vanguardistas –, atravessando violentamente uma certa dimensão imaginária em direção ao estado nascente e periclitante do fazer artístico.

Freud, como comenta Regnault, considerava que a filosofia sempre aspira a alguma visão de mundo (*Weltanschauung*), e que, desse modo, o filósofo, conforme os versos de Heine: "Com seus gorros de dormir e as faixas de seu roupão / Tampa os buracos do edifício do mundo"" (Regnault, 2001 p. 59). A psicanálise, como vimos, pelo contrário, visa o buraco, o real; a metafísica não quer saber dele de jeito nenhum (posição que já denunciaria, no que encobre, a presença do buraco, evidentemente). Vejamos uma definição de metafísica para vermos de que modo se dá esse tampar buracos:

> O sonho metafísico é, assim, o sonho da permanência, da estabilidade, do eterno presente. Busca-se nas coisas apenas o que tem a consistência – ilusória – do inteligível, o que pode ser representado, controlado e dominado pela razão; deixa-se de lado as qualidades

10 Segundo Regnault, em *Peut-être à Vincennes*, Ornicar? 1º janeiro 1975. Na versão deste texto em português, *Talvez em Vincennes...*, tal frase encontra-se como "(...) só existe despertar particular" (Lacan, 1975/2003, p. 318).

sensíveis (cor, som , sabor, odor, etc.), as experiências corpóreas, as relações sociais, as determinações culturais, os eventos contingentes da história. Tudo isto é visto como secundário, acidental e, de certo modo, indigno de ser pensado, na medida em que não tem a fixidez, a limpidez e a solidez da ideia e da substância. (...) A metafísica representa, assim, o anseio de ultrapassar (meta) a natureza (physis), em sua fragilidade e inconstância, na busca do que está além do tempo, do que repousa em si mesmo e não precisa de nada mais para existir, cujos protótipos são a Ideia platônica (sobretudo a Ideia de Bem) e o Deus aristotélico (ato puro, motor imóvel, pensamento eterno de si mesmo) (Huhne, 1994, p. 39).

Destarte, a filosofia, ou seja, mais precisamente, essa tradição metafísica, inaugura sua relação com o artista e as obras de arte com a forma depreciativa com que são tratadas em Platão, por exemplo. No livro X de *A República*, Platão introduz a noção de imitação (*mímèsis*) utilizando-se desta para definir a arte em seu ofício. A arte, nesse caso, é imitação como reprodução de puras aparências e não de uma realidade (Forma e Ideia). A arte é, portanto, aparência de uma aparência. A respeito disso comenta Lacan:

> Não podemos deixar de perceber a aberração que é formulada na posição implacável do filósofo – Platão faz a arte cair no último grau das obras humanas, já que para ele tudo o que existe só existe em uma relação com a ideia, que é real. O que não existe já não é senão imitação de um mais-que-real, de um surreal. Se a arte imita, trata-se de uma sombra de sombra, uma imitação de imitação. Vocês vêem, portanto a futilidade que há na obra de arte, na obra do pincel". (Lacan, 1959-60/1991, p. 176).

E Platão exemplifica tal futilidade, por exemplo, com a "teoria do espelho". Para ele, a produção do artista nada mais é do que o reflexo de aparências num espelho, produção de ilusões sem substância. Como nessa fala de Sócrates a Glauco:

> "Você mesmo pode produzi-lo", diz Sócrates a Glauco, "de certo modo (...) e não é nem complicado (...), já que, com um espelho na mão, se você o virar em todas as direções, logo verá produzir-se um sol, rapidamente produzir-se uma terra, rapidamente produzirem a si mesmos, como tudo mais, animais, objetos fabricados, plantas (...) (Sócrates *apud* Haar, 2000 pg.17).

Esse imitador, como dirá Platão a respeito do artista, esse "operário da imagem", é também um fingidor, pois na verdade ele apenas frequenta a superfície do mundo. Nesse aspecto, poetas, da estatura de um Homero, por exemplo, que teriam falado de guerras, do comando de cidades, da educação dos homens, mas se fossem interpelados a explicar tecnicamente o que estavam dizendo, não saberiam fazê-lo.

Platão, ao querer colocar a arte, nem em segundo, mas em terceiro plano em relação à verdade (plano das Ideias), condenou a arte e fundou as bases formais e o modo sobre os quais a filosofia, a estética e a crítica de arte se assentariam, das mais diversas formas e variações.

Martin Heidegger acreditava que a história da filosofia é a história do platonismo e suas variantes, até mesmo em Nietzsche, cuja retomada da arte em sua potência só teria invertido – posto de cabeça para baixo – a velha fórmula platônica.

Lacan, ao afirmar que a arte, ao imitar os objetos, não faz outra coisa senão "fingir imitar", o faz para dizer da finalidade da arte: não se trata de imitar, não se trata da representação, da ideia ou até mesmo de uma visão de mundo, do que se trata na obra é de instaurar uma "certa relação com a Coisa que é feita simultaneamente para cingir, para presentificar e para ausentificar" (Lacan, 1959-60/1991, p. 176). Há, portanto, algo que escapa a essa tradição 'platônica' apontada por Heidegger, e que faz calar a supremacia de um discurso que essa mesma tradição reforça sobre a arte, concebendo-a como objeto de uma ciência. A Coisa se passa em outro nível, onde acontece uma reviravolta, onde, de fato, pode-se dizer, se cai no poço.

> O que há no nível de *das Ding* desde o momento em que é revelado é o lugar dos *Triebe*, na medida em que nada têm a ver, enquanto revelados pela doutrina freudiana, com qualquer coisa que seja que se satisfaça de uma temperança, daquela que ordena bem certinho as relações do ser humano com seu semelhante nos diferentes níveis hierárquicos da sociedade, desde o casal até o Estado, numa construção harmônica (*Ibidem*, p. 138).

Com a Coisa, que, em Freud e Lacan, vem resgatar o desconhecido como furo na provável inteireza do ser, e revelar a divisão do sujeito, a arte passa a apontar para um outro lugar: "No momento em que a pintura se volta uma vez mais sobre si mesma, no momento em que Cézanne pinta maçãs, trata-se evidentemente de que pintando maçãs ele faz algo bem diferente de imitar maçãs" (*Ibidem*, p. 176).

Cézanne é considerado por muitos o pai e fundador da pintura moderna. É o momento em que, nas palavras de Lacan, "a pintura se volta uma vez mais sobre si mesma" (*Idem*). A expressão de Lacan mostra que o momento importante que Cézanne inaugurava na história da arte tinha a ver com a conquista da 'autonomia' da obra de arte, com a restituição de uma dignidade outra do ofício do artista na sua liberdade e, sobretudo, de um corte da arte consigo mesma – a obra de Cézanne colocará em xeque, de forma definitiva, toda uma reflexão a respeito da arte respaldada que estava na questão do representacional, coisa que valeria retrospectivamente para toda a existência da arte até então. Como disse Rilke certa vez a respeito de Cézanne:

> (...) antes dele, nunca foi tão evidente o quanto o pintar depende das cores, e como é preciso deixá-las sozinhas, para que elas discutam umas com as outras. O seu intercâmbio mútuo: é nisto que consiste toda pintura. Quem se intromete, quem faz arranjos, quem deixa intervir sua concepção humana, seu engenho, sua destreza, sua agilidade intelectual, este perturba e obscurece sua atividade (Rilke, 2004 p. 33).

Há algo de implacável nas palavras de Rilke: a obra antecipa todo e qualquer discurso a seu respeito. Mesmo que o discurso em questão seja anterior à obra e que lhe tenha dado origem, servindo-lhe de circunstancial esteio intelectual para a sua criação, do que se trata mesmo é de um enigma situado no bojo mesmo da visada artística, na sua especificidade. Ainda sobre Cézanne, Lacan diz:

> (...) sua última maneira de imitá-las [as maçãs], que é a mais impressionante, (...) a mais orientada para uma técnica de presentificação do objeto. Porém, quanto mais o objeto é presentificado enquanto imitado mais abre-nos ele essa dimensão onde a ilusão se quebra e visa outra coisa. Cada qual sabe que há um mistério na maneira que tem Cézanne de pintar maçãs, pois a relação com o real, tal como nesse momento se renova na arte, faz então surgir o objeto de uma maneira que é lustral, que constitui uma renovação de sua dignidade, por onde essas inserções imaginárias, digamos assim, são datizadas de uma nova maneira. Pois, como já foi observado, estas não podem ser desvinculadas dos esforços dos artistas anteriores para realizarem, eles também, a finalidade da arte (Lacan, 1959-60/1991, p. 176).

Nietzsche, Heidegger e Merleau-Ponty integram um pequeno rol de pensadores que fizeram com que uma filosofia da arte se tornasse realmente possível.

A partir deles, "a filosofia não mais pretende legislar sobre a arte, decidir quanto à sua classificação, julgá-la em função de uma norma de verdade". (Haar, 2000, p.13). Muito pelo contrário, é justamente o que escapa à apreensão do filósofo e da tradição metafísica que dará surgimento a um pensamento que terá, por assim dizer, a arte como ponto de partida – ela ocupará um lugar central em suas preocupações. E por ser algo que escapa à apreensão da metafísica, nos seus universais, é que o artístico encontrará um lugar muito especial junto à psicanálise e na relação com sua ética.

"O ÚLTIMO FILÓSOFO"

A presença de Martin Heidegger, pensador que enfocaremos mais detidamente nesse capítulo, é bastante intensa no pensamento de Lacan. Ambos compartilham, cada um em sua seara específica, um certo modo de pensar ético – há algo mais vasto desse universo compartilhado que às vezes desponta nos textos lacanianos. Gostaríamos de lembrar, no Seminário VII *A ética da Psicanálise*, a bem conhecida metáfora do vaso e do oleiro que Lacan retira de *Ensaios e Conferências* e do artigo sobre *A coisa*. Pois é da Coisa (*das Ding*) de que se trata nesse momento, quando Lacan desenvolve a questão da sublimação. Sua fórmula para a sublimação, "elevar o objeto à dignidade da Coisa", refere-se a um objeto que "pode preencher essa função que lhe permite não evitar a Coisa como significante, mas representá-la na medida em que esse objeto é criado" (Lacan, 1959-60/1991 p. 151). A Coisa, uma vez tomada de Freud, do *Projeto para uma psicologia científica*, de 1895, encontra em Heidegger um ponto de apoio para se configurar essencialmente como vazio. E Lacan se utiliza da imagem (ou poderíamos dizer "mostração") heideggeriana para falar da modelagem do significante.

> Quero simplesmente (...) ater-nos à distinção elementar, no vaso, entre seu emprego de utensílio e sua função significante. Se ele é deveras significante e se é o primeiro significante modelado pelas mãos do homem, ele não é significante, em sua essência significante, de outra coisa senão de tudo o que é significante – em outros termos, de nada particularmente significado. Heidegger o coloca no centro da essência do céu e da terra (*Idem*).

O vaso cria o vazio, "introduzindo assim a própria perspectiva de preenchê-lo" (*Ibidem*, p. 152). Com o vazio que o vaso cria, estabelece-se sua identidade com *das Ding* freudiana, isto faz da sublimação não somente numa formulação poderosa para se pensar a arte e o artístico, mas também como modo de mostrar o próprio da estrutura significante no seu momento fundante, por assim dizer. "Há uma identidade entre a modelagem do significante e a introdução no real de uma hiância, de um furo" (*Ibidem*, p. 153).

É assim que poderíamos pensar, nesse modelar, a antecipação (como entendem Freud e Lacan) do artista em relação ao analista, como sendo algo que se caracterize por uma certa função significante na sua relação com o real. O artista antecipa na medida em que ele denuncia, e de certa maneira evidencia, esse momento mesmo de movimento da modelagem – dessa modelagem que instaura num só golpe o significante e a Coisa, resultando daí uma produção significante incessante. Comentando a célebre frase de Picasso, "Eu não procuro, acho", Lacan pergunta-se por esse achar que "toma a dianteira do procurar". Isso lhe chama a atenção, o modo como se dá essa "busca antipsíquica" do artista, esse fazer que aponta para além do princípio do prazer:

> É claro, o que é achado é procurado, mas procurado nas vias de significante. Ora, essa busca é, de alguma forma, uma busca antipsíquica que, por seu lugar e sua função, está para além do princípio do prazer.
>
> Se o princípio do prazer regula por meio de uma leide engodo a especulação humana através desse imenso discurso que não é simplesmente feito daquilo que o articula, mas, igualmente, de toda a sua ação, uma vez que ela é dominada por essa busca que o conduz a reencontrar as coisas nos signos – como é que a relação do homem com o significante, na medida em que ele pode ser o seu manipulador, pode colocá-lo em relação com um objeto que representa a Coisa? É aqui que intervém a questão de saber o que o homem faz quando modela um significante (*Ibidem*, p. 149-50).

Essa pergunta pelo significante e sua modelagem é a mesma pergunta que convoca a arte e o artista, e aqui Giacometti, e a sua busca antipsíquica na relação com o que podemos pensar através da ética da psicanálise. Lembrando que o modelar é literalmente o trabalho de Giacometti, quando falamos de suas esculturas, e que observando-o trabalhar vemos que "modelar" é, no fundo, "achar". No apólogo do oleiro, trata-se de achar no vaso o buraco enquanto vazio e não o entorno significante, ou parede, que contorna e funda esse vazio. Para o artista, o trabalho significante é contínuo, mas a sua visada é o vazio. Esse vazio que é origem de espanto, que nos espreita, mas que também alimenta sempre a perspectiva de ser preenchido.

E aí, como sempre, pergunta-se incansavelmente: o que faz ele, especificamente, o artista? A pergunta, por si só, para uma mente mais desavisada, parece admitir a existência da Arte (note-se a maiúscula), concebida como uma substância, algo coincidente consigo mesmo e facilmente reconhecível. Ou revestida de uma dimensão ideal, como se tratasse de algo inteiriço, sem buraco algum. E justamente é em relação à arte que Lacan vai dizer que se assume a Coisa, que ela é levada em conta, ele diz até mesmo que só a arte pode salvar a Coisa, que ela está no centro da questão. Vejamos a fórmula de Lacan para a sublimação: "elevar o objeto à dignidade da Coisa". É na dimensão da Coisa que a arte apóia sua característica princeps, mas é aí, nesse mesmo lugar, que a arte se quebra enquanto unidade, enquanto substância. E é o que parece se tratar, em arte: de um nome que supõe dar conta de uma pluralidade infinita de fenômenos, tendências e pensamentos os mais diversos, nas mais diversas épocas, uma babel de concepções e polêmicas, e muitas vezes um 'saco de gatos' para todo o tipo de desinibições e oportunismos. Enfim, uma discussão a respeito do que é arte, em torno da definição ou de definições a respeito da arte, não convém e, mais ainda, não pertence à nossa visada. Mas a especificidade do que se trata em Giacometti, na sua fala e na sua obra, nos arrasta para caminhos nem sempre muito claros e confortáveis, ele nos leva sempre ao encontro de paradoxos bastante instigantes para a nossa articulação com a psicanálise. A definição de Lacan para a sublimação na arte, então, "elevar o objeto à dignidade da Coisa", parece por si só encaminhar nosso olhar para uma certa localização, senão mesmo uma criterização, do que seja arte, distinguindo-a de outros modos da estética. Essa definição já parte de um ponto singular, arte não é qualquer coisa. Mas isso autorizaria um critério ao ponto de se poder dizer "isso é arte" ou "isso não é arte? A pergunta é apenas retórica, sabemos que não.

Por outro lado, o interessante é que, paradoxalmente, se existe algo em Lacan que indica um caminho para um possível reconhecimento, esse caminho ao mesmo tempo o leva para além da arte, do simplesmente reconhecível como arte enquanto tal. Em outras palavras: a arte, enfim, é mais do que ela mesma ao ponto de não mais se chamar assim, mas ao mesmo tempo existe algo em torno de que nos possibilita pensar em uma singularidade encaminhante a que designamos arte. Aqui entendemos a possibilidade de se pensar a arte por um outro prisma, a partir da perspectiva da ética da psicanálise, pois nos pareceu fundamental definir também o seguinte: o que nos interessa aqui não são, por si só, a pintura, a escultura, ou, se fosse o caso, a música, o teatro, a performance, ou outro tipo de atividade dita artística. Dizemos "dita" porque o que nos interessa é a especificidade do artístico, e não as atividades citadas acima, que podem ou não estar ligadas a essa questão. A especificidade do artístico, que na maioria das vezes durante o texto chamaremos de arte, pode simplesmente estar em qualquer lugar, tanto onde se espera encontrá-la (no museu, na galeria ou nas obras), quanto no lugar onde menos se espera, como no corredor de um hotel, ou imiscuído em outra atividade que por tradição não seja considerada propriamente artística. Para nós, a especificidade do artístico está vinculada a uma ética – ou, se podemos dizê-lo, uma postura frente à vida –, e Alberto Giacometti é um artista paradigmático de um ponto limite referente a essa questão.

Então nos cabe aqui, a esse respeito, fazer uma escolha, visando recortar um outro discurso a respeito do artístico, o da filosofia, e fazer dele parte da nossa engrenagem, assumindo-o e, mais do que tudo, apropriando-nos dele para fazer dele trampolim para nossa pequena investigação. Procurávamos, portanto, por alguma coisa que pudesse se aproximar ao máximo dessa especificidade do artístico e escolhemos Heidegger, não tanto pelo seu pensamento, quanto pela força de um texto que procura aproximar o leitor da experiência que julgamos ser dessa especificidade artística. Um texto que faz ver algo para quem lê: *A origem da obra de arte*, sobre o qual nos debruçaremos mais adiante. Dito de outro modo: nos interessa mais a motivação de Heidegger pelo enigma que ele nos faz ver através de sua construção nesse texto, do que as consequências disso em seu próprio pensamento ou na história da filosofia. A construção de Heidegger nos propicia retirar daí um 'molde' para que possamos aplicá-lo em outras situações mais a frente - com Jean Genet, por exemplo, e, enfim, com Alberto Giacometti. Alguns conceitos importantes e, inevitavelmente, uma pequena amostragem do seu pensamento serão necessários para que possamos vislumbrar o que ele nos deseja mostrar e servir de molde e recorte para os passos posteriores.

A presença de Heidegger, - algumas vezes velada, outras vezes nem tanto -, no Seminário VII *A ética da psicanálise*, mostra o interesse e o fascínio que Lacan nutria por sua teoria da arte (arte e pensamento se conjugam em Heidegger) e que esse modo de pensar tinha uma serventia para levar adiante algo que corroborava para a elaboração de uma ética e para uma maior apreensão do campo inaugurado por Freud e seus desdobramentos. Seja como for, pensamos que a obra de Heidegger dispõe de um certo "espírito ético". É Lacan, após ter retornado de uma visita ao filósofo, que nos diz na aula de 8 de abril de 1975 do Seminário *R.S.I* em relação a ele:

> Eu lhe quero muito bem. Há algo nele como um pressentimento da *sicanalisse* [sic], como dizia Aragon. Mas é apenas um pressentimento porque Freud não lhe interessa. Algo, no entanto, surgiu por meio de Freud, do que tiro as consequências pesando-as em seus efeitos – que não são nada, mas isso suporia que o psicanalista existe um pouquinho mais. Mesmo assim, ele começou a ex-sistir. Como fazer para que esse nó ao qual cheguei – é claro, emaranhando-me tanto quanto vocês -, como esse nó estreite até o ponto em que o *falasser*, como eu o chamo, não creia mais no ser, exceto no ser de falar. Ele acredita no ser, é grosseiro dizê-lo, unicamente porque há o verbo ser. Não, é por isso que digo o ser de falar. Ele acredita que a salvação existe porque ele fala (Lacan *apud* Regnault, 2001, p.65).

Esse espírito ético do "amigo" de Lacan, que ele e outros consideravam "o último filósofo" (Regnault, 2001 p. 65), aparece nesse "pressentimento" por assim dizer, em um universo de estruturas de pensamento que causaram o desejo de Lacan na elaboração da ética da psicanálise, a partir de um dos pontos cruciais desse pensamento que se preocupa sobretudo com o ser (*Sein*). E tomamos uma expressão heideggeriana para tocarmos de forma breve nessa preocupação: a "abertura do ser do ente", que podemos encontrar no apólogo do oleiro e do vaso sua imagem mais contundente. É, portanto, nessa abertura do ente pelo ser, que um ente é sempre mais, mais do que ele estaria predestinado a ser. A noção de *Dasein*, que se traduz por "ser-aí", "ser-no-mundo", "existente", entre outros termos, é conferida à realidade humana, seu lugar junto à "clareira do ser", junto à essa abertura que se dá pela linguagem. A linguagem, como em Lacan, é para Heidegger a "morada do homem", a "casa do ser" (como ele propõe em *Carta sobre o Humanismo* como resposta ao *O existencialismo é um humanismo*, de Sartre). Em Lacan sabemos o quanto isso é fundamental para se pensar o que ele chama de grande Outro, lugar dos significantes. Portanto, o que se abre aí, pois, nessa abertura, são todos os possíveis, infinitos, dos modos de ser-no-mundo, onde o ser humano (Heidegger evita a ideia antropológica ou humanista de 'o homem', mas designa-o como *Dasein*, que representa cada um de nós, cada um de nossos estados e projetos visando o futuro) ocupa justamente o lugar-tenente onde se dá a significação, por assim dizer. E esse lugar, vale dizer, não implica no ser como totalidade, pois a infinitude de possíveis somente é de fato possível através de um e único possível: a morte. Daí os possíveis somente serem possíveis porque o ser é nadificação no núcleo do ente, ou seja, abertura, furo. Só há possíveis porque há o possível da morte acompanhando o dizer que se daria pela abertura em *Dasein*. Por isso, dirá Heidegger, *Dasein* (os possíveis da linguagem que é do humano, que é o ser sendo, ou seja, "aí") é ao mesmo tempo *Sein-zum-Tod*, ou seja, "ser-para-a-morte" ou "estar-à-morte". É-se na medida em que se morre. À essa abertura, que é morte e possibilidade a um só tempo, também está ligada a questão da "coisidade da coisa" e a sua dignidade, como veremos no que se segue, quando abordarmos o texto A origem da obra de arte, de Heidegger. Disto resulta o estilo denso e peculiar da fala/escrita heideggeriana, que praticamente 'reinventa' o alemão na expressão filosófica, constantemente atenta à preservação do insondável e do enigma. A abertura, essa "clareira do ser", é fruto dessa atenção constante, dessa intelecção profunda - aliás, algo semelhante ao que se passaria com Lacan, "emaranhando-se" – de alguém que está lidando com algo difícil e que sempre escapa. Sendo que, no caso específico de Heidegger, muitos vêem em sua obra razões para entrever, em meio à filosofia e à política, uma espessa bruma obscurantista. Esse obscurantismo se apóia, em parte, na ambiguidade que a questão do "autêntico" (*echt* ou *eigentlich*) e do "inautêntico" coloca para o pensamento em Heidegger. Em um primeiro momento, o autêntico diz respeito à aceitação da morte e, justamente, à manifestação do ser-para-a-morte como advento da verdade enquanto desocultação, inclusive através da angústia; enquanto que o inautêntico se refere também ao *Dasein* quando ele pensa que a morte é algo que acontece somente aos outros, algo que se dá como fuga da morte e da angústia, o que faz da existência algo superficial e empobrecido. Porém, a ideia de autêntico, de autenticidade, encontrará poderosos críticos pela frente como Adorno[11] [o pé de página continua o mesmo], Habermas, Marcuse, entre outros, que irão associar o pensamento da autenticidade presente no uso de termos como "origem", a "terra", o "retorno", a "pátria" (*Heimat*) na fala de Heidegger à sua posição, e até a uma certa lírica, engajada nos ideais do nacional-socialismo de Hitler, chegando, inclusive, a utilizar-se de articulação filosófica para embasar isso que parece se trançar como uma identificação de seu pensamento com o princípios nazistas (notadamente no famigerado discurso de posse da Reitoria da Universidade de Freiburg, em 1933).

O "autêntico" (e o "inautêntico"), no entanto, não deixará de ser pensado. Ele é o significante que dá corpo à crítica combativa, através da obra, à posição política de Heidegger, mas também se coloca dentro de um contexto de pensa-

11 ver em T. Adorno *Der Jargon der Eigentlichkeit*, 1964 (*The Jargon of Authenticity*. London, Routledge, 1973).

mento onde o homem habita a linguagem enquanto abertura para o ser – há em Heidegger uma riqueza de elementos que autorizam uma leitura não substancialista do sujeito.[12] E esse talvez seja um dos motivos para que ele seja considerado "o último filósofo": seu pensamento está num certo limite com uma outra coisa para-além, ou aquém, da filosofia, talvez a psicanálise. Sendo assim, através do uso do vaso e do vazio que ele inaugura, Lacan vislumbra a Coisa e o significante se constituírem a um só golpe. E é junto à essa "clareira do ser", que é abertura do vazio pela linguagem enquanto ser-aí, que parece se localizar aquilo que inspira e prefigura o falasser (*parlêtre*)[13] de Lacan, já que se tratava em Heidegger de uma filosofia da linguagem do tipo especial como vimos acima. Isso tudo diz respeito às ressonâncias bastante fortes do pensamento de Heidegger nas formulações lacanianas desde o Discurso de Roma, de 1953, mas aqui, em especial, no Seminário VII A ética da psicanálise, no qual Lacan se serviu dessas estruturas como "moldes", diríamos, advindas desse espírito ético, para falar de Freud e do retorno a *das Ding*. Um molde ético desse tipo deve estar sobretudo na abertura do ser do ente e na questão desse ser-para-a-morte, pois a filosofia do "último filósofo", embora se preocupasse com o verbo ser e 'esquecesse' que o ser é de falar (*Ibidem*), – mais propriamente enquanto 'corpo falante' – fornecia algo de essencial para a psicanálise, algo que lhe diz respeito. Em 1964, Lacan diz: "Quanto à meditação sobre o ser que chega ao ápice no pensamento de Heidegger, ela restitui ao próprio ser esse poder de nadificação – ou, ao menos, formula a questão de como ele pode se reportar a isso" (Lacan, 1964/1990). Porém, ainda no mesmo Seminário, ele diz:

> Foi assim que pude passar, ao menos durante um tempo, como estando obcecado por não sei que filosofia da linguagem, inclusive heideggeriana, ao passo que se tratava tão-somente de uma referência propedêutica. E não é porque falo nesses lugares [École Normale Supérieure, na rua Ulm] que falarei mais como filósofo (*Ibidem*, p. 133).

Elisabeth Roudinesco mostra, em sua biografia de Lacan, alguns aspectos da importância "propedêutica" de Heidegger para toda uma geração de france-

12 Podemos ver um exemplo do reflexo da questão do autêntico heideggeriano na obra de Lacan, em um dado momento, quando ele faz a distinção entre fala "plena" e fala "vazia", que é posteriormente revista

13 Muito embora, bastante distante da chancela transcendental da filosofia, a noção radical de falasser implique em algo encarnado e traçado no corpo, entre gozo e linguagem, no significante enquanto causa de gozo, ou seja, no ser de falar.

ses. Um pensador tido como genial, mas comprometido, em seu passado, com uma postura colaboracionista frente ao nazismo. Seu pensamento encontrou entre os franceses uma acolhida após um período de rechaço. Roudinesco analisa a situação do pensamento de Heidegger entre os intelectuais franceses na década de 50:

> (...) Sartre tinha razão ao sublinhar: 'pouco importa Heidegger, se descobrimos nosso próprio pensamento no de um outro'. Nada mais verdadeiro. A ruminação heideggeriana fascinou toda uma geração, de maneira hipnótica, na medida em que não constituía sistema, em que situava-se desde o início na complexidade de um "entre-duas-línguas", no emaranhado da verdade e da mentira, no inextrincável da existência e do semblante, com o duplo risco de ser intransmissível (posto que sujeita a múltiplas variações) e intraduzível (pois cada um podia nela encontrar o eco de sua própria fala). Por essa posição paradoxal, o pensamento heideggeriano desempenhou um papel iniciático e pedagógico na história do pensamento francês da segunda metade do século XX. E sob esse aspecto Lacan foi, da mesma forma que Sartre e mais tarde Foucault e Derrida, um dos que tornaram legível o texto heideggeriano na medida mesmo em que, contrariamente a Beaufret e a seus discípulos mais dogmáticos, recusaram ser fiéis a ele, a fim de melhor perceber o que nele era essencial: a capacidade de descobrir no outro o que está em si (Roudinesco, 1990 p. 238).

A OBRA DE ARTE: VER O ENIGMA

Em *A origem da obra de arte*, texto escrito em 1936 e publicado no Pós-guerra, em 1950, Heidegger propõe que compartilhemos com ele de uma experiência. Quase como artista sob pele de filósofo, para parafrasear o "lobo sob pele de cordeiro", Heidegger dá corpo ao seu texto a partir de um espanto, ou seja, constrói seu pensamento em torno do espanto que a experiência da obra de arte lhe proporciona: sua experiência da arte é eco da experiência filosófica que lhe é peculiar, ou vice-versa. Este texto é, ele mesmo, uma obra-prima de ressonâncias poéticas na transmissão dessa experiência e que é a própria maneira, bem sucedida, com que ele conduz a sua empreitada: tornar visível o enigma de que se trata na arte.

Heidegger (1977, p. 27) define a essência da arte como "o pôr-se-em-obra da verdade do ente[14]". Ele vincula a arte à questão da verdade. A verdade, veremos mais adiante, como Heidegger a concebe, não como adequação, mas como desocultação e como buraco, como algo que "restitui ao próprio ser esse poder de nadificação", como disse Lacan. Somente secundariamente ele se referirá à estética, consequência desse pôr-se-em-obra: "Desde o tempo em que despontou uma reflexão expressa sobre a arte e os artistas tal reflexão se chamou estética. A estética toma a obra de arte como um objeto e, mais precisamente, como o objeto (...) da apreensão sensível em sentido lato" (*Ibidem*, p. 65). Nesse sentido, em *A origem da obra de arte* não é de um estudo de estética que se trata, embora o assunto seja arte e a presença desta constitua seu âmago, seu centro. Vê-se em Heidegger, muito especificamente, essa distinção fundamental que se deve fazer, se o leitor estiver realmente empenhado em ver o que ele tem para nos mostrar: a arte não se confunde com o fenômeno estético, a arte é uma coisa que diz respeito à verdade, e a verdade, nos dirá ele, é do âmbito da lógica, lógica esta que inclui um buraco no ente, ou seja, o que ele designa Ser (*Sein*). O belo, por sua vez, deverá ser, num segundo momento, "um modo como a verdade enquanto desocultação advém" (*Ibidem*, p.30).

Lacan dirá algo parecido em relação ao belo, indicando – muito também à maneira heideggeriana, com a noção de "ser para a morte" – "(...) a função do belo sendo precisamente a de nos indicar o lugar da relação do homem com a sua própria morte, e de nos indicá-lo somente num resplandecimento" (Lacan, 1959-60/1991 p. 354). E faz uma distinção importante aqui entre belo e belo ideal:

> Trata-se de mostrar aqui que o belo não tem nada a ver com o que se chama belo ideal. É apenas a partir da apreensão do belo na pontualidade da transição da vida à morte que podemos tentar restituir o belo ideal, ou seja, a função que pode aí adquirir, num dado momento, o que a nós se apresenta como a forma ideal do belo e, no primeiro plano, a famosa forma humana (*Ibidem*, p. 356).

Quando a morte entra em cena, não é algo que diz respeito à verdade que se insinua, a verdade como aquilo que se debate constantemente com o impossível e com o que não pode ser dito – essa transposição de que nos fala Lacan,

14 *Das Sich-ins-Werk-Setzen der Wahrheit des Seienden.*

desse limite para além do Bem? Do significante e seu cerne de Coisa? E o belo, não será essa verdade em estado nascente e derradeiro – resplandecente? Veremos isso com Antígona posteriormente.

Façamos um pequeno percurso no *Seminário VII A ética da psicanálise* tendo em pauta alguns "resplandecimentos" de que Lacan se utiliza. Ele desenvolve uma leitura contundente e apaixonada de *Antígona*, de Sófocles. Como se sabe, Antígona é mulher fulgurante, resplandecente em sua beleza. Mas o texto desse Seminário está também crivado aqui e ali de pequenas jóias que são exemplos desse brilho, como é o caso da "maneira lustral" das maçãs de Cézanne ou, em outro momento, a exuberante coleção de caixas de fósforos do amigo Jacques Prévert. Neste caso, tratava-se de uma longa fita de caixas de fósforos vazias encaixadas uma na outra que tinham um efeito "excessivamente satisfatório do ponto de vista ornamental":

> Creio que o choque, a novidade, do efeito realizado por esse ajuntamento de caixas de fósforos vazias – esse ponto é essencial – era de fazer aparecer isto, no qual talvez nos detenhamos demasiado pouco, é que uma caixa de fósforos não é de modo algum simplesmente um objeto, mas pode, sob a forma, *Erscheinung*, em que estava proposta em sua multiplicidade verdadeiramente imponente, ser uma Coisa (*Ibidem*, p. 143).

Vejamos outro momento dessa *Erscheinung* (aparecimento, fenômeno) no Seminário VII *A ética da psicanálise*, no qual ele pretende introduzir a questão do belo sem, no entanto, lançar mão de nenhum exemplo grandiloquente da história da arte ou dos feitos de algum artista ou colecionador, mas antes de um exemplo até mesmo humorístico: os sapatos do professor D. A única arte que consta aqui é aquela própria de Lacan, arte, por assim dizer, de reportar sua experiência na fala em prol da transmissão da psicanálise. Em uma viagem de missão cultural a Londres, Lacan estava

> Hospedado num pequeno edifício encantador, marcado pelo estilo conventual vitoriano. Um agradável odor de *toasts* e a sombra dessas geléias incomíveis com as quais é de praxe se refestelar por lá, conferiam seu estilo a essa casa.
>
> De manhã (..) minha esposa me diz de supetão – O professor D está aqui – trata-se de um de meus mestres, alguém que foi meu mestre na Escola de Línguas Orientais. Era de manhã, extremamente cedo. Como a senhora sabe? perguntei-lhe, pois posso lhes

> dizer que o professor D não é uma pessoa íntima. Respondeu-me – "Vi seus sapatos".

Ao transpor o corredor, Lacan, para seu "estupor", vê

> deslizar de roupão, deixando ver no intervalo de suas dobras umas ceroulas altamente universitárias, o professor D em pessoa, que efetivamente saía de seu quarto.
>
> Era preciso nada menos do que uma experiência onde fosse tão intensamente reunida a universalidade que comporta o que é próprio aos sapatos no universitário, com o que podia apresentar de absolutamente particular a pessoa do professor D, para que eu possa convidá-los simplesmente a pensar agora nos velhos sapatos de Van Gogh, dos quais Heidegger nos deu a imagem maravilhante do que é uma obra de beleza (*Ibidem*, p. 355 e 356).

Aceitamos o convite, retomando agora o texto de Heidegger, *A origem da obra de arte*, no qual encontramos a análise do quadro de Van Gogh a que Lacan se refere. Nele, Heidegger nos conduzirá ao campo que acreditamos poder introduzir e que nos remete à especificidade da arte, ou seja, ao que acreditamos poder dizer algo da especificidade do campo dito artístico e seu estatuto ético, e, posteriormente, sua relação com a questão da ética da psicanálise. Portanto, comecemos pela seguinte afirmação, que está no posfácio de seu texto: "As considerações precedentes concernem ao enigma da arte, o enigma que a arte é em si mesma. Longe de nós a pretensão de resolver tal enigma. A tarefa consiste em ver o enigma" (Heidegger, 1977, p. 65). Eis, portanto, uma tarefa: ver o enigma.

Na *Advertência da tradutora* da edição portuguesa está lá bem colocado algo que pode servir de introdução:

> A arte é um enigma. Longe de Heidegger querer resolvê-lo. O convite vem antes chamar-nos à difícil arte de olhar, para além do que se vê, aí onde algo de invisível se guarda. Mas sigamos a advertência do próprio Heidegger – não demorar na interpretação e representação do que aqui se diz: antes partir da silenciosa região do que sói pensar-se (Costa *apud* Heidegger, 1977, p.9).

Portanto, diz-nos Heidegger (1977, p. 13): "(...) a muito falada experiência estética não pode contornar [no sentido de ser refratária a] o caráter coisal da obra de arte". O caráter coisal diz respeito a um amplo espectro daquilo que ele irá chamar de coisidade [*das Dinghaft*] ou coisalidade da obra de arte. Inicialmente, ele determina a coisidade da obra de arte no modo como ela se apresenta, naturalmente como as demais coisas no dia a dia:

> O quadro está pendurado na parede, como uma arma de caça, ou um chapéu. Um quadro como, por exemplo, o de Van Gogh, que representa um par de sapatos de camponês, vagueia de exposição em exposição. (...) Em campanha, os hinos de Hölderlin estavam embrulhados na mochila do soldado, tal como as coisas da limpeza. Os quartetos de Beethoven estão nos armazéns das casas editoras, tal como as batatas na cave (*Ibidem*, p. 13).

Vemos que, até aqui, a coisa com a qual Heidegger trabalha nada tem a ver com a Coisa que nos interessa, a de Freud e Lacan. Ainda se trata precisamente do aspecto coisal, ou melhor, da matéria enquanto tal, que está tanto nas obras de arte quanto nos objetos da vida cotidiana. Mas, note-se bem, isso é fundamental para nos situarmos no campo específico da arte – e fazer valer uma interlocução arte-psicanálise, se não queremos que a psicanálise prossiga solitária. A obra de arte é feita de matéria, está embasada na materialidade, nas propriedades desses materiais, assim como na sua disposição, na qualidade, nas quantidades, inclusive na técnica de lidar com essas propriedades, com as características pecualiares ao material selecionado, etc. – o artista é necessariamente alguém que trabalha com a matéria, com a "mão na massa" (precisamos dizê-lo, por mais "óbvio" que isso possa parecer). Heidegger nos diz, portanto, que "há pedra no monumento. Há madeira na escultura talhada. Há cor no quadro. Há som na obra falada. Há sonoridade na obra musical" (*Ibidem*, p.13).

Dado esse primeiro momento, é somente com a questão da coisidade (*Dinghaft*) dessa coisa, coisidade de que essa matéria padece, ou seja, com algo a mais ou a menos que acontece aí nesse suporte coisal, que o enigma poderá ser visto através da obra de arte. É nesse segundo momento que se poderá ver com mais clareza a coisidade de que se serve Lacan em seu *Seminário VII A ética da psicanálise*, conforme dispomos anteriormente os exemplos de "resplandecimento".

Essa coisidade da coisa, no entanto, dirá Heidegger, já possui uma história. O que Heidegger quer fazer é imprimir um novo sentido à coisidade, diferente daquela atribuída à tradição metafísica. O que a concepção da tradição metafísica traz para a coisidade, enfim, para a coisa, não dá conta da visada artística, tão fundamental para Heidegger. Desse modo, ele discerne as "interpretações tradicionais da coisidade da coisa" (*Ibidem*, p. 16) para que se possa compreender o que ele entende por coisidade da coisa ao nível da obra de arte.

> As respostas à pergunta acerca do que a coisa é são de tal forma familiares, que não se suspeita por detrás nada que mereça ser indagado. (...) As interpretações da coisidade da coisa (...) predominantes ao longo do pensamento ocidental, há muito se tornaram evidentes e hoje estão em uso cotidiano(...) (*Ibidem*, p. 13)

Estas interpretações tradicionais remetem à delimitação imposta à coisidade naquilo que se conforma a um saber já dado a respeito da coisa, determinado-a e subjugando-a pela técnica, mascarando-a com o habitual – anulando em seu cerne a possibilidade do espanto – e impedindo-a de produzir algo de outro. Portanto, rigorosamente falando, a coisidade em Heidegger não se confunde com o aspecto coisal dos objetos, como dissemos há pouco, e tampouco com a coisidade conforme estabelecida pela tradição metafísica. Se o aspecto coisal é a pedra que está na escultura, a coisidade, em Heidegger, é o que faz com que a escultura, por meio da função do artista, seja o que ela é – elevada à dignidade da Coisa.

Vejamos, então, brevemente, alguns aspectos do que se trata na interpretação tradicional da coisa:

1) como somatório das características, acumulação das propriedades; substância com seus acidentes:

Que uma coisa tem uma substância com seus acidentes, ou seja,

> A determinação da coisidade da coisa como substância com seus acidentes parece, segundo a opinião corrente, corresponder ao nosso olhar natural sobre as coisas. Não admira que se tenha adaptado a esta perspectiva habitual de coisa também o comportamento corrente relativamente às coisas, a saber, o chamá-las e o falar acerca delas (*Ibidem*, p. 13).

A determinação de coisidade da coisa está relacionada, nesse caso, ao universal de uma substância que permanece e que sempre aí esteve. "O que nos parece natural é unicamente o habitual do há muito adquirido, que fez esquecer o inabitual, donde provém. Este inabitual, todavia, surpreendeu um dia o homem como algo de estranho, e levou o pensamento ao espanto" (*Ibidem*, p. 13).

2) como unidade de uma multiplicidade do dado nos sentidos. "Que esta unidade seja concebida como soma, totalidade, ou forma em nada altera o traço fundamental deste conceito" *(Ibidem,* ***p. 13).***

Na procura pela coisidade da coisa, o dado dos sentidos na presença das coisas jamais nos vem como afluência de sensações, sons e ruídos, como se é levado a acreditar, mas antes como unidades prontas (significados) que remetem às coisas. Exemplifica:

> (...) ouvimos a tempestade a assobiar na lareira, ouvimos o avião trimotor, ouvimos o Mercedes e o distinguimos imediatamente de um Adler. Muito mais próximo do que todas as sensações estão, para nós, as próprias coisas. Ouvimos em casa a porta bater e nunca ouvimos as sensações acústicas ou mesmo os meros ruídos (*Ibidem*, p.19).

Para ouvirmos um mero ruído, nesse caso, é preciso que nos 'afastemos' da coisa para que nos aproximemos da coisidade da coisa. A coisidade, concebida tradicionalmente enquanto unidade, aparece aqui como algo colado ao nome, como o pensamento linguístico antes de Saussure. Para que se instale a coisidade que considera Heidegger, é preciso que algo reste da descolagem do signo saussureano em relação ao referente. O que resta é a coisidade da coisa. Aqui já vislumbramos o lugar da Coisa lacaniana, como um resto da incidência significante, um vazio.

3) e como síntese de matéria e forma. Coisa como matéria enformada.

Importante: "A distinção matéria e forma, e decerto nas mais diferentes variedades, é o esquema conceptual por excelência para toda a estética e teoria da arte" (*Ibidem*, p.19). E não apenas para a estética, mas também para todo o restante das coisas: "Forma e conteúdo são conceitos de toda a gente, nos quais pode caber tudo e mais alguma coisa" (*Ibidem*, p. 20).

E as derivações podem ser muitas:

> Se se ligar a forma ao racional e a matéria ao irracional, se se tomar o racional como o lógico e o irracional como alógico, se se conjugar ainda o par conceptual forma-matéria a relação sujeito-objeto, então a representação dispõe de uma mecânica conceptual, à qual nada resiste (*Idem*).

Heidegger nos convida a desconfiar dessa mecânica conceitual vigente desde a Idade Média, e desenvolvida na Idade Moderna, onde repousa um conceito definitivo e defunto de coisidade da coisa. Assim diz a tradição a respeito da coisa: a coisa é matéria enformada.

A origem do par conceitual matéria-forma se encontra no "caráter apetrecho do ser apetrecho" (*Ibidem*, p. 19), ou seja, na sua serventia. Aqui há, não somente uma mecânica conceitual, mas, antes de mais nada, uma mecânica que se dá entre a fabricação e seu produto. A serventia advém da enformação da matéria visando esta ou aquela finalidade. A ordenação da matéria na sua forma e a escolha do material para as características do apetrecho que está por vir, como por exemplo "impermeabilidade para o cântaro, dureza suficiente para o machado, solidez e flexibilidade para os sapatos" (*Ibidem*, p. 24). Mas, pergunta Heidegger, o que vem a ser realmente o apetrecho na sua serventia? Ou ainda: o que torna visível para nós a serventia do apetrecho? A mecânica conceitual matéria-forma é suficiente para dar conta do que se trata em arte na sua especificidade? Vamos ao exemplo de Heidegger do qual se utilizou Lacan, um simples par de sapatos de camponês pintado por Van Gogh.

> Mas o que é que há de especial para ver? Toda a gente sabe o que faz parte de um sapato. Se não são socos ou chanatos, há uma sola de couro e o cabedal que cobre, ajustados um ao outro por costuras e pregos. Um apetrecho deste tipo serve para calçar os pés. Consoante a serventia, se para o trabalho, ou para a dança, assim diferem matéria e forma (*Idem*).

"Essas indicações adequadas apenas explicam o que já sabemos" (*Ibidem*, p. 25). A serventia, encontramo-la nessa descrição técnica e funcional de um sapato? Ou deveríamos antes encontrá-la no lugar mesmo onde os sapatos estão e, por assim dizer, onde oferecem seus serviços, a saber, inseridos que estão no mundo da camponesa?

> A camponesa no campo traz os sapatos. Só aqui eles são o que são. E tanto mais **autenticamente** o são, quanto a camponesa durante a lida pensa neles, ou olha para eles ou até mesmo os sente. Ela está de pé e anda com eles. Eis como os sapatos servem realmente. Neste processo de uso do apetrecho, o caráter de apetrecho deve vir realmente ao nosso encontro" (*Idem*; grifos nossos).

Eis aqui, vale notar, o flagrante, por nós grifado, da questão heideggeriana que Lacan desaprova: o "autenticamente", (de *echt*, a *Echtheit* ou *Eigentlichkeit*, ambos termos para autenticidade) que, no caso, o sapato adquire no mundo onde ele está inserido. Este é um dos pontos importantes em que Lacan aponta a "falha metafísica" do filósofo

> O que é o verdadeiro, senão o verdadeiro real? E como distinguir – a não ser empregando algum termo metafísico, o echt de Heidegger – o verdadeiro real do falso? Pois echt está, apesar de tudo, do lado do real. É de fato aí que toda a metafísica de Heidegger em-

perra. Nesse pedacinho sobre o echt, ele confessa, de certa forma, seu fracasso (Lacan, 1975-76/2005, p. 83).

Dessa fala de Lacan dos anos setenta, do Seminário XXIII O sinthoma, retemos dois pontos importantes: primeiramente, que o pensamento de Heidegger "emperra" quando não pode avançar teoricamente em direção ao real real (passo, evidentemente, que só poderá ser dado pela psicanálise, com Lacan), pois o discurso heideggeriano ainda se atem ao semblante de uma autenticidade, de um verdadeiro que se contrapõe a um falso. E que, em segundo lugar, por causa disso, o discurso heideggeriano é metafísico: e se ele emperra é porque ele fracassa em relação a algo do real, que está escamoteaso nesse "pedacinho", o significante "autêntico" (*echt*). Pensamos aqui, que mesmo como filósofo, Heidegger aponta para algo do real quando, aqui no que trabalhamos, aponta para a coisidade. E o que é, afinal, que emperra aqui? Lacan parece indicar que Heidegger, mesmo visando a destruição da metafísica, persiste no (seu) caminho metafísico, que emperra. No contexto da psicanálise, a autenticidade, como Lacan afirma, está sempre do lado do real: isso significa inicialmente que os sapatos da camponesa em Van Gogh estão 'longe' de qualquer lugar como o campo da camponesa que autorizasse, legitimasse ou justificasse as marcas dos sapatos ou sua forma; sem também qualquer relação com a biografia do artista, no caso Van Gogh; e ainda sem nenhuma relação com qualquer juízo de valor ou moral, ou origem, ou com qualquer verdade, pois a verdade é da ordem do ficcional, "a verdade mente", pois é não-toda. A observação de Lacan mostra que, se fosse assim, se houvesse essa relação bionívoca entre o campo, ou a camponesa, Van Gogh e os sapatos, a coisidade por si só, assim entendemos, não faria sentido ser pensada. A coisidade, - e isso é central para nós aqui quando passamos para Lacan – faz renovar nossa indagação a respeito do real. A fala de Heidegger é, ela mesma uma bela produção de verdade, senão de literatura, a partir de algo de real que Van Gogh deixou lá marcado na tela com seu estilo enigmático. "Um par de sapatos de camponês e nada mais. E todavia...":

> Na escura abertura do interior gasto dos sapatos, fita-nos a dificuldade e o cansaço dos passos do trabalhador. Na gravidade rude e sólida dos sapatos está retida a tenacidade do lento caminhar pelos sulcos que se estendem até longe, sempre iguais, pelo campo, sobre o qual sopra um vento agreste. No couro, está a humidade e fertilidade do solo. Sob as solas, insinua-se a solidão do caminho do campo, pela noite que cai. No apetrecho para calçar impera o

apelo calado da terra, a sua muda oferta do trigo que amadurece e a sua inexplicável recusa na desolada improdutividade do campo no Inverno. Por este apetrecho passa o calado temor pela segurança do pão, a silenciosa alegria de vencer uma vez mais a miséria, a angústia do nascimento iminente e o temor ante a ameaça da morte. Este apetrecho pertence à terra e está abrigado no mundo da camponesa (Heidegger, 1977 p. 25).

A coisidade em Heidegger, dela nos servimos para nos conduzir – e ele o faz de forma eficaz e ilustrativa como nenhum outro – em direção ao centro do fenômeno artístico, da arte e do artista, no qual algo se lança para além e que se manifesta pela coisidade nessa coisa, como coisa enformada pela falta. Ocorre, portanto, que devemos pensar uma passagem, se assim podemos dizer, da dignidade enquanto *autenticidade* (em oposição a uma *inautenticidade*) da coisa em sua coisidade, em Heidegger, à dignidade da Coisa na sua coisidade, em Lacan, **dada pelo real**, o "verdadeiro real". Sendo assim, o "fracasso" metafísico de Heidegger, muito bem apontado pela crítica lacaniana, não desfaz a proximidade deste daquele. Ao contrário, parece que Lacan pode, de alguma forma, radicalizar algumas propostas, diríamos estruturas de pensamento, heideggerianas em direção ao real. E, de fato, a crítica ao autêntico em Heidegger nos mostra que a noção de real apenas se apoiou no *ethos* heideggeriano, por assim dizer, mas que está longe de se equivaler ponto a ponto à abertura do ser, ao Dasein enquanto ser-para-a-morte. O real, que está em jogo na perspectiva desse Seminário, por exemplo, é algo de realmente surpreendente. Ele propõe uma radical disjunção entre real e simbólico, ou seja, o real nesse momento se dá principalmente como nó, o nó borromeano, por isso ele ex-siste aos registros que ele amarra: real, simbólico e imaginário, sendo que, note-se, o real também é um dos registros enodados pelo nó. O nó borromeano, 'mostração' topológica de Lacan, enoda três rodelas de uma maneira que, se cortamos uma dessas rodelas, todo o conjunto se desfaz. Não há, portanto, nodulação de dois a dois (real com simbólico, imaginário com simbólico, real com imaginário), somente a partir de três e de uma vez só. Com isso, Lacan pretende eliminar qualquer resquício de semblante ao se servir dos recursos que os nós oferecem, embora ele chame isso de uma "figuração" ou "metáfora". Os nós são, diz ele, "pedaços de real" "que não se ligam a nada". Eles amarram os registros, mas ex-sistem. A cadeia borromeana (pois trata-se, no nó borromeano, de uma "cadeia-nó"), no entanto, deve ter a 'consistência' dada por um quarto laço – pois o nó borromeano clássico de três é "mítico", pois o nó deve falhar -- que faz com que os três registros se mantenham enodados, sustentando, assim, o próprio nó. Esse quarto laço ou elo, Lacan o chamou de sinthoma (de *sinthome*, escrita antiga do atual *symptôme* em francês, visando diferenciar o sintoma formulado desde Freud do que ele está colocando como amarração de suplência). Trata-se de um último Lacan, um Lacan extremamente voltado para a clínica, quando estabelece um outro paradigma pelas amarrações dos registros pelo sinthoma, dotado de um senso pragmático todo especial. Mas para a nossa questão, se associarmos o real a 'terra' e simbólico e imaginário a 'mundo', trazendo a distinção que Heidegger fez em *A origem da obra de arte*, veremos como o real se presentifica quanto mais ele não se deixa apreender pelo significante e pelo imaginário, estão amarrados mas o que os confronta um com o outro é da ordem de uma ex-sistência. E quando se trata da "origem" da obra de arte, dessa origem da função da arte, em psicanálise, ela está perdida definitivamente – aliás como qualquer questão ligada à origem ou ao que é do originário, ela deve se dar por intermédio da articulação significante, embora o real esteja sempre aí como impossível.Para verificarmos um pouco mais esse ponto, vejamos o que se segue: Heidegger produz uma fala sobre os sapatos de Van Gogh (que são mesmo produção de Van Gogh). Neste quadro, diz ele, vemos apenas os sapatos, nada de pistas ou circunstâncias específicas são dadas a ver (um torrão da terra por onde anda a camponesa, por exemplo), apenas os sapados na modelagem dos pincéis e das tintas do artista, pintados em um espaço exíguo. Nesse momento, o texto de Heidegger começa por nos fazer ver a coisidade da coisa na sua relação com a verdade – verdade na concepção heideggeriana, evidentemente, o que veremos um pouco mais a frente. Mas se tomarmos a questão do real, a verdade surge, enquanto produção, a partir da coisidade dos sapatos, no mistério do ofício do artista que o fez surgir na tela, e assim, dirá Heidegger, eles inauguram um mundo, que é o mundo da fala que gira em torno de um real que ali se evidencia através da singularidade; quanto mais singular o objeto, mais ele é trazido ao nosso encontro.

A questão, na verdade, é que os sapatos da camponesa do quadro de Van Gogh, na fala de Heidegger, são tão 'autênticos' quanto os do professor D, no relato de Lacan. E isso tudo pode ser resolvido da seguinte maneira: se Van Gogh estivesse no mesmo hotel inglês de Lacan e pintasse os sapatos que o professor deixou no corredor, teríamos algo também 'autêntico', pois se trataria da pintura de Van Gogh que faria a coisidade se revelar, e não os próprios sapatos. Mas daí surge um outro problema: Lacan, comentando o episódio, refere-se às marcas do real no sapato. Lacan então se serve de Heidegger, da coisidade dos sapatos mostrada por ele, mas limpando-a de toda a "autenticidade" (*Echtheit* ou *Eigentlichkeit*, em Heidegger), de todo o *Begriff* (conceito , em alemão),e das histórias que Heidegger teceu em torno dos mesmos, para deixar, enfim, restar o "verdadeiro do real", ou seja, essa disjunção (que paradoxalmente é amarração) entre os registros real , simbólico e imaginário:

> É preciso que imaginem as botinas do professor D *ohne Begriff*, sem a concepção do universitário, sem relação alguma com a sua personalidade tão atraente, para que vocês comecem a ver as botinas de Van Gogh viverem, adquirirem vida em sua incomensurável qualidade de belo. As botinas de Van Gogh estão lá, elas nos dão um sinal de inteligência, situado muito precisamente a igual distância da potência da imaginação e da potência do significante. Esse significante não é nem mesmo aí significante da marcha, do cansaço, de tudo que vocês quiserem, da paixão, do calor humano, ele é apenas significante do que significa um par de botinas abandonadas, isto é, ao mesmo tempo, de uma presença e de uma ausência pura – coisa, se podemos assim dizer, inerte, feita para todos, mas coisa que, por certos aspectos por mais muda que seja fala – cunho, impressão, que emerge na função do orgânico e, em suma, do dejeto, evocando o começo de uma geração espontânea (Lacan, 1959-60/1991, p. 356).

Ele nos pinta algo através de seu relato, mas testemunha que a coisidade está lá, que ele a testemunhou – ou, mais apropriadamente, que ela o olhou. Mas esteve lá. Ela gera falas a seu respeito (como a do próprio Heidegger), mas não está ligada ou goza de nenhuma relação privilegiada com a representação, ou seja, de autenticidade, de origem. É um lugar que se dá fora-significado, na expressão de Lacan, mas é presença, a presença desse "cunho", dessa "impressão" que emerge do objeto sapato, desse "dejeto" que evoca "o começo de uma geração espontânea". A presença do objeto sapato é ela mesma estranhamento, resto inassimilável, pois chuta o universal, desencaixando-o. O que a fala de Lacan indica, e isso se torna claro quando a cotejamos com a fala de Heidegger, é que a coisidade, de certa forma, evidencia a não-relação sexual. Essas são questões que já preparam a questão giacomettiana da "forma de ver" e o que é o olhar do artista, a partir do olhar como objeto a, o que faremos mais adiante. A Coisa nos espreita nesse lugar da coisidade.

Mas há, ainda em relação a isso, outra questão que tiramos da fala heideggeriana a respeito do universo em que os sapatos estão inseridos, a saber, a presença da morte: "Por este apetrecho passa o calado temor pela segurança do pão, a silenciosa alegria de vencer uma vez mais a miséria, a angústia do nascimento iminente e o temor ante a ameaça da **morte**. Este apetrecho pertence à terra e está abrigado no mundo da camponesa" (Heidegger, 1977, p. 26; grifos nossos).

O que nos faz pensar que essa coisidade, sendo por nós agora atribuída a *das Ding* lacaniana, está em um limiar com a morte, mais precisamente, com o real. Mas, ora, o real não se confunde de maneira nenhuma com a morte enquanto tal – embora a morte, essa morte biológica, ou simplesmente a finitude da vida, em relação a qual se daria toda a apreensão existencial do homem, obviamente que ela esteja implicada aqui. Mas é mais do que isso. Milner observa:

> A psicanálise é em seu âmago uma doutrina do universo infinito e contingente. Assim se esclarece sua doutrina da morte e da sexualidade.
>
> Não podemos ignorar que aos lhos da maioria a morte é a própria marca da finitude. Mas o lema moderno sustenta que a finitude não existe e a psicanálise segue esse lema. Dele dá inclusive uma versão específica:
> 'na medida em que é uma marca de finitude, a morte nada é na análise;
> ou
> 'a morte só conta na análise na medida em que é uma marca de infinitude;
> ou
> 'a morte nada mais é, a não ser o objeto de uma pulsão'.
>
> Este é o fundamento do conceito de pulsão de morte. Daí se concluirá que morte é um foco de homonímias entre finito e infinito. Mas também que é incompatível com a possibilidade da psicanálise toda filosofia em que a morte valha justamente pelo motivo inverso: enquanto marca da finitude. Uma conclusão particular: se a filosofia de Heidegger é destas, se o ser para a morte é ser para a finitude, então, apesar das trocas epistolares e das visitas privadas, apesar mesmo do peso que se deve dar, quanto à doutrina do tratamento analítico, a uma definição da verdade como desvelamento, a doutrina de Lacan, enquanto doutrina da psicanálise, é antinômica da filosofia de Heidegger – e reciprocamente (Milner, 1996 p.55-56)

Morte aqui deve ser entendida sobretudo como pulsão de morte, é morte em vida, morte 'vivente', que, no paradoxo, é 'vida' em excesso, na medida que é gozo como 'satisfação' da pulsão, enfim, como repetição sempre de algo inassimilável, fora do sentido e que desarruma e ameaça o narcisismo. E a pulsão de morte, que Lacan denomina a pulsão enquanto tal, é o que estaria de algum modo implicada no fulgor do objeto digno, na sua singularidade extrema. A pulsão de morte tem um papel central na criação, como vemos a propósito da sublimação, e não apenas como morte e mortalidade. No contexto de um processo criativo como esse, temos a representação universal de sapato, na sua matéria e forma atravessada por algo mais. Não nos parece que devamos excluir da fala de Heidegger o sofrimento que os sapatos da camponesa possam evocar. É algum sofrimento que ali se exerce na representação pelo pincel, e os sapatos causam esse sofrimento no expectador, pois estão no mundo, no mundo dos seres falantes, no uso que fazemos deles,.. E ainda, esse sofrimento – e diríamos até essa *souffrance*, essa 'suspensão' que, paradoxalmente, lhe dá 'peso' e ranhuras no imaginário pelo real –, deve nos remeter àquilo que Lacan diz a respeito do belo, que ele só pode ser apreendido na "pontualidade da transição da vida à morte". O belo, portanto, deve dizer respeito a um **limite** com a morte. E trata-se justamente de um limite, uma zona que se avizinha do impossível, do impensado, "de transição" e de tensão entre real e simbólico (mais adiante levantaremos esse mesmo ponto desse limite a respeito de Antígona). O resultado disso, para Heidegger, em relação ao apetrecho sapato é este:

> A banalidade sujeita à usura do apetrecho inculca-se, então, como o seu único modo de ser, aquele que aparentemente lhe é exclusivo próprio. Agora, é já só a pura serventia que é visível. Ela suscita a aparência de que a origem do apetrecho reside na mera fabricação, que imprime uma forma numa matéria. No entanto, o apetrecho, no seu autêntico ser-apetrecho, vem de mais longe (*Ibidem*, p. 26).

Esse "mais longe" é, para nós, um para-além, ou seja, que uma articulação significante, que uma fala, aponta para o real, o que confere dignidade ao objeto.

Lembremos que Heidegger também tem a sua fórmula para a arte: "A arte é o pôr-se-em-obra da verdade do ente" (Heidegger, 1977 p.27) e isto significa, para ele, que o acesso à verdade passa pela coisidade da coisa, modo pelo qual o objeto é elevado à dignidade de *das Ding*. Deste modo, a fórmula para a arte em Heidegger encontra um ponto de ligação com a fórmula da sublimação em Lacan. A verdade não é o sapato a partir de uma identidade consigo mesmo e nem ligado a alguma coisa que o explique ou justifique (e, para nós, menos ainda a uma 'autenticidade' no sentido heideggeriano). Ele não é identificado no meramente universal, no sapato como matéria e forma: no universal ele não apareceria. No entanto, em Van Gogh ele é exceção, ou mesmo excessivo, ele vacila na sua unidade. Giacometti mostra-nos isso com o copo, como pudemos ver no primeiro capítulo. Ele reaparece... desaparece... reaparece... desaparece. É Giacometti quem vê isso. Mas não está muito longe dos sapatos que Lacan "vê".

Heidegger propõe, mais uma vez, tornar visível o enigma, utilizando-se de um outro exemplo, o do templo grego:

> Um edifício, um templo grego, não imita nada. Está ali, simplesmente erguido nos vales entre os rochedos. O edifício encerra a forma do deus e nesta ocultação [*Verbergung*] deixa-a assomar através do pórtico para o recinto sagrado. Graças ao templo, o deus advém no templo. Este advento de deus é em si mesmo o estender-se e o demarcar-se [*die Ausbreitung und Ausgrenzung*] do recinto como sagrado. O templo e seu recinto não se perdem, todavia, no indefinido. É a obra templo que primeiramente ajusta e ao mesmo tempo congrega em torno de si a unidade das vias e das relações, nas quais nascimento e morte, infelicidade e prosperidade, vitória e derrota, resistência e ruína, ganham para o ser humano a forma do seu destino. A amplitude dominante destas relações abertas é o mundo deste povo histórico. A partir dele e nele é que ele é devolvido a si próprio, para o cumprimento da vocação a que se destina (*Ibidem*, p.32).

O templo grego inaugura um mundo. "Um edifício, um templo grego, não imita nada". Esta é a sua inauguração, a partir de um "nada". Assim como os sapatos abandonados no corredor do hotel relatados por Lacan, moldados em seu couro pelo uso fundam algo de realmente inicial, mudo, mas que "fala", como diz ele. Heidegger nos faz ver que é do erguer-se da obra que todo o drama humano de um "povo histórico" pode advir, o sagrado, o mito, o deus. Tudo o que se institui, se institui a partir de uma obra que encarna, ela própria, o enigma da origem. E, lembrando o vaso e o oleiro, todo esse mundo só surge a partir do vazio que o próprio templo instaura – o que é fundamental, e que vale para os sapatos também. Essa obra, por ser ela mesma uma referência vazia de sentido, é, no entanto, o elemento impulsionador e singular de todo um movimento em torno de si que é de produção e ordenação na história de uma cultura."O templo, no seu estar-aí [*Dastehen*] concede primeiro às coisas o seu rosto e aos homens a vista de si mesmo" (*Ibidem*, p. 34).

Neste momento, gostaríamos de introduzir os dois traços essenciais, que Heidegger distingue para dar conta da obra de arte: mundo e terra. Se a obra, o templo no exemplo acima, instala um mundo, o mundo grego, a terra, por sua vez, abriga o enigma (não-mundo).

> Chamamos isso terra. Do que esta palavra aqui diz há que excluir não só a imagem de uma massa de matéria depositada, mas também a imagem puramente astronômica de um planeta. A terra é isso onde o erguer alberga [*bergen*] tudo o que se ergue e, claro está, enquanto tal. Naquilo que se ergue advém a terra como o que dá guarida (*Ibidem*, p.28).

Ao se erguer, a obra instaura um mundo, mas algo resiste a esse mundificar. Ao mesmo tempo, o que faz resistência e abriga a obra no seu tornar-se enigma é também responsável pelo seu resplandecimento, por sua coisidade. A chave da questão está toda em captar a tensão, o combate, no dizer de Heidegger, de mundo-versus-terra, mas um combate "cúmplice", observa ele, pois um não há sem o outro. Terra tem uma palavra na tradição grega que, para Heidegger, parece equivaler: *physis*, lugar para onde se abriga o enigma e faz desvelar no próprio movimento que vela:

> A pedra pesa, e manifesta assim o seu peso. Mas, enquanto este peso pesa sobre nós, ela recusa toda a intromissão [*Eindringen*] em si mesma. Se tentarmos isso, rachando a pedra, as partes nunca mostram algo de um interior e de um aberto. Logo, a pedra volta a retirar-se no mesmo abafamento e no pesado e maciço de suas partes. Se tentarmos compreender isso por outra via, colocando a pedra numa balança, aí só trazemos o peso [*Schwere*] ao cálculo de quanto pesa [*ewicht*]. Esta determinação talvez muito precisa da pedra não passa de um número, mas o pesar [*Lasten*] escapou-nos. A cor brilha e só quer resplandecer. Quando no uso do entendimento, medindo, a decompomos em números de frequências de vibração, ela já desapareceu. Só se mostra quando permanece oculta e inexplicada. A terra faz assim despedaçar em si a tentativa de intromissão nela. Leva toda a impertinência calculadora a transformar-se em destruição (*Ibidem*, p. 29).

O que nos mostra Heidegger é um real que se retira conforme o simbólico avança, e assim incessantemente. Terra designa algo que se retira e que, mantendo-se "insondável", na obra resplandece. A obra "ressai". Não é em todo o lugar que isso acontece – esse acontecimento, diz Heidegger, ele se dá na obra de arte. Esse ressair, esse *hervorkommen* que ele utiliza, em alemão, é o ressaltar, o salientar, o trazer, vir (*kommen*) para frente (*hervor*), impor-se à vista de quem vê. E assim aproveitamos para adiantar algo do que será desenvolvido mais adiante, que o que ressai é olhar, olhar que se impõe e faz furo na visão. A pedra, portanto, perde a sua materialidade, seu aspecto coisal objetivado, e ganha sua coisidade. Alguma coisa acontece no procedimento, na *práxis* artística, em que a coisidade, "terra", encontra expressão porque se dirige para fora da cadeia significante, embora "mundo" esteja aí estabelecido por essa cadeia. A relação nos remete à diferença abordada por Lacan no *Seminário VII A ética da psicanálise* entre *die Sache* e *das Ding*. *Die Sache* sendo o objeto mundano construído pela dimensão significante e *das Ding* como outra coisa, como a Coisa que não há, vazio, que na fórmula da sublimação dá ao objeto uma dignidade. O objeto digno, a obra de arte, é ético devido à sua opacidade enquanto coisa digna que ultrapassa a mera representação. O vazio é um vazio simbólico, lá algo se emudece.

Os exemplos da pedra e da cor, acima, ajudam-nos agora a enxergar o templo grego, agora sob o prisma do que introduzimos sobre terra, o segundo traço essencial, observando ainda que, deste modo, Heidegger trás para o leitor, em sua escrita, o olhar do templo:

> Ali de pé repousa o edifício sobre o chão de rocha. Este repousar [*Aufruhen*] da obra faz sobressair do rochedo o obscuro do seu suporte maciço e, todavia, não forçado a nada. Ali de pé, a obra arquitetônica resiste à tempestade que se abate com toda a violência, sendo ela que mostra a própria tempestade na sua força. O brilho e a luz da sua pedra, que sobressaem graças apenas à mercê do Sol, são o que põe em evidencia a claridade do dia, a imensidade do céu, a treva da noite. O seu seguro erguer-se torna assim visível o espaço invisível do ar. A imperturbabilidade da obra contrasta com a ondulação das vagas do mar e faz aparecer, a partir da quietude que é a sua, como ele está bravo. A árvore, a erva, a águia e o touro, a serpente e a cigarra adquirem uma saliência da sua forma, e desse modo aparecem como o que são (*Ibidem*, p. 33).

Para Heidegger, na obra de arte é o combate mundo-terra que está sendo posto em obra. Considerando a fórmula "pôr-se-em-obra da verdade do ser", para Heidegger, "a verdade é a não-verdade", é da ordem do furo, pois o templo contorna o vazio. Há uma clareira, um aberto, no âmago do ente. Note-se bem, um aberto, um vazio. O vaso, com seu vazio, como diz Lacan em *A ética da psicanálise*, significante "de tudo o que é significante".

Mas como se instala a coisidade da coisa na matéria, no simplesmente coisal? Como essa não-verdade escreve? Esta é uma pergunta artística: como essa não-verdade esculpe? – como quem fala de uma ferramenta como o cinzel ou a pua.

Heidegger vai dizer que o combate terra-mundo se dá no e pelo traço, pela definição dos sulcos e detalhes, assim como pela decisão da sua enformação representativa, enfim, dos procedimentos que darão à simples matéria sua singularidade. O traço ou como ele chamará "rasgão" (*Riss*) é onde se decide, a um só tempo, a representação e a opacidade da singularidade juntas. É onde o primeiro traçado se dá e algo se perde. E ele coloca esse traçado como quase um 'desenhar da verdade', pois no modo como ele é feito, a representação simplesmente é "rasgada" na sua "inteireza" imaginária, elevando a representação para além de si mesma, dando-lhe ressonâncias outras.

> (...) não é um rasgão [*Riss*], como o rasgar de um mero abismo, mas o combate é antes a intimidade da co-pertença recíproca dos combatentes. Esse rasgão atrai os combatentes para a proveniência da sua unidade a partir do único fundo. É um risco fundamental [*Grundriss*]. É traçado [*Aufriss*] que desenha os traços fundamentais da emergência da clareira do ente. Este rasgão não deixa os adversários romper um com o outro, traz a adversidade da medida e do limite a um único contorno [*Umriss*] (*Ibidem*, p.28).

Esse traçado, esse traço, esse rasgão – mais do que teoria ou exercício intelectual do proceder heideggeriano –, é algo que nos escapa e que escorrega para o campo do "mãos à obra" do artista, do cotidiano do artista, da coisidade da escultura. O escultor, a mão na massa e a "fixação" de um esvaziamento através dos riscos, dos traçados, no barro ou no mármore, isso tudo "quer dizer o ser estabelecido da verdade na forma" (*Ibidem*, p. 36). Inscrita na matéria, os rasgos não significam nada, lhe dão, ao contrário, um não-lugar, uma ausência-presença desconcertante.

A verdade para Heidegger na obra de arte é sua opacidade, assim como os sapatos da camponesa que chegam a uma singularidade extrema a ponto de fundarem uma fala ou a inauguração de um mundo. Vejamos, por exemplo, Henri Matisse. O traçado de Matisse é aquilo que, para nós, Heidegger nomeia como "mistério do ser". Afinal, o que "é" um Matisse? Um Matisse é a inauguração do mundo de Matisse. Ou ainda dos mundos onde circula algo de Matisse, o 'orgulho francês', 'a delicadeza francesa', a 'decoração de interiores', que podem ser algumas dessas aquisições colaterais do enigma, como articulações significantes e de sentido dele decorrentes. Mas o seu traçado é Matisse. No livro *Henri Matisse, roman*, Louis Aragon mostra o gênio através de seu traço. Um traço um pouco mais longo de Henri Matisse já deflagra uma obra de Matisse. É o traço e o tempo e o ritmo no espaço de seu percurso que 'rasga' a superfície do papel. Esse traçado está por todos os lados, na letra escrita, nas cartas, em qualquer garatuja abandonada em qualquer canto por onde ele tenha passado, assim como em toda a sua obra, incluindo aí os recortes que originaram as colagens do final da vida, como em *Jazz* (1947), por exemplo. Matisse é ele próprio um "Midas", no dizer de Ferreira Gullar referindo-se ao artista no momento da criação do seu *Poema Sujo*, como o encontrar de Picasso. Esse traçado, esse pouco de nada que já basta para inaugurar um mundo, que é o mundo matisseano, é como o templo grego, quanto mais ele se expande e faz aparecer ou instala um mundo, mais ele, templo, ressai no seu mistério, na sua resistente solidão:

> O acontecimento [*Ereignis*] do ser-criado não ressoa simplesmente na obra, mas o caráter-de-acontecimento [*Ereignishafte*] do facto de que a obra, enquanto obra, é, projecta a obra para diante de si e sempre a projectou à sua volta. Quanto mais essencialmente a obra se abre, tanto mais plenamente brilha a singularidade do facto de que ela é, em vez de não ser. Quanto mais essencialmente esse choque irrompe no aberto, tanto mais estranha e solitária se torna a obra. Na produção [*Hervobringen*] da obra reside esta apresentação [*Darbringen*] do "que ela é".
>
> Quanto mais solitariamente a obra, fixada na forma, está em si, quanto mais parece dissolver todas as relações com os homens, tanto mais simplesmente irrompe no aberto o choque de tal obra ser, tanto mais embate o abismo intranquilizante e se subverte o que anteriormente parecia tranquilizante. Todavia, este múltiplo choque nada tem de violento; pois, quanto mais puramente a obra é arrebatada na abertura do ente por ele mesmo patenteada, tanto mais simplesmente nos empurra e nos lança nesta abertura e, ao mesmo tempo, nos arranca ao habitual. Seguir esta remoção significa: alterar nossas relações habituais com o mundo e a terra e, a partir de então, suspender o comum fazer e valorar, conhecer e observar, para permanecer na verdade que acontece na obra (*Ibidem*, p. 37).

Um outro exemplo da mesma questão: em um documentário de Frédéric Rossif, vemos Matisse passear pelo seu jardim. Sério e compenetrado, mas num gesto simples como o de um jardineiro, nosso "Midas" curva-se para apanhar do chão uma flor caída da árvore. E ali mesmo, em pé, encaixa-a entre a prancheta, que está apoiada no antebraço, e a mão esquerda. Com a outra mão rabisca alguns traços no papel, observando sua pequena modelo que treme um pouco desajeitadamente.

A verdade do ente é a verdade através da qual e com a qual Heidegger insiste em denunciar a "vulgaridade" com que a metafísica maltrata o ente, por assim dizer, entificando o ente, fechando-o na sua substancialização e empobrecimento, rejeitando o aberto do ser. O que testemunhamos, afinal, ali, no documentário de Rossif? Uma curiosidade apenas? Uma cena de ternura, o velho pintor trabalhando, já que se trata de um momento um pouco antes de Matisse se confinar a uma cama devido a problemas de saúde? Não, o que temos ali é da ordem de uma ética. É a relação do sujeito com as flores e/ou com o mundo que vacilou e perdeu sua rigidez, onde a sutura que mantém o natural e acabamento fechado da relação com o objeto ficasse à vista – a olhos vistos –, havendo assim um enriquecimento e a multiplicação das possibilidades graças ao mistério de um simples traçado e a falta que ele denuncia. E essa ética, na forma desse "pressentimento", pode ser encontrada, com Heidegger (embora ele não tenha se utilizado do termo "ética" em *A origem da obra de Arte*), no campo do poético:

> O poeta fala sempre, como se o ente se exprimisse pela primeira vez. No poetar do poeta como no pensar do filósofo, de tal sorte se instaura um mundo, que qualquer coisa, seja uma árvore, uma montanha, uma casa, o chilrear de um pássaro, perde toda monotonia e vulgaridade (*Ibidem*, p. 66).

Havíamos sugerido, na segunda parte deste capítulo, fazer uma espécie de levantamento das "*Erscheinungen*", "brilhos" e "resplandecimentos" contidos no *Seminário VII, A ética da psicanálise*. Ainda falta pontuar algo a respeito da questão do belo, retomando Antígona, personagem cujo fulgor ocupa lugar central neste Seminário. Na leitura que Lacan faz da tragédia de Sófocles, o que está em questão é o embate ético entre a lei da Cidade em Creonte ("mundo") e a lei da Coisa em Antígona ("terra"). Polinices, irmão de Antígona, morre em combate contra Tebas (portanto, contra a tirania de Creonte) e, por isso, conforme a lei da Cidade, lhe são negadas as homenagens funerárias, tão importantes para as Leis não escritas dos deuses, devendo permanecer insepulto e entregue aos abutres. Mesmo assim, Antígona tenta enterrar o cadáver e, por isso, é condenada por Creonte, a ser emparedada viva junto com o corpo de seu irmão em uma caverna. Filhos de Édipo, Antígona e Polinices (há ainda Ismene e Etéocles) são herdeiros da maldição que consome sua linhagem, os Labdácidas. A intensa beleza de Antígona está na sua escolha pela morte, e pelo lugar que ela ocupa enquanto fulgor de um limite com o real. Em oposição aos editos da cidade defendidos por Creonte, ou àquilo que ele representa como uma noção de 'Bem para todos', ou mesmo a qualquer brilho "vulgar" que "os Bens" podem exercer, a posição aferrada e afirmativa da personagem em relação à morte vem acompanhada de um fulgor que para nós deve apontar na direção de uma coisidade, conforme desenvolvemos aqui entre Heidegger e Lacan. Trata-se de algo que se estranha nessa personagem, que se negativiza, uma beleza excessiva e de exceção, que ressai (*hervorkommt*) e a um só tempo se recolhe, quem sabe?, como "a ressaca" do mar revolto nos olhos da Capitu, em Machado de Assis. Sua intensidade, produto de sua aliança com a morte, pode estar próxima a esse algo 'visível', mas 'que não se sabe exatamente o que se vê', no dizer de Giacometti. Vejamos a seguinte passagem da análise de Lacan:

> A iluminação violenta, o clarão da beleza coincidem com o momento de franqueamento, de realização da Até de Antígona, eis o traço ao qual eminentemente dei relevância, e que nos introduziu na função exemplar do problema de Antígona para determinar a função de certos efeitos. (...) O aspecto comovente da beleza faz vacilar todo juízo crítico, detém a análise, e mergulha as diferentes formas em jogo numa certa confusão, ou de preferência num cegamento essencial". (Lacan, 1990 (1959-60) p. 339) "O efeito de beleza é um efeito de cegamento. Ainda ocorre algo para além dela, que não pode ser olhado. Com efeito, Antígona declarou por si mesma, e desde sempre – Estou morta e quero a morte" (*Ibidem*, p. 340).

Esse "aspecto comovente" de Antígona, como não aproximar isso do que Heidegger procura nos mostrar em *A origem da obra de arte*, com todos o seus exemplos, destacando o templo grego e os sapatos de Van Gogh? Assim como, a propósito do "cegamento essencial", nos faz refletir sobre o que Giacometti diria de Antígona, se dispuséssemos da oportunidade de lhe fazer algumas perguntas. A que ele associaria a imagem resplandecente de Antígona? Qual sua leitura dessa imagem? Como seria essa "visão"? Uma vez que temos neste artista uma concepção de belo que parece bastante 'alinhada' a de Lacan, mas surgida no jorro da sua experiência do mais intenso estranhamento, no limite com aquele "algo para além dela [beleza] que não pode ser olhado". Aqui, como se verá, já apontamos na direção do que vem mais adiante com a contribuição de Jean Genet. Mas supomos o seguinte: a imagem de Antígona – se o artista pudesse expor seu pensamento – parece avançar, ultrapassando o campo do Belo ideal na direção do belo enquanto algo que vai restando na forma de traços (*Aufrisse*), rasgos (*Risse*), como aquelas marcas no sapato, ou como aqueles de Matisse, que, estranhos, sinalizam uma singularidade familiar, mas que se afundam e se entranham numa solidão que brilha. Algo de inquietante e estranho se insinua aí. Seu lugar situa-se justamente no furo que sua decisão e obstinação fazem na ordem e na lei da Cidade, o que brilha tão intensamente é seu desejo de morte. Como havíamos visto acima, Giacometti passeia pelo Louvre e, em detrimento das obras de arte (que, sendo o lugar instituído para o Belo ser exposto, lhe pareciam, no entanto, tão "ingênuas" e "primárias"!), se defronta com o olhar dos visitantes no museu: "eu olhava com desespero as pessoas viventes. Compreendi que jamais alguém conseguiria captar, agarrar esta vida" (*Ibidem*, p. 275). A imagem que resulta desse furar é uma 'imagem do impossível', uma "imagem-furo"[15]?

E é entre a beleza e o para-além dela, nesse limite entre a vida e a morte, entre o simbólico e o real, que um traço do rosto de Antígona se destaca, lançando-se a partir do limite mesmo com o cegamento, ressaindo-se como um rasgo arrebatador:

> (...) a imagem de Antígona aparece-nos sob o aspecto que literalmente, diz-nos ele, faz o Coro perder a cabeça, inflinge as justas injustiças, e faz o Coro transpor todos os limites, jogar fora todo o respeito que ele pode ter pelos editos da Cidade. Nada é mais comovente do que esse *hímeros enarges*, esse desejo visível que se desprende das pálpebras da admirável moça (Lacan, 1959-60/1991, p. 339).

Bernard Baas (2001) faz uma observação interessante em relação ao vocábulo *hímeros*, que os tradutores geralmente vertem para "desejo". Mas ele lembra que desejo em grego é *épithumia*, palavra usada inclusive por Platão. *Hímeros*, diz ele, não é o desejo que anima o sujeito desejante, mas designa o que emana, se destacando, dos olhos e das pálpebras da jovem desejada" e sobre o qual:

---

15 como na expressão cunhada por Tânia Rivera (Rivera, 2002).

> o Coro sofocliano diz então que está entre o número das grandes leis que reinam sobre o mundo e que presidem toda aliança (poderíamos dizer aqui: toda síntese), *hímeros* é o olhar já destacado do objeto desejado e que vem causar o desejo do sujeito desejante. *Hímeros* é o olhar como objeto *a* (*Ibidem*, p. 53).

O desejo surge aí nesse traço enquanto causa, mas é o desejo de morte que está lá e se re-vela encarnado na firme e "fria" determinação de Antígona, nesse "na-finda-linha", como diz Lacan da situação de 'beco-sem-saída', a propósito de "um traço geral de tudo o que designamos como de Sófocles"[16], que é uma condição que caracteriza seus personagens já de antemão, desde o início das peças, condição situada "entre-a-vida-e-a-morte" (Lacan, 1991 (1959-60) p. 330). É do lugar da morte que Antígona aparece (*erscheint*) na vida.

Não se trata de trabalhar a interlocução Lacan-Heidegger, adentrando os domínios da filosofia em todo o seu rigor, mas sim de visitar esse "pressentimento" em relação à psicanálise que Lacan atribui a Heidegger, tendo em vista o campo da arte e sua especificidade. O que queríamos de Heidegger, ele já nos mostrou: "O dizer (...), na preparação do dizível, faz ao mesmo tempo advir, enquanto tal, o indizível do mundo" (Heidegger, 1977, p. 59). A coisidade insiste e subsiste enquanto se fala, como desenvolveremos ao longo do texto. Quinet nos diz em *Um olhar a mais*, a propósito da sublimação, ao abordar a Coisa escópica:

> Para que um objeto empírico se torne digno de nosso interesse e nos provoque sensação de gozo, é preciso que sua "coisicidade" sobressaia, indicando uma recuperação de gozo como aparece no prazer artístico e no efeito do belo – embora o belo seja a derradeira barreira diante do horror que a própria Coisa arrisca provocar em nós (Quinet, 2002 p. 57).

16 com a exceção, observa Lacan, de Édipo, que possuiria uma dinâmica só um pouco diferente: a peça se inicia com Édipo satisfeito e feliz para ir se encaminhado, em sua investigação, ao "na-finda-linha".

Da ferida secreta: Alberto Giacometti por Jean Genet

A arte de Giacometti parece querer descobrir essa ferida secreta de todo ser e mesmo de todas as coisas, para que ela os ilumine
(Genet, 2000, p. 13).

Propomos agora outras paisagens. Estando na lógica da sequência, o que vem a seguir deve, a um só tempo, se articular e cortar com o que nos mostrava Heidegger anteriormente. Embora ele nos tenha apontado para a especificidade do que procuramos, a abordagem heideggeriana é, obviamente, filosófica. O seu "limite" é o próprio lugar onde seu discurso se situa: a filosofia. Embora Heidegger submeta as questões da filosofia a um certo 'tratamento ético', identificando o Ser ao nada, ao vazio, esse Ser estará sempre sob o estatuto da unidade. Seu diálogo é com a tradição da filosofia, com a metafísica, buscando, de certa forma, sempre recuperar a dignidade perdida com o advento do discurso da ciência. O lugar onde a filosofia se circunscreve é, de modo geral, este: ela não quer saber do sujeito, da fala que é o ser, como diz Lacan, o ser de fala, que é sempre parcial. A relação Heidegger-Lacan pode até ser desenvolta ao nível de *das Ding*, mas jamais, para apontar apenas uma das diferenças mais fundamentais, ao nível do objeto *a*, onde entra a parcialidade que implica a especificidade do sujeito, ou seja, o que ele faz de singular face ao real.

É nesse ponto que a psicanálise vem, rigorosamente falando, operar seu corte com a ciência. Segundo Milner, a filosofia, embora seja contemporânea da ciência moderna, não é síncrona com esta. "Mesmo que não negue o corte maior [corte cartesiano], a filosofia o mantém aberto e problemático; ela convoca a pensá-lo". "'Não existe filosofia que seja integralmente síncrona com a ciência moderna, mesmo que dela seja contemporânea'" (Milner, 1996 p. 120-1). De modo radicalmente diferente, o campo da psicanálise é síncrono – ao nível "lógico ou cronológico" – ao campo da ciência moderna, e é totalmente refratário ao ressentimento de uma dignidade e originariedade perdidas, ou de alguma nostalgia. Pelo contrário, a psicanálise leva o corte cartesiano em consideração e surge graças ao vazio (*das Ding*) que se instaura a partir dele. Ela surge na clínica, através da escuta de Freud, na qual o sujeito constrói algo de singular através da fala, na qual a verdade é sempre não-toda.

O que se segue, portanto, adentra a zona periclitante do sujeito e do real, bastante distante dos conceitos da filosofia. Pretendemos analisar um pequeno mas precioso livro de Jean Genet, *O Ateliê de Giacometti*, obra lançada em 1958 e caracterizada por um misto de análise e testemunho poético da mais aguda sensibilidade. Aqui, como em Heidegger de *A origem da obra de arte*, algo também se presentifica, e a questão também se delineia em torno de algo que se revela e ressai. A "serenidade" heideggeriana, muitas vezes obscura – em função até mesmo das polêmicas em que se viu envolvido devido a seu posicionamento político –, do filósofo andarilho da Floresta Negra, agora dá lugar à experiência vertiginosa e visceral de um artista, e um artista do século XX, polêmico e atormentado, encarnado pelas questões da arte e de seu tempo. Do templo grego e dos sapatos de Van Gogh narrados pelo filósofo, estamos mais uma vez de volta, como vimos com Giacometti inicialmente, para o "vulgar" das ruas, para os cafés e os coletivos, na vida em ebulição da cidade, dos "homens entre os homens", abertamente na dimensão do *pathos*. O escritor Jean Genet, um artista genial e polêmico, foi mendigo e ladrão, encarcerado muitas vezes, homossexual, marginal e intelectual. Iniciaria sua amizade com Giacometti em 1954 e, tal como James Lord, posaria para um retrato[17] no ateliê da Rue *Hippolyte Maindron*, em Montparnasse. Genet é mais do que um comentador, analista ou intérprete de Giacometti, ele compartilha com este o espanto frente às coisas do mundo e faz disso esse belíssimo relato de sua experiência na convivência com a pessoa e a obra de Giacometti.

Há uma parte do livro de Genet que nos chama a atenção inicialmente, que se intitula *Sobre a solidão dos objetos*. Ele tematiza, como Heidegger e Lacan, a dignidade:

> Uma reflexão de Giacometti, frequentemente repetida:
>
> - É preciso valorizar...
>
> Acho que ele nunca olhou uma vez, uma única vez em sua vida, um ser ou uma coisa com desprezo. Cada um deve lhe parecer em sua mais preciosa solidão" (Genet, 2000, p. 72).

17 Imagem desta obra na página 217.

"...preciosa solidão". Esse parece ser o tema central do livro de Genet, nesse exercício de reflexão sobre a obra de Giacometti. Uma reflexão a respeito da percepção na vida comum como na obra, ou mais ainda, dessa "região secreta" onde o olhar parece ser a alma do artista. Genet provavelmente estava pensando na experiência de Giacometti à saída do cinema na *boulevard* de Montparnasse quando escreveu:

> Essa região secreta, essa solidão onde os seres – e as coisas – se refugiam, é que dá beleza à rua: por exemplo, estou sentado no ônibus, só me resta olhar para fora. O ônibus se precipita pela rua em declive. Sigo bem rápido para não ter a possibilidade de me demorar num rosto ou gesto, a velocidade exige de meu olhar uma velocidade correspondente, pois não há nem um só rosto, nem um só corpo, nem uma só atitude preparados para mim: estão nus. Registro: um homem muito grande, muito magro, encurvado, peito cavado, óculos, o nariz comprido; uma dona de casa gorda que caminha lentamente, pesadamente, tristemente: um velho que não é um velho bonito, uma árvore solitária, ao lado de uma árvore solitária, ao lado de outra...; um empregado, outro, uma multidão de empregados, uma cidade povoada de empregados encurvados, todos reunidos no detalhe que meu olhar registra: uma ruga na boca, ombros caídos...Cada uma de suas atitudes, em razão talvez da velocidade dos meus olhos e do veículo, é esboçada tão depressa, tão rapidamente apreendida em seu arabesco, que cada ser me é revelado no que tem de mais novo, de mais insubstituível – e é sempre uma ferida –, graças à solidão onde essa ferida os coloca e que eles mal conhecem, mas para onde todo o seu ser aflui (*Ibidem*, p. 39).

Aliado à solidão, o artista Genet aborda o precioso ("É preciso valorizar..."), a preciosidade daquilo que se olha, mas não por essa preciosidade já estar lá desde sempre, mas porque o artista a constitui através do olhar. Essa maneira de olhar aponta, no mínimo, à questão da diferença pura no que ela se opõe à diferença na relação com o modelar, a um referente máximo (platônico). Trata-se da questão da singularidade, do insubstituível, do único, do não-parafraseável. A questão aqui é que o artista é aquele que se propõe a olhar dessa maneira e que esse olhar é um olhar, a um só tempo, construtor e explorador e, também, sobretudo, valorizador dos objetos.

Solidão e preciosidade. Nessa preciosidade, não se trata também de uma valoração ou do estabelecimento de um status, ou mesmo de uma valorização pela sociedade; não, trata-se de outra coisa. Como disse Genet: "..é sempre uma ferida...". Ora, a ferida nos remeterá à diferença, ao faltante e, num crescendo, ao monstruoso, ao disforme. Segundo Genet, o precioso em Giacometti é, antes de mais nada, aquilo que faz pura diferença e que, por causa disso, fulgura na sua inextinguível beleza singular, irrepetível, estranha.

O belo para Giacometti ganha uma outra disposição no olhar do artista: uma disposição, portanto, francamente desierarquizada, como podemos ver nesse diálogo entre Genet e Giacometti

> Estou sentado, reto, imóvel, rígido (basta mexer-me para que ele me reconduza à ordem, ao silêncio e ao repouso), numa cadeira de cozinha bastante desconfortável.
>
> ELE: (olhando-me com ar maravilhado): "Como você é bonito!". Dá duas ou três pinceladas na tela sem, aparentemente, deixar de me penetrar com os olhos. Murmura outra vez como que para si mesmo: "como você é bonito!". Em seguida acrescenta a constatação que o maravilha ainda mais: "Como todo mundo, hein? Nem mais, nem menos" (*Ibidem*, p. 91).

Um outro exemplo que Genet nos relata:

> Há cerca de quatro anos, eu estava no trem. Diante de mim, no compartimento, estava sentado um velhinho horroroso. Sujo e manifestamente mau, algumas de suas reflexões o provaram. Recusando prosseguir uma conversa desagradável, tentei ler, mas involuntariamente olhava para aquele velhinho: ele era muito feio. Seu olhar, como se diz, cruzou com o meu e, se foi breve ou demorado, já não sei, mas conheci de súbito a dolorosa – sim, a dolorosa sensação de que qualquer homem "valia" exatamente – desculpem, mas é "exatamente" que eu quero ressaltar – o mesmo que qualquer outro. "Qualquer um", pensei, "pode ser amado apesar de sua feiúra, imbecilidade e malvadez". [Isso] permitia precisamente amar a feiúra e a malvadez. Não nos equivoquemos: não se tratava de uma bondade vinda de mim, mas de um reconhecimento.

> O olhar de Giacometti viu isso há muito tempo, e o restituiu a nós. Digo o que sinto: o parentesco manifestado por suas figuras [suas esculturas] me parece ser esse ponto precioso em que o ser humano seria devolvido ao que tem de mais irredutível: a solidão de ser exatamente igual a qualquer outro (*Ibidem*, p. 37).

Se compreendemos bem, a solidão é, por assim dizer, "democrática", ou seja, há uma radical desierarquização do belo, da beleza, num sentido para além do estético, para desaguar no campo de uma ética.

> (...) Giacometti me contara seus amores por uma velha mendiga, encantadora e esfarrapada, suja provavelmente, e também que, quando ela o entretinha, ele podia ver os quistos salientes em sua cabeça quase calva.
>
> ELE: Eu gostava muito dela, sabe. Quando ficava dois ou três dias sem aparecer, eu saía para ver se ela vinha... Ela valia por todas as belas mulheres, não?
>
> EU: Devia ter casado com ela e apresentá-la como sra. Giacometti.
>
> Olha pra mim, sorri levemente:
>
> ELE: Você acha? Se tivesse feito isso seria um sujeito esquisito, não?
>
> EU: Sim (*Ibidem*, p. 88).

Fiquemos por um instante com a mendiga de Giacometti em mente. Há um ponto do comentário de Lacan sobre Antígona no Seminário VII *A ética da psicanálise* que nos parece bastante elucidativo a respeito desse valorizar em relação à solidão e ao precioso na sua desierarquização. É o que Lacan desenvolve a partir de uma determinada fala de Antígona para Creonte:

> Quando ela se justifica diante de Creonte sobre o que faz, Antígona se afirma com *é assim porque é assim*, como sendo a presentificação da individualidade absoluta. Em nome de que? E, primeiro, baseando-se em que? (Lacan, 1991 (1959-60) p.336).

Lacan passeia, então, pela questão das Leis não escritas, a lei dos Deuses, em relação à lei da Cidade, que é escrita e é clara nas suas proibições. A lei dos Deuses, no entanto, está mais próxima ao estrutural que é da fala frente ao impossível. E quando isso é assim, quando a 'justificativa' de Antígona na verdade vem a ser algo que se detém nesse limite como um "é porque é", diz ele, algo se produz a partir desse intransponível que é da estrutura.

> É a partir do momento em que as palavras e a linguagem e o significante entram em jogo que algo pode ser dito, que se diz como se fosse assim - Meu irmão, ele é tudo o que quiserdes, o criminoso, ele quis arruinar os muros da pátria, levar seus compatriotas em escravidão, ele conduziu os inimigos para os territórios da Cidade,, mas enfim, ele é o que é, e o que está em questão é prestar-lhe as homenagens funerárias (Lacan, 1991 (1959-60) p.337).

Em outra passagem, Lacan desenvolve essa lógica, que é de fato sublimatória. "O que é porque é" está nesse lugar onde se eleva algo à dignidade da Coisa.

> Meu irmão é o que é, e é por ser o que é, e por só haver ele quem possa sê-lo, que vou adiante em direção a esse limite fatal. Se fosse qualquer outro com quem eu pudesse ter uma relação humana, meu marido, meus filhos, eles são substituíveis (...) (Lacan, 1991 (1959-60) p.337).

Polinices é "esse algo único", "insubstituível", ele está, assim como Antígona, ligado à fatalidade do crime de seu pai, Édipo. Algo se repete aí nas consequências desse crime de geração a geração. E é nesse algo de único e intransponível que Antígona encontra a motivação para se opor aos editos de Creonte. Que bem será esse, o de Antígona? Qual bem se pode definir desse modo, em "o que é porque é"? De um Bem Supremo é que não se trata, pois é justamente ao contrário: o bem em Antígona é da ordem daquilo que nenhum Bem pode jamais alcançar, impossível de ser apreendido, mas que se apresenta como objeto atravessado por sua coisidade (ou elevado à dignidade da Coisa), que necessariamente implica no precioso que Genet procura nos mostrar. E onde, portanto, encontramos a preciosidade que está em jogo aí? Justamente nesse "na-finda-linha", lugar entre-a-vida-e-a-morte, onde a preciosidade se apresenta no "valor de seu ser", o valor de Polinices. Mas é nesse lugar que Lacan chama a atenção para a questão da Coisa que se instaura com o corte da presença da linguagem na vida do homem. E prossegue ele:

> Por ele [Polinices] ser entregue aos cães e aos pássaros, e ir terminar seu aparecimento na terra na impureza, seus membros dispersos ofendendo a terra e o céu, vê-se bem que Antígona representa por sua posição esse limite radical que, para além de todos os conteúdos, de tudo o que Polinices pôde fazer de bem e de mal, de tudo o que lhe pôde ser infligido, mantém o **valor de seu ser** (Lacan, 1991 (1959-60) p.338 grifos nossos).

Esse valor, para Lacan, é o próprio da sublimação – tema no qual ainda nos deteremos mais. Onde ele fala que o corte é a própria presença da linguagem se instaurando na vida do homem, para nós, pelo olhar de Giacometti e o que muito bem captou Genet, é onde a linguagem instaura a coisidade, simultaneamente. Essa coisidade que é pura solidão. Solidão feita de pura ex-sistência. O que dizer do "velhinho horroroso, sujo e mau" de Genet? Inspirado na fala de Giacometti, ele diz que "qualquer um (...) pode ser amado apesar de sua feiúra, imbecilidade e malvadez". "Não nos equivoquemos: não se tratava de uma bondade vinda de mim, mas de um reconhecimento. (...) O olhar de Giacometti viu isso há muito tempo, e o restituiu a nós".

E voltamos agora à mendiga encantadora de Giacometti. De fato, ela também "é o que é", "é porque é", como coisidade "ex-sistente" em relação a tudo o que venha a ser, de tudo o que possa ser dito ou visto a partir desse enigma. Uma mendiga, "suja", "esfarrapada", com "os quistos salientes em sua cabeça quase calva", e daí? Para Giacometti,"ela valia por todas as belas mulheres" e fulgurava como uma Antígona.

O que significa, aqui, valorizar, seja na rua em Montparnasse, a beleza da mendiga encantadora, num ônibus em velocidade ou na imagem de Antígona? Valorizar é fazer com que o dizível faça comparecer o indizível do mundo, saber fazer com o real?

Importante o que diz Genet neste momento: "Se – as figuras de Giacometti sendo incorruptíveis – o acidente for extinto, o que resta então?" (*Ibidem*, p. 34). É o acidente, diz ele, que faz a diferença, é ele que faz o precioso e o solitário, é o puro acidente "que é o que é". E acidente significa, na escultura - como os quistos da mendiga, por exemplo -, o desnível, a ponta, o sulco, a depressão, o arabesco, o detalhe, a curva irregular, o surpreendente nas mãos de Genet ao tatear as peças de Giacometti, "alegria de meus dedos bastante conhecida e sempre renovada quando os passeio – com os olhos fechados – sobre uma estátua" (*Idem*). O tatear descreve a superfície, e tudo está de fato na superfície: "Giacometti ou o escultor para cegos", arremata Genet, como quem diz do 'Braile' do texto do impossível, dessa superfície acidentada que sobrescreve o vazio e marca uma singularidade. Esse belo de que nos fala Genet traça caminhos totalmente opostos ao conceito do belo apenas estético, por assim dizer, um belo de ordem moral, fundamentado em padrões de beleza, de um pré-estabelecimento do belo – esse é um outro nível, no qual precioso seria equivalente a Bem Supremo, a um fulgor ideal. Basta lembrarmos Platão e sua Caverna. Presos aos grilhões, vemos, nós escravos, voltados que estamos para o fundo da caverna, apenas sombras. Quão produtivo não seria se comparássemos o "Mito da Caverna" à experiência de Genet em seu ônibus veloz? Esta é uma questão que nos levaria bem longe.

Se o precioso, se essa preciosidade, se dá somente na solidão e na ferida, é porque há muito o "valorizar" deixou, em arte, de se inscrever num discurso universalizante, idealizante, num discurso esférico, global e condenado à caverna platônica das sentenças e dos valores preestabelecidos. Se há uma condenação, um outro tipo, ela poderia se dar muito bem alhures, não somente na caverna onde Antígona é confinada com seu irmão morto, mas ainda em uma outra caverna, na *grotta*, no limite com a experiência do grotesco[18], dos exageros, dos contrastes, dos detalhes desconcertantes, no labirinto de aparições em movimento, de imagens descentradas e furadas, perspectivas infinitas e proeminências da forma. Falávamos, inclusive, acima, que a preciosidade se referia antes de mais nada ao monstruoso, à deformidade. Vejamos as palavras de Genet:

> Diante de suas estátuas, um outro sentimento: são todas pessoas muito belas, contudo me parece que sua tristeza e solidão são comparáveis à tristeza e solidão de um homem disforme que subitamente nu, veria exposta sua deformidade, ao mesmo tempo oferecida ao mundo para indicar sua solidão e sua glória. Inalteráveis (*Ibidem*, p. 72).

A caverna da *grotta*, como chamamos anteriormente, ou a caverna, vista desta perspectiva, é algo que se configura como falta, como buraco remanescente da impressão de uma presença que não está mais ali. O homem disforme de que fala Genet é como essa caverna, a sua superfície interna, puxada para o avesso, para a sua forma 'positiva', constituindo relevo, presentificando-se, portanto.

A esse propósito, no Seminário VII *A ética da psicanálise*, Lacan nos indica um pequeno roteiro que vai das cavernas pré-históricas à ilusão da perspectiva, situando a gênese da anamorfose e sua função. Ele começa, portanto, com essas cavernas pré-históricas e o recobrimento de suas paredes pela arte primitiva, como pinturas eram feitas em cima de outras feitas anteriormente, e em condições de visibilidade e iluminação bastante precárias (o que impressiona), como o "evidenciamento de uma certa possibilidade criadora", como

18 Grotesco é a expressão dada a um estilo ornamental do período clássico grego descoberto no Renascimento nas ruínas da *Domus Aurea* (Casa Dourada), palácio do imperador Nero. As ruínas foram chamadas de grotta pelos escavadores e apresentavam figuras que desconcertaram os estudiosos da época pela improbabilidade de sua existência, desafiando todo o naturalismo dos padrões clássicos greco-romanos.

"subsistência primitiva (...) sob o ângulo da Coisa" (Lacan, 1959-60/1991, p. 174). Essa subsistência de populações, formadas essencialmente por caçadores, mas que, com sua arte, iam para além do sagrado na subsistência da Coisa. Por outro lado, no século XVII, temos a anamorfose. "E já lhes faLei do interesse que nessa época tiveram os exercícios desse gênero para o pensamento construtivo dos artistas" (*Idem*).

> Da mesma forma que o exercício na parede consiste em fixar o habitante invisível da cavidade, vemos a corrente se estabelecer do templo, enquanto organização em torno desse vazio, que designa justamente o lugar da Coisa, até a figuração do vazio nas paredes desse vazio mesmo, na medida em que a pintura aprende progressivamente a dominar esse vazio, a aproximá-lo de tão perto que ela se dedica a fixá-lo sob a forma de ilusão do espaço. Podemos organizar a história da pintura em torno do domínio progressivo da ilusão do espaço (*Idem*).

Há, portanto, um momento em que a ilusão se instala na história da arte, mais precisamente no momento da instauração das leis geométricas da perspectiva.

> Mas em torno disso resta um ponto sensível, um ponto de lesão, um ponto doloroso, um ponto de reviramento de toda a história da arte, e na medida que nela estamos implicados – é que essa ilusão do espaço é algo diferente da criação do vazio. É o que representa o aparecimento das anamorfoses no final do século XVI, início do século XVII (*Ibidem*, p. 175).

No quadro *Embaixadores* de Holbein, exemplo de anamorfose mais conhecido no Seminário VII (que, inclusive, ilustra a primeira capa da edição do texto estabelecido por Jacques-Alain Miller), o que se sobressai é esse crânio onde antes havia uma forma estranha e alongada. Basta mudar o ângulo do expectador em relação ao quadro que ela se revela no seu horror. O que se revela faz como que um furo atravesse não somente toda a exposição de vaidade dos embaixadores representados na tela, assim como "toda a história da arquitetura, da pintura, a combinação de ambas, o impacto dessa combinação" (*Ibidem*, p. 169) A construção da ilusão é denunciada quando se revela esse "ponto sensível", "ponto de lesão", "ponto doloroso", onde o vazio vem incomodar e reivindicar o seu lugar, o lugar de *das Ding*. A esse ponto de lesão, doloroso e sensível – a essa ferida – devemos articular, de forma direta, Giacometti e sua arte.

Vejamos o que, prontamente se articula em Giacometti à questão da ilusão que a anamorfose denuncia. Somos levados a considerar que sua escultura é ela mesma uma expressão anamórfica desse tipo, como, para designar contrastes, a flor de lótus que surge do pântano, com a interessante inversão que as esculturas de Giacometti nos levam a fazer de que a escultura ela mesma tem algo de pantanoso como que surgido em meio a flores magníficas. O pantanoso de suas esculturas se deve às escamações de uma ferida "em bronze":

> Retorno mais uma vez às mulheres, agora em bronze (geralmente dourado e patinado): o espaço vibra em torno delas. Nada mais está em repouso. Talvez porque cada ângulo (feito com o polegar de Giacometti quando trabalhava a argila), curva, saliência, crista ou ponta arranhada do metal não estejam eles próprios em repouso. Cada um deles continua a emitir a sensibilidade que os criou. Nenhuma ponta ou aresta que recorta e rasga o espaço está morta (Genet, 2000 p. 69).

O espaço vibra em torno delas, diz ele. Le Poulichet nos diz algo semelhante a respeito do caráter, como ela diz, "contagioso" das esculturas de Giacometti:

> Matéria suspensa num vazio que se curva, longilíneo, uma escultura de Giacometti vem em nossa direção: então esse vazio também nos é comunicado, pois nos tornamos o cheio do vazio que já começa a nos envolver. As esculturas de Giacometti são contagiosas! Elas nos fazem perder nossas dimensões enquanto nos envolvem no vazio que elas secretam. (...) Essa perda de dimensões resultaria da penetração desse vazio pelo qual entra-se numa tensão entre o distante e o próximo, entre o imenso e o minúsculo. Pois se entramos na magia de Giacometti, nos tornamos um dos pólos ou um dos termos desse jogo de oposição recíproca: somos identificados ao termo que falta à escultura (somos de súbito o gigante dessa minúscula figura ou somos o distante minúsculo desse gigante que se aproxima...). (...) seria preciso dizer que, seguindo os passos de Giacometti, fazemos parte da escultura. É por isso que há realmente uma escultura: ela não repousa em si mesma nem sobre ela mesma; ela é incapaz de autarcia, não pode bastar-se a si mesma. De qualquer modo, somos previstos como um termo vivendo na sua proximidade para fazer ressoar a diferença nua e viva que ela mostra (Le Poulichet, 1996 p. 34-5).

A escultura, enquanto falta radical "encarnada" no bronze na forma humana alongada visa, não a si mesma, mas o mundo que ela mesma inaugura e denuncia. O pequeno e o grande, o longe e o perto, um jogo de movimento se inaugura. Na experiência de Le Poulichet, opera-se esse contraste e, com ele, um movimento de estranhamento do que está no mundo de que fazemos parte. Estruturalmente semelhante ao vazio do templo grego que inaugura o mundo grego, que torna visíveis o mar, a pedra e os animais, em Giacometti, pelo contrário, o vazio é contagioso, mais que contagiante, e faz do mundo algo movediço e vacilante. A escultura é muda, distante, como uma estátua egípcia, mas é mesmo assim referência, uma referência para um atordoamento. Ao nos aproximarmos dela somos como que aspirados para esse buraco do qual ela é a "encarnação", pois algo mexe com o sujeito no que ele é capturado e reenviado à falta que é o seu âmago e o que o constitui no mundo.

A partir disso, trazemos, nesse ponto, uma fala fundamental de Giacometti: "Toda escultura que parte do espaço enquanto existente é falsa, não há aí nada mais do que a ilusão de espaço" (Giacometti, 1990 p. 200).

Para Lacan, o espaço se dá ao nível do olho (Lacan, 1962-63/2004 p. 275). Ele descarta desde já o apoio da estética transcendental kantiana, assim como qualquer idealismo, para remeter o espaço ao desejo, à fantasia e aos "modelos visuais", "que dão o tom de nossa vida desejante", enfim, ao imaginário também constitutivo desse espaço:

> No espaço, entretanto – e é esse entretanto que está todo o peso da observação -, aparentemente nada é separado. O espaço é homogêneo, quando pensamos em termos de espaço – inclusive este corpo, o nosso, do qual surge sua função. Isto não é idealismo. Não se dá porque o espaço seja uma função do espírito. (...) O espaço não é uma ideia. Tem uma certa relação não com o espírito, mas com o olho. O espaço está pendurado nesse corpo (*Ibidem*, p. 276).

E quando Genet nos diz que nada está mais em repouso no espaço que envolve a escultura, ressaltamos: "talvez porque cada ângulo (feito com o polegar de Giacometti quando trabalhava a argila), curva, saliência, crista ou ponta arranhada do metal" constituem a coisidade dessa escultura, onde testemunhamos, diferentemente da placidez heideggeriana, sua "monstruosidade": aqui o mundo perde o chão, estamos mesmo em pleno terreno pantanoso. A obra surge como emergência radical e violenta, como ressurgimento do "morto", daquele que fora dado como morto pelas ilusões da perspectiva e dos tamponamentos do idealismo:

> Entendo (...) – ainda que muito obscuramente – que toda obra de arte que queira alcançar as mais grandiosas proporções deve, com uma paciência e uma aplicação infinitas desde os momentos de sua elaboração, descer aos milênios, juntar-se, se possível, à noite imemorial povoada de mortos que irão se reconhecer nessa obra (...) Não, não, a obra de arte não se destina às novas gerações. Ela é ofertada ao inumerável povo dos mortos. Que a aceitam. Ou a recusam. Mas esses mortos de que falo nunca foram vivos. (...) Ainda que presentes, onde estão essas figuras de Giacometti a que me refiro, se não na morte? De onde escapam ao mínimo de nossos olhos para se aproximar de nós (Genet, 2000 p. 14-5).

Genet compreendeu muito bem de onde provém a força das esculturas de Giacometti (é bom ter em mente que Genet, em suas reflexões, se refere sempre às figuras filiformes e alongadas e pinturas feitas na década de quarenta em diante); elas escapam, faltam, na medida em que se presentificam como furo na realidade, como resto, detrito da ilusão. É o homem nu e sua deformidade exposta, como disse ele anteriormente. Elas vêm trazer de longe, de não se sabe onde, notícias, talvez, da "caverna", do "tempo imemorial" dos mortos de onde vemos emergir um olhar insuportável, - lembramos aí novamente esse olhar da beleza de Antígona no "entre-duas-mortes" -, "de onde escapam ao mínimo de nossos olhos para se aproximar de nós", olhar da morte:

> Quando bruscamente apareceu Osíris – pois o nicho é cavado rente à parede – sob a luz verde, tive medo. Naturalmente, foram meus olhos os primeiros informados? Não. Meus ombros, antes de tudo, e a nuca, esmagada por uma mão, ou uma massa, que me obrigava a mergulhar nos milênios egípcios e, mentalmente, a me curvar, e, mais até, a me encolher diante dessa pequena estátua de olhar e sorriso severos. Tratava-se realmente de um deus. O deus do inexorável. (refiro-me, é claro, à estatueta de Osíris de pé, na cripta do Louvre.). Tive medo porque se tratava, sem dúvida nenhuma, de um deus. Certas estátuas de Giacometti provocam em mim uma emoção bem próxima desse terror, e um fascínio quase tão grande (*Ibidem*, p. 13).

O diálogo com Giacometti:

> EU: É preciso coração forte para ter uma de suas estátuas em casa.
>
> ELE: Por quê?
>
> Hesito em responder. Minha frase o fará zombar de mim.

EU: Uma de suas estátuas num quarto, e o quarto vira um templo.

Ele parece um pouco desconcertado.

ELE: Não sei. E você, acha bom? (*Idem*).

Genet constata na obra de Giacometti a solidão, o recolhimento a si mesma da escultura. Ela está presente, mas se ausenta. Diz-nos que o lugar dela é entre os mortos, mas mortos que nunca viveram.

Giacometti é amante da arte egípcia, africana, enfim, da arte que toma o caminho inverso a toda a ilusão da perspectiva na pintura ocidental. Giacometti defende a ideia muito interessante de que a arte africana, por exemplo, é "muito mais próxima da real visão que se tem da realidade" (*In*: *Les Heures Chaudes de Paris*, 1964) do que a maneira com que a arte ocidental concebe a visão, com seu volume tridimensional no espaço. Esse volume é falso, ilusão. Não que ele não exista, mas porque, para ele, é falseado e determinado pela visão geometral da perspectiva desde a Renascença. Uma de suas esculturas ressalta esse aspecto fundamental, *Busto de Diego*, de 1945. Em entrevista a Jean-Marie Drot, ele nos fala, a propósito desta obra, sobre a dificuldade que ele tem de ver o volume das coisas e das pessoas no espaço. Se, diante dele, uma pessoa está de perfil, ele "esquece" como é o rosto de frente; se ela está de frente, ele esquece seu perfil. Semelhante coisa se passa quando, retomando uma fala do primeiro capítulo, ele nos diz : "Se estou no terraço de um café e de lá vejo pessoas caminhando na outra calçada, eu as vejo minúsculas. Seu tamanho natural não existe!" (Giacometti, 1990 p. 275). Esta afirmação da não existência do "tamanho natural" (das pêras, por exemplo) nos desconcerta, ela é chocante: abala o habitual e a 'naturalidade' da visão, revolvendo o fundo que sustenta toda essa questão do espaço, como vimos a propósito das experiências relatadas por Le Poulichet e Genet. Giacometti argumenta, portanto, que a visão, adestrada pela história da perspectiva, cria o que, para ele, não pode ser de fato visto, ou seja, que é visão enquanto um certo trabalho significante que supõe "abstratamente" seu volume e seu tamanho no espaço tridimensional. Para ele, a arte greco-romana, a arte ocidental, é a arte mais abstrata, a mais distante do que, segundo ele, se dá "realmente" na visão. Daí seu interesse e também fascínio pela arte egípcia ou africana. Essa apologia e retorno à 'arte primitiva' estava no ar nos tempos de Giacometti, como em Bataille, Picasso e muitos outros. Genet, por sua vez, captou muito bem o que há de "egípcio", de primitivo, nas esculturas de Giacometti, algo relacionado à morte nos seus aspectos de absoluto e inexorável. A postura de suas esculturas, muitas vezes próxima de figuras embalsamadas. Elas de fato se ausentam, ainda que resplandeçam, atingindo e contagiando o mundo a sua volta. Ausentam-se na sua presença? Presença de negatividade? Onde estão, pergunta Genet, as esculturas de Giacometti? Para onde foram?

Edson de Sousa (1999) fala de uma estética negativa em Freud. Estética que Freud faz entrever através do texto *O estranho*. Toda a questão, que havíamos colocado a respeito da metafísica – do sonho metafísico –, que se mostra no belo ideal, da grandiloquência do discurso que aspira à harmonia, ao equilíbrio, ao Bem no seu fulgor divino, assim como a construção de uma visão historicamente datada a partir da invenção da ilusão da perspectiva, - tudo isto encontra seu limite. Nesse ponto, algo de estranho acontece, literalmente: com a "peste" freudiana, as mais altas aspirações do Espírito Humano encontram, no *Unheimlich*, o seu reverso, o seu negativo.

> Freud insistiu que a compulsão de repetição, naquilo que ela implica de resistência ao novo, de busca do mesmo, desenha o limite de nossa capacidade de agir, de pensar e viver. É nesse ponto que ele alfinetou o sonho humano da infinitude e da grandeza com o obstáculo chamado sintoma. A vida inscrita no pequeno detalhe revela um filme visto pelo seu avesso pois somos agora capturados pela vida que sonhávamos ter. Tanto mais intenso e luminoso este sonho, mais cegos ficamos às pegadas que vamos deixando na areia. A esperança que Freud tentou transmitir à humanidade foi de que dirigir o olhar a essas pegadas vacilantes, restituindo a partir delas uma história, permitiria que cada um pudesse eventualmente estar mais próximo da ficção de sua origem (*Ibidem*, p. 125).

E essa ficção é denunciada pela obra do artista pelo "negativo" da anamorfose que ele se empenha em produzir. Uma ficção vacilante ao restituir o vazio. Que é o inacabamento que a ilusão não consegue dar conta, um "ponto doloroso" que sempre retorna ao mesmo lugar:

> O que é interessante na contribuição freudiana é que ela nos indica que esta experiência do "*Unheimlich*" justamente vem a acontecer num lugar inesperado para nós, ou seja, num lugar onde esperaríamos reencontrar o familiar, aquilo que conhecemos e pensamos controlar. Ora, o que nos diz Freud? Ele nos mostra o avesso do familiar, o avesso do "*Heim*". A repetição nos desvela, portanto, a inconsistência do familiar e o artifício de sua construção (*Ibidem*, p. 127).

O familiar é flagrado na inconsistência, dessa "farsa" necessária, pois do que se trata no familiar é a constituição do sujeito e da realidade na sua estruturação fundamentalmente ficcional, nas tramas do simbólico e do imaginário, e sobremaneira na imaginarização exacerbada do imaginário de nossos tempos atuais. Mas no universo do artista, sobretudo para Giacometti, o inesperado, o estranho, passa a adentrar o que é próprio do familiar. Que haja algo de familiar, até mesmo na sua constituição, isso sim é de se estranhar! Havíamos falado do traçado de Matisse que inaugura o mundo de Matisse, único no seu estilo, manifestação da "verdade do ente", no dizer de Heidegger. Mas é justamente sua condição de insondável – isto é, de estranho – que vem sustentar sua familiaridade enquanto tal, seu reconhecimento e sua identificação. O que é estranho, nesse caso, mantém-se recalcado. Tanto parece ser assim que o discurso do próprio Matisse em sua autobiografia, é esse: "Meu sonho é uma arte de equilíbrio, pureza e serenidade, algo como uma boa cadeira de braços onde descansar da fadiga física". E Matisse é isso: essa estranha familiaridade. Em Giacometti, assim como em Matisse, mas de modo diferente, a obra vem denunciar "que algo não vai bem", que algo se quebrou, que o encontro é sempre faltoso, que algo do real insiste em não se escrever, e é por isso que o belo existe e o empenho prossegue. Que tanto o traço de Matisse quanto a escultura de Giacometti fazem girar o mundo em seu entorno, sem que, no entanto, desapareçam. Muito pelo contrário, sua presença – que é presença de uma ausência – é de fato incômoda e fulgurante. Frente a esculturas recém feitas de mulheres, Genet reporta o diálogo:

> Ele fala de modo áspero, parece escolher por gosto as entonações e as palavras mais próximas da conversa cotidiana. Como um tanoeiro.
>
> ELE: Você as viu em gesso...Lembra-se delas, em gesso?
>
> EU: Sim.
>
> ELE: Acha que perdem, em bronze?
>
> EU: Não. De maneira nenhuma.
>
> ELE: Acha que ganham?
>
> Hesito aqui mais uma vez em proferir a frase que expressará melhor o meu sentimento:
>
> EU: Você vai zombar de mim de novo, mas a impressão que tenho é curiosa. Não diria que elas ganham, e sim o bronze que ganhou.

> Pela primeira vez em sua vida, o bronze acaba de ganhar. Suas mulheres são uma vitória do bronze. Sobre ele próprio, talvez.
>
> ELE: É assim que tinha de ser (Genet, 2000 p. 16-7).

Posteriormente, em um almoço com Sartre, Genet reforça a ideia:

> (...) repito-lhe minha formulação a respeito das estátuas: "foi o bronze que ganhou". "Isso é o que poderia lhe dar o maior prazer", diz Sartre. "Seu sonho seria desaparecer completamente atrás da obra. Ficaria ainda mais feliz se fosse o bronze que, por si mesmo, se manifestasse" (*Ibidem*, p. 62).

Onde Genet no bronze, assim como Heidegger – na coisidade do bronze que é gritante através do insondável da obra –, encontra essa solidão de que ele tanto fala, onde se configura essa ferida? A ferida aqui se configura como a própria lógica da sublimação: a ferida – como *das Ding* – clama por sutura, por curativo. O artista, no entanto, ao invés de suturar e tamponar, coloca algo que a mantém aberta, como dizendo, aqui tem ferida, aqui ainda está aberto, aqui ainda é possível haver desejo. Se o objeto não está soldado ao buraco, se ele não é natural e, por isso, varia, o que fica é a ferida do sempre faltante. Poderíamos, portanto, pensar no objeto elevado à dignidade da sua ferida? À dignidade da falta como ferida? Ou ainda: pôr-se-em-obra da verdade da ferida no ente? Adentramos o "abismo intranquilizante" que o artista nos revela.

CAPÍTULO III

DIGNIDADE DA ARTE, DIGNIDADE DA PSICANÁLISE

A *DING*-NIDADE

> Prosseguindo ininterruptamente seu trabalho de Sísifo no ateliê miserável que era a guarida de onde o sucesso material progressivamente não viria a tirá-lo de lá jamais, Alberto Giacometti, no entanto, não era um taciturno (Leiris *apud* Giacometti, 1990 p. 2).

Escreve Michel Leiris no início de sua introdução aos *Écrits* de Alberto Giacometti. Pode-se dizer que Giacometti era um homem engajado, um artista que encarnava a sua arte, a sua questão. Leiris, assim como Jacques Dupin, escritor e filósofo que assina um texto nessa mesma edição dos *Écrits*, fazem de Alberto Giacometti um retrato no mínimo estimulante: possuidor de um humor ácido, cultivador da controvérsia – segundo Dupin, fazia sempre o papel do "contra" e da provocação brincalhona –, e amante das discussões sobre arte e a vida, ou seja, tratava-se de um homem desejoso de compartilhar com seus amigos e colegas artistas o que via, o que o chocava constantemente, num simples passeio na rua ou numa ida a um museu. Essa fala insistente, e os escritos também aparecem desse modo, apresenta essa confrontação com o impossível, com o irregistrável e não capturável, enfim, com algo que recua sempre.

Para pensar para onde Giacometti pode nos guiar, é preciso levar a sério sua definição de arte, conforme destacamos anteriormente, como "forma de ver". Giacometti é nosso guia por dentro da arte e da psicanálise, ainda que um guia nada ortodoxo, um guia à deriva. Na entrevista concedida a Jean-Marie Drot, como em outros documentos filmados, assistimos a um homem que ri de si mesmo. Um sorriso estampado nos lábios e o olhar astuto mostram cumplicidade com seu interlocutor. Entre o bonachão e o irônico, espantado e até mesmo curioso a respeito de si próprio, com o que lhe ocorre, Giacometti convida seu entrevistador, ou interlocutor, a saborear esses momentos de espanto e humor. Como amigos, Giacometti e seu entrevistador, conversam sobre o assunto-Giacometti e o que ele vê, o que ele faz e o que é a arte para ele. Sua fala parece um laboratório de si mesmo, a respeito do insondável que perpetua a experiência inominável e desconhecida no seu dia a dia. Giacometti, portanto, nos deixa à deriva pelas muitas questões que incessantemente vão surgindo e que nos convidam a construir algo que não pode pretender outra coisa senão somente apontar caminhos, mas que nos convidam igualmente a fracassar em sua companhia. Assim que nosso tema é justamente, como o dizer que intitula o presente trabalho, "em torno" de Alberto Giacometti, ou seja, modela-se a partir daquilo que, como se diz, contorna a Coisa (*das Ding*). "Toda arte", diz Lacan, "se caracteriza por um certo modo de organização em torno do vazio" (Lacan, 1959-60/1991, p. 154). A trajetória da arte de Giacometti, todo o seu empenho, seu desejo e sua fala parecem se organizar de forma contundente em torno disso: o que ele diz ver quando define a arte como "uma forma de ver" coloca em jogo e torna mais uma vez vívida a questão que centraliza a ética que Lacan elaborou para a psicanálise a partir da Coisa (*das Ding*):

> Essa Coisa, da qual todas as formas criadas pelo homem pertencem ao registro da sublimação, será sempre representada por um vazio, precisamente pelo fato de ela não poder ser representada por outra coisa. Em toda forma de sublimação, porém o vazio será determinante (*Ibidem*, p. 154).

Bernard Baas (2001, p. 96) nos diz que na fórmula da sublimação – elevar o objeto à dignidade da Coisa –, trata-se, sobretudo, de um "soberbo *Witz*" que Lacan nos oferece em seu Seminário sobre a ética. *Dignité*, em francês, assim como em português, ao acrécimo de um n entre o d e o g, torna-se *dingnité*, di**n**gnidade. A ***ding**-nité* ou ***ding***-nidade de *das Ding* é, diz ele, "a coisidade[19] da Coisa". A arte, acreditamos, é uma prática dessa *ding*-nidade, e a psicanálise se serve dela no que ela tem de mais subversivo: o impossível na sua relação com o desejo. O impossível como marca do real.

Lacan vai buscar em Freud esse *das Ding* no *Projeto para uma psicologia científica*, de 1895, antes um elemento discreto (ou melhor dizendo, não valorizado) da teoria freudiana, como algo fora do campo da linguagem, como o irrepresentável e o inapreensível, e que está presente no que ele destacou como "complexo do próximo" (*Nebenmensch*). Importante ver um pouco dessa passa-

---

19 A "*choséité*", como o utiliza Lacan (1959-60/1991, p. 144) no Seminário VII *A ética da psicanálise* quando se refere às caixas de fósforos de Prévert.

gem no *Projeto*[20], na qual Freud já estrutura e apresenta sua concepção, reapresentada mais tarde no capítulo VII de *A Interpretação dos sonhos*, da experiência de satisfação e o desencontro, ou reencontro do objeto perdido, que é fundamental no que ele chama de "estado de desejo":

> É quando há uma catexia de desejo e emerge uma percepção que não coincide, de modo algum, com a imagem mnêmica desejada (mnem. +). Surge então um interesse de conhecer essa imagem perceptiva, de maneira que talvez se consiga encontrar, afinal, uma via entre ela e a mnem. + ["mnem. +" parece significar imagem mnêmica desejada]. É de se supor que, com essa finalidade em vista, a imagem perceptiva seja novamente hipercatexizada a partir do ego, como aconteceu no caso anterior com apenas uma parte componente dela (Freud, 1950[1895] /1987, p. 446-447).

Esse descompasso exigirá trabalho por parte do sujeito. Freud prossegue:

> Se a imagem perceptiva não for absolutamente nova, ela agora recordará e reviverá uma imagem perceptiva mnêmica com a qual coincida pelo menos em parte. (...) Na medida em que coincidem, as catexias não dão oportunidade à atividade de pensamento. Por outro lado, as partes discrepantes "despertam interesse" e podem dar lugar à atividade do pensamento (*Ibidem*, p. 447).

Daí a questão se referir a um "semelhante", a um "próximo", ou também "vizinho" (*Nebenmensch*). O que o sujeito se empenha é na construção de vias de ligação entre o discrepante e o já familiar e assimilado:

> Suponhamos que o objeto que compõe a percepção se pareça com o sujeito — um outro ser humano. Nesse caso, o interesse teórico [que lhe é dedicado] também se explica pelo fato de que um objeto semelhante foi, ao mesmo tempo, o primeiro objeto hostil, além de sua única força auxiliar. Por esse motivo, é em relação a seus semelhantes que o ser humano aprende a conhecer. Os complexos perceptivos emanados desse ser semelhante serão então, em parte novos e incomparáveis — como, por exemplo, seus traços, na esfera visual; mas outras percepções visuais — as do movimento das mãos, por exemplo — coincidirão no sujeito com a lembrança de impressões visuais muito semelhantes, emanadas de seu próprio corpo, [lembranças] que estão associadas a lembranças de movi-

20 No item 17, Memória e juízo, da Primeira Parte.

> mentos experimentados por ele mesmo. Outras percepções do objeto — se, por exemplo, ele der um grito — também despertarão a lembrança do próprio grito [do sujeito] e, ao mesmo tempo, de suas próprias experiências de dor (*Ibidem*, p. 447-448).

Constatamos, portanto, que, de saída, Freud já situa o discrepante e o não coincidente na sua relação com o desejo. Ou seja, *das Ding* "desperta interesse", uma vez que ele é parte integrante de um "complexo", de uma dialética, do desconhecido com o que é passível de reconhecimento.

> Desse modo, o complexo do ser humano semelhante [*Nebenmensch*] se divide em dois componentes, dos quais um produz uma impressão por sua estrutura constante e permanece unido como uma coisa [*das Ding*], enquanto o outro pode ser compreendido por meio da atividade de memória — isto é, pode ser rastreado até as informações sobre o próprio corpo [do sujeito] (*Ibidem*, 448).

Das Ding é, portanto, exterior às *Bahnungen*, ou seja, à cadeia significante. Será o estranho, o inapreensível e o impensável que resiste ao rastreamento significante ou do princípio do prazer. Como dirá Lacan: fora-significado. Mas *das Ding* é, por causa disso, a condição para que a cadeia significante continue insistindo na significação. *Das Ding* é, como resgata Lacan, a condição de possibilidade para o desejo. Nos reencontros com o objeto, algo sempre cai, algo sempre não coincide – algo para sempre perdido por parte do sujeito: o objeto *a*.

Lacan faz um percurso no sentido de repensar o objeto conforme o que Freud já colocava em 1905 em *Três ensaios sobre a sexualidade* e, depois, em *Pulsão e suas vicissitudes*, de 1917, como sendo o que há de mais variável. Sua variabilidade supõe a inexistência do objeto, uma não co-naturalidade. Isso, para Lacan, sempre foi de encontro a toda uma concepção de objeto harmônico, dentro de parâmetros evolutivos e de adaptação à realidade, bastante cultivada entre os pós-freudianos em geral A essa perspectiva adaptacionista – moral, em suma –, que operava em condições imaginárias e se dava em uma clínica aparelhada para corrigir e modelar, contrapõe-se todo um universo erigido pela crítica lacaniana no que se refere à falta. É no domínio da ética que essa crítica vai se situar, mais precisamente no Seminário VII. Com *das Ding* de Freud, Lacan buscará sustentação para a ideia de que a falta refere-se não a alguma "coisa" que foi perdida algum dia, mas refere-se fundamentalmente à condição de possibilidade do próprio desejo (tendo a fantasia como seu suporte). Ou seja, a perda é o que está aí desde sempre, é com ela que tudo se "inicia" a partir da incidência do significante. Para continuarmos ainda um pouco no espírito do "*Witz*" que Baas nos introduziu, poderíamos dizer que a expressão "elevar o objeto à dignidade da Coisa" parece também encenar de modo compacto a revolução que Lacan empreende na psicanálise: insistir na questão da falta foi o caminho de Lacan na "reinvenção da psicanálise[21]" para elevá-la à dignidade que a falta lhe proporciona, e que é sua especificidade. Uma vez furada, a psicanálise recupera seu gume, o gume freudiano que Lacan vai buscar em seu retorno, e perde a dimensão "pastoral" de que vinha sendo refém, com a moral e seus ideais. Tudo passa então a se mover em torno desse faltar, desse inacabamento, e mais, desse fracasso estrutural – de que nos fala Freud no *Projeto* – no qual passou a residir o coração ético da psicanálise, seja na teoria, seja na clínica. "Nossa experiência conduziu-nos a aprofundar, como jamais fora feito antes de nós, o universo da falta" (Lacan, 1959-60/1991, p. 10).

Inicialmente, dentro do percurso que vai da Coisa – *das Ding*, tirada de Freud - ao objeto *a* em Lacan, essa Coisa indica a exclusão necessária para a articulação significante, ou seja, da lei simbólica. Toda a trama dos objetos que são articulados para ocupar o lugar da falta se dá aí. O resto, o que o significante deixa de fora, a que chamamos de gozo, que é a Coisa, o acesso a esta Coisa é interditado pela Lei. A Coisa, portanto, é fora-significado, é irrepresentável, excluída que está na instauração do significante. Com a introdução do objeto *a*, a falta sai dessa posição central de exclusão, se entremeia e se articula com o discurso; ela interfere na fala, mostrando sempre um para-além, ou seja, uma descontinuidade onde a repetição aparece como retorno do real. Aqui retomamos aquilo que Lacan diz em diversos lugares a respeito do real, como "o que retorna sempre ao mesmo lugar", uma vez que o real é furado pela modelagem significante, mas algo sempre retorna na repetição (a questão da repetição como está no *Seminário XI, Os quatro conceitos fundamentais da psicanálise*), na articulação do real com a ordem significante.

Se a psicanálise é elevada à dignidade da Coisa é porque o irrepresentável, ou seja, a Coisa, está o tempo todo entremeando qualquer movimento: a Coisa é a insistência da causa de desejo[22] e a variação e a articulação do universo objetal. Bernard Baas designa o objeto *a* como "*objet chosique*[23]", pois sendo objeto causa de desejo, algo da Coisa, da falta estrutural enquanto tal, vem aí comparecer

21 Como o título do documentário de Elisabeth Roudinesco sobre Lacan indica.

22 Etimologicamente "coisa" procede de "causa".

23 "Côisico".

(Baas, 1998 p. 52). Vemos então que, a partir do objeto *a*, mais precisamente a partir do Seminário XI, *Os quatro conceitos fundamentais da psicanálise*, de 1964, algo da Coisa impregna o objeto de desejo, o que designa também o movimento de "elevar o objeto à dignidade da Coisa", e que quer dizer: que o objeto é faltoso, mais propriamente um lugar lógico onde simbólico e imaginário se articulam para recobrir. Há, portanto, algo sempre para além do objeto de desejo, algo que escapa e que não coincide com ele, pois é algo de perdido e que não está mais lá e, na verdade, nunca esteve. A coisidade, a *ding*-nidade que esse *das Ding* dá ao que se trata em psicanálise – na produção teórica e na clínica –, toma o conceito de objeto, "condenado" que estava à "inocência" biologizante, moral ou metafísica, e remete-o à fala que é produção singular do sujeito, na qual a falta é posta em jogo.

> Pretendemos tomar o conceito lacaniano do objeto *a* como uma tentativa sua, inédita, de responder ao problema da relação entre o conceito e a falta na psicanálise. Nesta, o que se transmite não é o conceito sob a forma de uma definição última, nem mesmo um conceito que situaria a falta. O que se transmite, através de uma relação com o conceito que marca o trabalho de Freud e Lacan, é a falta que é experimentada na análise (Darriba, 2001 p 13).

A perspectiva que o objeto *a* traz para a clínica tem o mesmo peso para a teoria, na qual se instaura o inacabamento, e na qual o real abre sempre novas possibilidades através de uma posição de não-saber. Não-saber justamente porque não se sabe. E isso é freudiano por excelência. O inconsciente é um saber – que não se sabe – que se articula e se manifesta na sua singularidade; não há, rigorosamente falando, nada que possa servir de modelo ou exemplo de conduta e que prefigure ou possa prever um determinado resultado. A teoria em psicanálise se refaz constantemente, literalmente. Em contrapartida, o lugar da psicologia e das terapias propõe uma teoria aplicada à clínica, dada de antemão, fechada, baseada, muitas vezes, em ideais de bem que o próprio terapeuta veicula em sua prática sem se dar conta, "disfarçado" de boas intenções ou promessas libertárias filosofantes.

O que Lacan propõe eticamente se baseia na quebra que *das Ding* vai operar, mais especificamente da ordem de um decentramento: o lugar de *das Ding* é onde as éticas filosóficas, em grande parte, fazem um tamponamento e que Freud, erguendo essa tampa, descobre não haver nada. Esse lugar faltoso de *das Ding* será indicado sobretudo pela ação do simbólico que se apresenta na singularidade das falas de seus pacientes, pelas diferenças de sujeito para sujeito, nos seus tropeços, na sua forma manca e nada harmônica de caminhar. Quando retoma o *Projeto* de Freud, Lacan parte da questão sobre a oposição entre princípio do prazer e princípio de realidade. Para ele, Freud

> parte de um aparelho cujos dados são os mais opostos a um resultado de adequação e de equilíbrio. Ele parte de um aparelho que, por sua própria tendência, se dirige ao engodo e ao erro. Esse organismo por inteiro parece feito não para satisfazer a necessidade, mas para aluciná-la. Convém, portanto, que um outro aparelho, que se oponha a ele, entre em jogo para exercer uma instância de realidade e se apresente, essencialmente, como um princípio de correção, de chamada à ordem (Lacan, 1959-60/1991 p. 40).

Lacan, portanto, chama a atenção para o caráter essencialmente conflituoso que move essas instâncias. A partir do texto do *Projeto*, ele mostra que esse conflito está encarnado no sistema freudiano, ou seja, que a preocupação ética está instalada no coração das elaborações de Freud desde o começo: "Nenhum sistema levara mais longe a explicação a ser dada do organismo no sentido de uma inadequação radical, na medida em que o desdobramento dos sistemas é efetuado para ir contra a profunda inadequação de um dos dois" (*Idem*).

Essa desarrumação, esse desencaixe, enfim, a necessidade dessa dinâmica, freudiana por excelência, tem sua origem não em outro lugar do que Lacan chama de "experiência das quantidades incontroláveis com as quais Freud lida em sua experiência com a neurose"; e arremata: "isso é o que constitui a exigência de todo o sistema" (*Ibidem*, p. 41). Lacan define essa exigência como "quase uma aposta". Para ele, houve em Freud a percepção da "dimensão própria em que a ação humana se desenrola", e que não nos impressionemos com as aparências de frieza e cientificismo do *Projeto*: seu interesse vai muito além do que "a pobre contribuiçãozinha a uma fisiologia fantasista que ele comporta" (Lacan, 1959-60/1991, p. 50). Esta forma deve-se, em grande parte, ao desejo de Freud de se adequar às exigências de cientificidade de seus mestres na época, como é o caso de Brucke e outros da escola de Helmholz. Trata-se, no Projeto,

> de uma coisa bem diferente de uma construção de hipóteses – é a primeira contenda de Freud com o próprio *pathos* da realidade com a qual ele lida em seus pacientes. É isso – perto dos quarenta anos ele descobre a dimensão própria, a vida significativa, dessa realidade (*Ibidem*, p. 50).

Eis que o vazio (a Coisa) encontra seu lugar na clínica de Freud, na fala do sujeito, através daquilo que Lacan localizou e denominou de objeto a, já que em Freud isso se dá de outros modos e com outras denominações. O vazio instaurado pelo discurso da ciência, embora não reconhecido por esta, convoca o sujeito, através da psicanálise, a produzir sua singularidade contornando esse vazio. Esse objeto é a pedra no sapato dos discursos universalistas, aí se inserindo a filosofia, desde Platão, passando por Aristóteles, e mais especialmente em Descartes, onde se dá o corte do discurso da ciência, e Kant, com o seu projeto crítico, onde enfocaremos sua ética, o "imperativo categórico" elaborado na Crítica da razão prática, no cap. IV. No momento, o importante é lembrar que o universal é quebrado por algo que não é levado em conta por esse pensamento, mas que é posteriormente resgatado pela escuta de Freud, que é o sofrimento do sujeito – o *pathos* que denuncia a falta ao nível do sujeito em *a, o pas-tout* (não-todo). Para o sujeito empreender seu caminho na análise é preciso aceitar a dimensão de *das Ding*, isto é, de que não há mais o amparo ou resposta de um Bem, seja ele qual for, mas que há algo que falta quando ele se engaja na fala. *Das Ding* lacaniana implica em que a fala a [*das Ding*] convoca para que ele próprio, o sujeito, possa reinventar seu estar no mundo a partir de seus recursos. A fala abre, através da linguagem, entendida como estrutura significante, os possíveis para um determinado sujeito, pois abre uma dimensão que é o inconsciente e que Lacan dará o estatuto de "pré-ontológico", ou ainda, de "não realizado" ou "não nascido" (Lacan, 1964/1990, p. 33).

Como pensar então, ao lidarmos com a questão da sublimação propriamente dita, na sua relação com a arte, o objeto enquanto elevado à dignidade do irrepresentável, do que falta, do que é excluído ou do que sempre está mais além, ou seja, sem tamponar a falta ou evitá-la pelo significante? "Estabeleço isto – um objeto pode preencher essa função que lhe permite não evitar a Coisa como significante, mas representá-la na medida em que esse objeto é criado" (Lacan, 1959-60/1991, p.151).

Nesse momento, quando ele aborda a questão da criação *ex-nihilo***,** essa criação "a partir do nada", ele comenta o apólogo apresentado por Heidegger do vaso e do oleiro**,** como indicamos anteriormente. Lacan diz que esse apólogo pode nos ser ainda útil, pois foi sempre empregado "para fazer-nos conceber parabolicamente, analogicamente, metaforicamente os mistérios da criação" (*Ibidem*, p.151). O importante aqui é mostrar a identidade entre a instauração da Coisa e a do significante. Ao confeccionar o vaso, o oleiro cria o vazio. Mas gostaríamos de trazer isto para a articulação que Lacan apenas indica (e promete), mas não desenvolve, entre as caixas de fósforo de Prévert e o vaso feito pelo oleiro, concebida por ele como "função artística a mais primitiva" (*Idem*):

> Da última vez falei-lhes da caixa de fósforos, tinha minhas razões, e vocês verão que a reencontraremos e que ela nos permitirá, talvez, ir mais adiante em nossa dialética sobre o vaso. Mas o vaso é mais simples. Sem dúvida nasceu antes da caixa de fósforos. Está aí desde sempre (*Idem*).

Retomemos então a coleção de Jacques Prévert, cuja disposição de caixas de fósforo encaixadas em torno de uma lareira dava a ver algo que "era excessivamente satisfatório do ponto de vista ornamental" (*Ibidem*, p. 143). Atentemos, no entanto, ao que ele diz desse "satisfatório" dentro da questão precisa relacionada à sublimação:

> Não creio, todavia, que isso fosse o principal e a substância do que esse colecionismo tinha de surpreendente, e a satisfação que daí poderia obter aquele que era responsável por isso. Creio que o choque, a novidade, do efeito realizado por esse ajuntamento de caixas de fósforos vazias – esse ponto é essencial – era de fazer aparecer isto, no qual talvez nos detenhamos demasiadamente pouco, é que uma caixa de fósforos não é de modo algum simplesmente um objeto, mas que pode sob a forma, *Erscheinung*, em que estava proposta em sua multiplicidade verdadeiramente imponente, ser uma Coisa (*Ibidem*, p.143).

Uma caixa de fósforos "não é de modo algum um simples objeto". Lacan se refere aqui à dimensão imaginária do objeto, como se o objeto já fosse já dado por si só, coincidente consigo mesmo. O arranjo que lhe dá Prévert no seu colecionismo, na técnica que, supomos, visava esse fim, uma caixa de fósforo é algo que surge como que estranho (*Un-heimlich*), podendo portanto "ser uma Coisa". Prossegue Lacan:

> (...) esse arranjo manifesta que uma caixa de fósforos não é simplesmente algo com uma certa utilidade, que não é nem mesmo um tipo, no sentido platoniano, a caixa de fósforo abstrata, que a caixa de fósforos sozinha é uma coisa, com sua coerência de ser. O caráter gratuito, proliferante e supérfluo, quase absurdo, dessa coleção visava, com efeito, sua **coisidade** de caixa de fósforos. O colecionador encontrava assim sua razão nesse modo de apreensão que incidia menos na caixa de fósforos do que nessa Coisa que subsistia na caixa de fósforo (*Ibidem*, p.144; grifos nossos).

A Coisa subsiste na caixa de fósforos, diz Lacan, através de sua "**coisidade**" graças a esse "arranjo" proliferante e supérfluo, quase absurdo. A Coisa, portanto, é revelada "para além do objeto" (*Idem*), essa "forma vagabunda" que adquire

> um sentido moral, e que se chama gaveta. Aqui [na] revelação da Coisa para além do objeto, essa gaveta é liberada, e não mais tomada em sua amplitude ventral, cômoda, apresentava-se com um poder copulatório, que a imagem desenhada pela composição prevertiana estava destinada a tornar sensível a nossos olhos (*Idem*).

Na diferenciação que Lacan aponta, também neste Seminário, entre *die Sache* e *das Ding,* parece haver um pulo da "vulgaridade" de *die Sache* para a "dignidade" de *das Ding.* É, entretanto, digno de nota que, no procedimento prevertiano, *die Sache* não deixa de ser o que é, objeto com sua utilidade e familiaridade no cotidiano, produto do engenho humano pela via significante. Pelo contrário, ele até fulgura – Lacan fala, em alemão, da *Erscheinung* –, mas fulgura não pelo seu efeito **"excessivamente satisfatório"**, não é a satisfação da pulsão que é visada, mas antes pelo "choque" de sua coisidade. Essa coisidade é dada antes pela desnaturalização de um objeto tão comum e ordinário (*die Sache*). Enquanto *die Sache,* ele apenas exclui *das Ding,* que, no entanto, continua a subsistir nesse mesmo lugar.

Alberto Giacometti, nesse momento, como já pudemos ver em vários exemplos no primeiro capítulo, estaria de acordo com esse ponto de vista, mas acrescentaria a seguinte objeção: 'não precisamos do arranjo prevertiano, por exemplo, para nos espantarmos com uma caixa de fósforos, ela por si só já nos basta em seu maravilhamento, mesmo enquanto a mais "vagabunda gaveta", em seu próprio "arranjo" enquanto caixa de fósforo em relação às outras caixas de fósforos existentes, e mesmo em relação a todo e qualquer objeto que não é caixa de fósforos. Não existe a caixa de fósforos no seu lugar natural, ela se situa sempre em relação a alguma coisa'.

Lembremos do que nos relata Giacometti a partir do copo que aparece e reaparece, exemplo simples que representa muito bem a questão do artista. A coisidade, da forma como queremos vinculá-la a *das Ding,* é a dignidade do copo enquanto desconhecido, mas ao mesmo tempo, essa mesma coisidade o desnaturaliza a tal ponto, que o copo chega às raias da desaparição.

Essa questão parece ser tocada por Duchamp com sua apresentação do *ready-made* do mictório na mostra do Salão dos Independentes em 1917. Giacometti e Duchamp têm pontos em comum, apesar de atuarem por vias diferentes.

O que faz Duchamp com o mictório, ou urinol, objeto comum nos banheiros de qualquer bar, abundantemente encontrável nas casas de material de construção? Inicialmente ele inverte sua disposição: a parte que se prende à parede, ele a reorienta apoiando-a em um praticável no chão, e assina o pseudônimo e data: "R. Mutt 1917". E a inversão da posição do mictório acaba propiciando toda uma dimensão de metáfora para além do simples ato mesmo de transplantar um objeto comum para os domínios da arte.

> (...) podemos perceber de que modo um subtexto erótico se fixa ao objeto por intermédio do trocadilho visual sugerido pela forma do objeto em sua nova orientação. Pois sua posição e isolamento têm o efeito de atropomorfizar o mictório, emprestando ao desenho lasso de seu interior oco a sugestão de uma forma uterina e à sua superfície as curvas implícitas ao corpo feminino (Krauss, 1977/2001, p.97).

Passada a impressão reconfortante de se ter achado alguma forma reconhecível, prossegue Krauss, o expectador é levado novamente a se confrontar com algo difícil. O objeto acaba por desnudar-se com facilidade de sua metáfora e adquire, não somente o aspecto de algo francamente estranho na produção de uma opacidade – o *Un-heimlich* freudiano por excelência –, mas também de algo especialmente constrangedor: ele resiste à análise crítica:

> Confrontados com o *ready-made*, toda e qualquer tentativa de decodificação formal nos é vedada. Isso porque, (...) como não foi Duchamp que "pretendeu" as relações formais do mictório, não se pode compreender o trabalho como tendo codificado os significados veiculados por decisões formais. A estratégia de Duchamp foi apresentar um trabalho que a análise formal não possa reduzir, um trabalho que esteja desvinculado de seus sentimentos pessoais e que não ofereça nenhuma resposta aos nossos esforços em decodificá-lo ou compreendê-lo. Seu trabalho não pretende expor o objeto para que seja examinado, mas sim esmiuçar o próprio ato da transformação estética (*Ibidem*, p.98).

Vemos que o mictório, objeto "comum" (no dizer de Krauss), adquire uma dignidade na medida em que aparece como opacidade. Logo, do mesmo modo como dizia Lacan à propósito da coleção de fósforos de Jacques Prévert, o mictório de Duchamp aparece também na sua coisidade, nas suas curvas, nas suas formas, buracos e frisos. Isso porque, diferentemente dos fósforos de Prévert, um objeto "comum" fora transplantado da vida cotidiana para dentro de um museu, daí o efeito flagrante de contraste, e não causado pelo excesso de objetos comuns, caixas de fósforos, montados de tal maneira especial. Mas aqui o mictório, categorizado como *ready-made*, faz surgir ironicamente um paradoxo: ele passa a ser algo que vai para além de um objeto *ready-made* – traduzamo-lo assim, "já-feito", "terminado", "já-realizado", e, até mesmo, "prêt-à-porter", pronto para o uso –, na direção, inclusive, contrária, de algo *not yet-made* ou *not finished*, ou seja, inacabado, não pronto, suspenso. Portanto, esse "terminado" na sua forma, uma boa forma, no seu significado claro, torna-se, num passe de mágica, objeto inacabado por excelência, na medida em que aí compreendemos que algo desse limite ou borda com o real se faz ver (na sua coisidade e, consequentemente, na sua dignidade). Os *ready-made* de Duchamp mostram, inicialmente, a fina ironia do clown da arte moderna – como dizia Otávio Paz a respeito do artista (Paz, 2002 p. 63) – ao batizar seu objetos de *ready-made*, e depois, que tais objetos foram justamente feitos (*made*), criados por alguém, não surgiram do nada, são manipulações do significante. Foram confeccionados na indústria, mas, mesmo assim, são produto e realização da cultura, e que, nem por isso, estão estacionados como que vedados ou idealizados na eternidade das ideias imutáveis do plano platônico ou algo que o valha.

O que, portanto, Giacometti e Duchamp vêm atestar é essa *ding*-nidade dos objetos justamente pela presentificação em direção a uma outra Coisa que não é a sutura da falta, a satisfação via simplesmente o princípio do prazer ou a indiferença e a naturalidade com que se vive o cotidiano. Se o artista precisa da obra para fazer ver aos expectadores o quanto uma caixa de fósforos por si só pode ser maravilhante, pelo menos o artista, ele mesmo, no caso Giacometti, sabe ou sofre de algum modo os efeitos desse inapreensível, impensável e que constantemente nos olha.

Isso nos dá pistas, como Giacometti nos dá também, a respeito de como esse *das Ding* vem funcionar junto à realidade, para podermos articular o lugar do artista em relação a ela. O que é a realidade?

> (...) o que aparece diante de nosso olhar é o caráter problemático do que Freud coloca sob o termo de realidade. (...) Trata-se da realidade cotidiana, imediata, social? Do conformismo às categorias estabelecidas, aos costumes admitidos? Da realidade descoberta pela ciência, ou daquela que absolutamente ainda não o é? Será a realidade psíquica? (Lacan, 1959-60/1991, p. 32).

Lacan procura responder retomando a questão da relação entre processo primário e processo secundário. A precariedade da realidade, onde psiquicamente o princípio de realidade deve ordenar as coisas, para que o princípio de prazer não perca suas estribeiras, ele vai dizer que a verdade que dá as cartas nesse jogo está para além do princípio do prazer.

> O idealismo consiste em dizer que somos nós que damos a medida da realidade, e que não se deve buscar para além disso. É uma posição reconfortante. A de Freud, aliás como de todo homem sensato, é diferente (...) A realidade é precária. E é justamente na medida em que seu acesso é tão precário que os mandamentos que traçam sua via são tirânicos (*Ibidem*, p. 43).

O questionamento da realidade é fundamental para atravessarmos a via giacomettiana, pois o artista está vinculado a esse lugar da precariedade; ele a evidencia e a denuncia. O princípio de realidade, segundo Lacan, embora fracasse, age como um corretor moral, um compensador, em última análise. "O funcionamento do aparelho que suporta o princípio de realidade não é singularmente próximo daquilo que Aristóteles articula?" (*Idem*). Aristóteles em sua *Ética a Nicômano* se pauta por um Bem Supremo, pelas vias da regulação dos excessos. Mas no que se propõe na ética lacaniana é que o que faz mover a estrutura é *das Ding*, e não, como sugere o exemplo aristotélico, o deus motor imóvel, causa absoluta, pensamento do pensamento, razão metafísica de todo devir. Ele lembra que, mesmo antes deste aparelho se formar, e antes mesmo do recalque propriamente dito se dar, a questão da defesa já comparece em Freud, defesa contra o real.

Isto nos dá balizas para pensar em que realidade Giacometti se inscreve, uma vez que *das Ding* está aí marcando a precariedade do ser, seu furo, no limite com o real. Isso se apresenta no que ele experimenta como artista, que implica a sua questão referente à impossibilidade de representar o que "vê". Esta questão, na qual nos deteremos no próximo capítulo, será colocada tomando suas falas como guia, a partir de uma torção: a arte como "uma forma de ver", onde está também "uma forma que me olha", "uma forma que me vê" e que, inclusive, me possibilita "ver" o mundo. A partir disso, ressaltamos dois pontos que se articulam entre si durante todo o procedimento artístico em Giacometti:

1) O que Giacometti "vê" e o que o olha. Primeiro ponto, no qual a definição da arte como uma "forma de ver" se revela essencialmente uma postura ética. A diferença entre ver e olhar, elaborada por Lacan, é convocada aqui, quando em Giacometti todo o campo escópico é revolvido em função de uma

valorização do mundo via estranhamento, singularidade e quebra dos universais. Tentaremos nos aproximar disso, tomando como ponto de referência questões que Lacan coloca em relação ao lugar da psicanálise frente à arte. O campo escópico será desenvolvido por ele nos Seminários X, *A angústia* (1962-63), e XI, *Os quatro conceitos fundamentais da psicanálise* (1964), no quiasma ver /olhar.

2) A função da obra na relação com o "ver". Como desdobramento do primeiro ponto, aqui "forma de ver" não é somente compreender o que se vê ou como se vê, mas também de simplesmente ver, como impasse, muitas vezes, frente a um enceguecimento eminente. Aqui a obra opera um papel de regulação de gozo – ou amarração? – via formulação artística e produção de obras. Essa regulação, ou, em outro caso, suplência, portanto, pode vir a ter o estatuto de sintoma ou de *sinthoma* – como apresentado por Lacan a respeito de Joyce no Seminário XXIII, *O sinthoma* (1975-76). Mas essa é apenas uma indicação, não trataremos da questão do sintoma e do *sinthoma* no presente trabalho. Importante aqui é que essa regulação se dá pela produção de obras, esculturas, quadros e desenhos, e com escritos e falas a respeito do próprio fazer artístico. No que tange, em especial, às obras, esculturas, pinturas e desenhos, ocorre, *pari passu* com essa regulação, isto que se dá literalmente com a "mão na massa", no trabalho do artista em "produzir olhar" na obra, ao lhe conferir coisidade, de assim confeccionar um objeto que sirva como que de 'amostragem ética' do que o próprio artista "vê", ou seja, do impossível de ser visto. Assim o artista quer fazer com que o expectador experimente algo próximo à sua própria vertigem, o que nos faz retornar, na lógica, ao primeiro ponto acima: a obra olha o expectador, o próprio Giacometti.

Esse desmembramento em dois pontos a partir da dialética do ver e olhar nos serve para tornar mais distinguível a lógica que acreditamos estar subjacente à sua definição da arte como "forma de ver". Lógica que se traduz na necessidade de compreender, discutir, refletir, produzir e confeccionar obras em função de um processo enigmático envolvendo o olhar. Isso poderá ficar mais claro quando discutirmos a diferenciação ver/olhar e a constituição do seu quiasma em Lacan.

Seu fracasso em dizer ou representar (desenhar, pintar) o que vê, como ele mesmo diz, se delineia e se descortina para o leitor que escuta essa fala – advinda de suas entrevistas e escritos –, como um mundo desconhecido e maravilhante, onde ele se defronta com algo que nos fala quase que de uma outra "realidade", realidade secreta das coisas, da condição faltosa no humano: um lugar que Giacometti encontra para si ao se servir da arte e que atribui dignidade ao mundo através de sua desmontagem vertiginosa. A isso chamamos aventura, a aventura secreta de Giacometti e sua obra daí resultante. A isso só nos resta contornar.

Em um texto encomendado por uma revista de arte, perguntam a Giacometti: "Como falar da pintura hoje em dia?", ele responde no melhor do seu estilo sempre surpreendente: "Somente a vida me interessa, eu olho e tudo me ultrapassa, mesmo o pé de uma cadeira..." (Giacometti, 1990 p.86). A arte, portanto, não deve significar apenas aquilo que diz respeito ao mundo da arte propriamente dito, seja a instituição das belas-artes ou das artes contemporâneas: as galerias, a política, a história, a crítica, seu estudo e suas aplicações (publicidade, etc.), e, naturalmente, os objetos confeccionados para esse fim ou o que chamamos de obras de arte. Como vimos anteriormente, Heidegger inclui-se no rol de pensadores que tomam a arte e seu enigma (assim ele a designa já de saída) como ponto de partida do pensamento e não como situação para aplicação de um sistema filosófico. E não somente isso: ele quer da arte nada mais nada menos do que sua ancoragem no coração mesmo do ente, no cerne mesmo das coisas, ou seja, na verdade do ser do ente que é o furo nesse ente.

Lacan, por sua vez, empreende algo semelhante em seu retorno à Coisa freudiana, buscando resgatar a dignidade subversiva da psicanálise, amainada que estava pela ortopedia pós-freudiana, como o que se dá, por exemplo, na América do Norte. Mas isto não sem antes tomar a arte como "molde" ou paradigma dessa dignidade que ele desejava para a psicanálise e fazer equivaler uma à outra, orientando-se pela assertiva freudiana de que a arte antecipa a psicanálise:

> A única vantagem que um psicanalista tem o direito de tirar de sua posição, ainda que essa lhe tenha sido reconhecida como tal, é a de recordar com Freud que, em sua matéria, o artista sempre o precede, e que não há por que fazer-se de psicólogo ali onde o artista lhe trilha o caminho (Lacan, [1965] 1998, p. 200).

Retomando uma passagem, um pequeno exemplo em Freud, do *Projeto para uma psicologia científica*, podemos dizer que a arte, como *das Ding*, "desperta interesse" da psicanálise. "Na medida em que coincidem, as catexias não dão oportunidade à atividade de pensamento. Por outro lado, as partes discrepantes 'despertam interesse' e podem dar lugar à atividade do pensamento (...)" (Freud, 1950[1895], p. 447).

Um lugar para Giacometti

Alberto Giacometti ocupa um lugar bastante singular na história da arte. Apesar de participar de alguns dos principais movimentos e escolas vanguardistas do começo do século XX, ele acabou não se fixando em nenhuma dessas direções. Sua investigação dirigia-se para além do vanguardismo, entendido a princípio como movimento que, por circunstâncias históricas e específicas, sustenta propostas artísticas de caráter deliberado e engajado de corte com o passado, a partir da reunião de artistas singulares em torno de uma série prefixada de ideias, mandamentos ou cartilhas. Depois de uma passagem relativamente curta pelo ideário cubista, seu interesse se voltará para o surrealismo após dois difíceis anos em Paris por conta da condição de estrangeiro. Nesse período, de 1922 a 1925, convive muito pouco com franceses e mais com estrangeiros, no mais das vezes colegas da *Academie La Grande Chaumiére*, alunos, como ele, do mestre Antoine Bourdelle. Ele sente como se houvesse um "muro" entre ele e os franceses.

Mas é no movimento surrealista que Giacometti encontra o modo pelo qual esse muro poderá ser transposto, pois travará contato com aqueles que se tornarão seus amigos para toda a vida, como Aragón, Masson, Dalí, entre outros, além de constituir o lugar onde suas questões poderão ser acolhidas. Se a palavra "surrealismo" é atribuída a Apollinaire, será de Breton a sua utilização para o fim de nomear o movimento, assim como as principais e primeiras formulações do movimento, como está no primeiro *Manifesto do Surrealismo* de 1924 a seguinte definição:

> SURREALISMO, s. m. automatismo psíquico pelo qual se propõe exprimir, seja verbalmente, seja por escrito, ou de qualquer outra maneira, o real funcionamento do pensamento. Ditado pelo pensamento, fora de todo controle exercido pela razão e de toda preocupação estética ou moral"(Breton, 1924/1979, p. 36).

Como é sabido, é em Freud que Breton encontra suporte teórico para os fundamentos do surrealismo. Vemos, por exemplo, de que modo a escrita automática surrealista é sobreposta à associação livre da psicanálise, como se se tratasse de uma mesma postura, de algo equivalente. Jorge salienta, dentre outras tantas, uma diferença fundamental a partir da perspectiva lacaniana:

> (...) a associação livre não é nada livre mas, sim, radicalmente sobredeterminada inconscientemente. Em consequência, o que a

experiência psicanalítica resgata do sujeito tende a ser bastante pontual, ao contrário da efervescente proliferação significante que constitui o objetivo do método surrealista. Na análise, a cada passo, são aqueles mesmos elementos significantes fundamentais da constituição do sujeito, elementos mínimos, secos, por assim dizer descarnados, que se repetem, são isolados, pinçados (Jorge, 1988, p.130)

O Surrealismo está, de certa forma, atrelado a uma "ficção da liberdade", ou ainda, a um "ideal de libertação", e com isso, paradoxalmente, se traduziria por aspiração a um ideal de completude:

> Em seu horizonte jaz o ideal de completude, de totalização, de atingimento da Verdade. No entanto, a experiência psicanalítica revela precisamente que A verdade não pode ser dita, apenas semi-dita, "dizê-la toda é impossível, materialmente: as palavras faltam" (*Ibidem,* p.131).

Segundo o ideal surrealista, projetado na psicanálise (a sua leitura da psicanálise), a associação livre se ocuparia de liberar um conhecimento inconsciente que reintegraria a personalidade na sua inteireza, operando, de acordo com Durozoi e Lecherbonnier (*apud* Jorge, 1988, p. 131), uma "reconciliação do consciente e do inconsciente, reunificação da personalidade pela fusão do subjetivo e do objetivo(...)".

Lacan nos ensina que a verdade é libertadora, mas sob advertência:

> (...) que outra coisa procuramos na análise senão uma verdade libertadora? (...) Mas cuidado, há motivos para não se confiar nas palavras e nas etiquetas. Essa verdade que procuramos numa experiência concreta não é a de uma lei superior. Se a verdade que procuramos é uma verdade libertadora, trata-se de uma verdade que vamos procurar num ponto de sonegação de nosso sujeito. É uma verdade particular (Lacan, 1959-60/1991, p.35).

Outra situação também revela, através de seu desmonte, o encantamento que as ideias surrealistas, ou mais precisamente, suas fundamentações teóricas, causavam nos artistas: o encontro entre Salvador Dali e Freud em Londres, em 1938. O desmonte se deve às palavras de Freud, que segundo Dalí, constituíram para ele a "sentença de morte do Surrealismo": "Numa pintura clássica, disse Freud, procuro o inconsciente; numa pintura surrealista, só encontro consciente". Como se dissesse: encontro o inconsciente onde menos se espera, mas somente encontro consciente naquilo que se pretende inconsciente. Freud, com estas palavras, parece mostrar que a existência de um certo gosto intelectual pela subversão, por assim dizer, exerceria função de tamponamento e de idealização do inconsciente e da própria psicanálise.

Mas, em 1929, Giacometti (1990 p. 123) escreve em seu caderno de anotações: "'Fora de todo o controle', etc, etc.. Penso que esta frase de Breton do primeiro Manifesto do Surrealismo guarda hoje... todo o seu valor[24]". Para ele, o lugar que o Surrealismo lhe oferecia era o lugar de causa de desejo. O sujeito Giacometti não se confunde com o movimento surrealista, sua questão em relação ao Surrealismo passa pelo significante "para além de todo o controle", mas não na direção de um inconsciente idealizado ou intelectualizado do qual jorrasse o saber oculto e se recuperasse todo o conteúdo maldito ou desprezado na assunção de uma integração da personalidade. Pois parece haver nas ideias que fundamentam o Surrealismo, se seguirmos as questões que Jorge e outros autores levantam, uma razão 'ao avesso', surgida provavelmente de uma necessidade histórica (o entre-guerras), e que dá suporte e acolhimento a uma riqueza artística sem par, mas muito diferente da nova razão que a psicanálise vem anunciar: uma razão que, como Lacan mostrará em seu retorno a Freud, parte da lógica significante e do real. Deve haver, portanto, um sujeito aí, enquanto efeito do real na cadeia significante, para além das ideias brilhantes e do virtuosismo subversivo do vanguardismo, em direção a algo mais próximo daquilo que, segundo Jorge, se dá na análise: aqueles mesmos elementos significantes fundamentais da constituição do sujeito, elementos mínimos, secos, por assim dizer descarnados, que se repetem e são isolados e pinçados pela escuta do analista. Nesse sentido, podemos fazer aqui uma equivalência entre "ideias brilhantes e o virtuosismo subversivo" com o que Lacan aponta no Seminário XI, *Os quatro conceitos fundamentais da psicanálise*, como certos discursos da psicologia tradicional que se comprazem com

> o caráter não amestrável, infinito, do desejo humano – vendo-se nele a marca de não sei que sabugo divino que ali se teria impresso – o que a experiência analítica nos permite enunciar, é bem mais a função limitada do desejo. O desejo, mais do que qualquer ponto do quinhão humano, encontra em alguma parte seu limite (Lacan, 1964/1990, p. 35).

24 *"'En dehors de tout contrôle' etc., etc.. Je pense que cette phrase de Breton dans le premier Manifeste du surréalisme garde aujourd'hui...toute sa valeur".*

É nessa direção mesma, "no ressecamento, de redução a um herbário, cujo escantilhonamento é limitado a um registro tornado catálogo racionalizado, a uma classificação (...)" (*Idem*) que resulta, como diz Lacan, da busca pelo inconsciente na experiência analítica. Longe de querer comparar a feitura de uma obra com o processo de uma análise em termos brutos, mas, antes de mais nada, assinalar algo que se aproxima à forma como a psicanálise coloca as coisas, forma ética. O fato, portanto, é que há, em Giacometti, elementos fundamentais da constituição do sujeito que o determinam e o ultrapassam, e que sempre se reeditam na obra desse artista à sua revelia. São seus limites, seu acossamento: em Giacometti, criar nunca foi uma determinação de vontade, de mestria ou de confirmação de teses ou provocações. Giacometti é paradigmático daquilo que, em relação ao artista, se fala pouco, principalmente nos dias de hoje, onde a Coisa (*das Ding*) se tornou tema para exposições do intelectualismo. Na contramão dessa tendência, nunca, em momento algum, um artista esteve tão próximo de seus limites como esteve Giacometti, e, mais do que isso, orientado por esses limites, rendendo questões que determinam seu percurso na arte.

Giacometti entra para o Surrealismo com sua questão específica, com um perfil bem definido: sua entrada para o movimento coincide com o momento em que ele desiste provisoriamente de pintar, desenhar ou esculpir com modelo vivo, *d'aprés nature*. Essa questão, falamos dela no primeiro capítulo, é a de como Giacometti procura compreender o que vê na realidade *versus* a impossibilidade da representação. Consequentemente, ele se sentia mais à vontade no trabalho baseado unicamente na memória ou pela invenção de objetos a partir de sua vivência artística 'interior', ou seja, como veremos mais adiante, tematizando suas questões a partir desses objetos nos quais encarnava um certo pensamento sobre o impossível. Portanto, toda a sua trajetória no Surrealismo será marcada pelas mesmas indagações, mas de forma, digamos, em parte, adaptada ao imaginário surrealista e também voltada para a construção do perfil do movimento surrealista juntamente com seus companheiros. Sua produção nesse momento se voltava para a criação de obras que acabaram por se tornar paradigmáticas da escultura surrealista, ou seja, a "escultura surrealista" por excelência.

O pintor Balthus[25] relata um diálogo tenso entre Giacometti e Breton que mostra um pouco o ambiente no momento em que se deu a "excomunhão" de Giacometti do movimento surrealista. Segundo ele, Breton teria se irritado com

25 Em entrevista concedida a Michel van Zelle para o documentário "*Qu'est-ce q'une tête?*".

a insistência de Giacometti em fazer cabeças: "Todo o mundo sabe o que é uma cabeça hoje em dia", disse ele, no que Giacometti objetou: "Eu, não".

Para Breton, a retomada da produção e dos estudos com modelo (*d'après nature*) era algo tido como ultrapassado, soava como traição à causa surrealista, um retorno a concepções reacionárias da arte. E o próprio Giacometti chega a concordar, afirmando em uma entrevista que sua concepção de arte é, de fato, "tradicional" (Giacometti, 1990 p. 84). Seu interesse pela figuração, pelo impasse da representação do corpo humano em sua totalidade, assim como o interesse pelo que ele chama "realidade exterior" – vemos que aí tem-se algo que realmente inspira a suspeita em relação a uma subversão que está para além de toda vontade deliberada de subversão. A saída do movimento Surrealista não foi algo tão fácil, a influência política de Breton haveria de fechar algumas portas:

> (...) perdi todos os meus amigos, assim como a atenção dos *marchands*. (...) apesar disso, o dia em que me vi novamente na calçada [*trottoir*], e decidi novamente reproduzir o mais fielmente possível as figuras humanas, como um principiante da Grande Chaumière, me senti feliz, livre (Giacometti *apud* Dufrêne, 2007 p. 120).

Os artistas que constituíram a história do Surrealismo, devemos, na verdade, contá-los um a um, descolando, de certo modo, o plano ideológico do plano artístico, que é o lugar singular e de limite com o real. Lembrando que descolar é poder 'furar', 'dialetizar'. Com Giacometti não deve ser diferente: fosse ele cubista, surrealista ou conservador, trata-se de um artista que, antes de mais nada, porta em si um mal-estar, um mal-estar específico, que está bastante longe dos experimentalismos e da euforia dos ideais vanguardistas e suas políticas, de uma forma geral. Em Giacometti, portanto, o que está representado? Será um mal-estar na arte e, porque não dizer, um mal-estar da arte? Sim, mesmo porque não haveria arte sem mal-estar, uma coisa não está sem a outra. Quando Giacometti começa a esculpir suas figuras filiformes e suas cabeças e bustos, a partir de modelo vivo, Breton aparece em uma dessas exposições e tem uma grande decepção. Para ele, Giacometti abandonara o "espírito surrealista" de vez. O resultado disso, a posição singular e, simultaneamente, paradigmática, de Giacometti na história da arte faz disso um paradoxo que devemos remeter a um mal-estar.

> A relação do artista com o tempo no qual ele se manifesta é sempre contraditória. É sempre contra as normas reinantes, normas políticas por exemplo, ou até mesmo esquemas de pensamento, é sempre

> contra a corrente que a arte tenta operar novamente seu milagre (Lacan, 1959-60/1991, p. 176).

Esse mal-estar, podemos vê-lo em cenas marcantes e bem marcadas pela escrita e fala de Giacometti. Isso implica em uma especificidade, na sua repetição, e o reflexo disso no seu fazer artístico, no modo como seu procedimento como artista responde a algo que o ultrapassa – coisa que já o acomete muito cedo na vida.

Retomemos a seguinte cena: interior do ateliê de seu pai em Stampa, o pintor e escultor Giovanni Giacometti, pioneiro do impressionismo na Suíça. Alberto posa para o pai, como de costume. Em 1957, conta em entrevista a David Silvester que, nesses momentos, se perguntava admirado: de que modo o pai conseguia fazer "instintivamente" um retrato *grandeur nature,* mesmo se ele posasse a 3 metros de distância do pintor? Não importasse a distância, o que o pai via e, consequentemente, pintava era sempre do mesmo tamanho "natural". Ainda no ateliê: Alberto, agora entre seus 18-19 anos de idade, e a essa altura já está decidido a seguir a vida de pintor e escultor. Por isso o pai lhe passara um exercício, desenhar algumas pêras que estavam sobre a mesa

> (...) a uma distância convencional para natureza morta. E as pêras tornavam-se cada vez mais minúsculas. Eu recomeçava, mas elas retornavam sempre ao mesmo tamanho. Meu pai, irritado, disse: "Mas comece a fazer como elas são, como você as vê!". E ele corrigiu o desenho. Eu tentei continuar fazendo do jeito que ele tinha emendado e em seguida, à minha revelia, apaguei e, meia hora depois, elas retomavam exatamente, milimetricamente, o mesmo tamanho das primeiras tentativas. (...) Até a Guerra, quando desenhava, desenhava sempre menor do que eu acreditava ver: quer dizer, quando eu desenhava, eu ficava surpreendido com o fato de o desenho sair tão reduzido (...) (Giacometti, 1990, p. 287-295).

Giacometti vê as pêras em cima da mesa, integrando à sua visão o efeito que a distância provoca. Tal distância não é considerada pela representação que Giovanni faz do modelo que estaria, indiferentemente, a um como a três metros do cavalete. Poderíamos dizer, grosso modo, para tentarmos imajar, ainda que de forma empobrecida, que Giacometti veria à maneira das crianças que supõem que a lua tem o tamanho de seu polegar. Mas a rigor, para nós, a distância de que se trata, se dá ao nível do real – uma descontinuidade entre ver e olhar, entre ver e desenhar ou pintar.

Será somente a partir de 1925 que a impossibilidade, não somente de representar o que vê, mas sobretudo de saber o que vê, se apresentará de forma crônica e crescente, instalando-se um quadro de estranheza generalizada em relação à realidade a sua volta.

Mas voltemos ainda mais no tempo, antes ainda da cena das pêras. A primeira produção de Alberto, a mais primitiva que a memória pode alcançar, "de maneira alguma desenhada a partir de modelo", é uma ilustração de uma história infantil, *Branca de Neve e os Sete Anões*, feita aos doze anos de idade. A ilustração mostrava Branca de Neve em um pequeno ataúde, com os seus anões em volta. "Quando criança, tinha muita vontade de ilustrar as histórias" (*Ibidem*, p. 96). Interessante de constatar é o contraste entre a incompatibilidade que começa a surgir por volta dos 18 anos entre o que vê e o que desenha (no caso das pêras), e o virtuosismo infantil e adolescente desses tempos que se inauguram com a Branca de Neve:

> Eu acompanhava a colheita do feno, desenhava os camponeses. Desenhava para comunicar, para dominar. Meu lápis era minha arma. Por ele, eu me tornava pretensioso. Nada podia resistir a mim (*Ibidem*, p.97).

Alberto vivencia uma liberdade de tudo poder desenhar, dominar, diz ele. O desenho, dirá Alberto mais tarde, na década de sessenta, está em tudo. Mesmo a escultura, ela precisa do desenho, ela se configura na sua superfície mesma e na forma que ela atinge[26]. Pois, então, Alberto é um desenhista "compulsivo" desde os doze anos de idade. Sua primeira escultura data de 1914, um busto de seu irmão Diego[27], mas é o desenho que atingirá uma preponderância quantitativa em sua obra, embora sejam as esculturas e as pinturas que ganharão mais destaque em sua carreira. Mas, importante compreender, trata-se do desenho como a propriedade estruturadora artística mais básica. E, em seus escritos e sua fala, um significante é muito frequente: copiar. Ele mesmo, muito constantemente, diz não conseguir "copiar o que vê". Vemo-lo, então, desde criança, às voltas com o exercício de copiar:

> Desde que eu vi reproduções de obras de arte, e isso remonta à minha mais longínqua infância, confundindo-se com as minhas lembranças mais antigas, tive imediatamente vontade de copiar to-

26 Matisse também dirá algo semelhante, ao afirmar que tudo é desenho (fragmento de entrevista gravada, no documentário *Matisse e Picasso* de Philippe Kohly)

27 Um de seus principais modelos durante a vida toda.

> das aquelas que mais me atraíam e esse prazer de copiar, de fato, nunca me abandonou. (...) Vejo-me em Roma, na galeria Borghese, copiando um Rubens, uma das grandes descobertas do dia, mas nesse mesmo instante, vejo-me capaz de estar simultaneamente em Stampa, perto da janela, por volta de 1914, concentrado na cópia de uma estampa japonesa, da qual poderia descrever todos os detalhes, e em 1915, o Durer e todas as gravuras de Rembrandt e depois um Pinturicchio que surgiu e todos os afrescos dos pintores do Quattrocento na Capela Sixtina, mas vejo-me também, quarenta anos mais tarde, voltando à noite ao meu atelier em Paris, folheando livros e copiando uma ou outra escultura egípcia ou uma miniatura carolíngia como também alguns Matisse (*Ibidem*, p. 95).

Mas essa 'compulsividade' não deve nos espantar, não se trata em absoluto de algo excepcional. Para quem conhece o contexto em que um artista se insere em sua formação, na aprendizagem da técnica e dos estilos na história da arte, é assim que se dá o procedimento dos artistas, pintores ou escultores: copiar os mestres para aprender. É bastante comum encontrar aprendizes pelos museus do mundo, em um banco ou mesmo com o seu cavalete montado frente a um quadro de um grande mestre do passado. E não apenas isso. Vemos desses aprendizes, eternos aprendizes, pelas esquinas ou frente aos prédios a copiar a arquitetura ou a disposição das ruas, ou nos ateliês das escolas de arte, alunos trabalhando croquis tendo um modelo à sua frente. Isso tudo, em um primeiro momento, parece óbvio, é esse o seu ofício. Copiar para aprender a reproduzir, copiar para imitar a realidade? Mas aqui temos a ressalva de Lacan:

> É claro que as obras de arte imitam os objetos que elas representam, sua finalidade, porém, justamente não é representá-las. Fornecendo a imitação do objeto elas fazem outra coisa desse objeto. Destarte, nada fazem senão **fingir imitar**. O objeto é instaurado numa certa relação com a Coisa que é feita simultaneamente para cingir, para presentificar e para ausentificar (Lacan, 1959-60/1991, p. 176; grifos nossos).

Grifamos "fingir imitar". Essa "farsa" é o que está em jogo na questão de Alberto com seu pai na cena do ateliê. Giovanni "cede" à farsa, ele crê nisso, que o que ele pinta na tela equivale ao que ele vê. Alberto, no entanto, sabe, de alguma maneira, que há uma perda entre o que ele vê e o que ele desenha, no caso, as pêras. Para ele, mais do que para Giovanni ou outro pintor mais enquadrado nos parâmetros acadêmicos, não há mais pêras em cima da mesa, há sim uma questão que se coloca no espaço e altera as relações de todo o espaço e seus objetos. Eis aí alguma coisa que o desafia por sua presença, a presença espantosa da pêra, e que mostra claramente não somente a existência e a denúncia de uma farsa naturalizante, mas a sua inevitabilidade. Para o artista, não há como não participar da farsa, ela é estruturante e estruturadora da relação do homem com seus objetos, mas sua participação tem como mira a Coisa, que ele procura "cingir, para presentificar e para ausentificar". É instrutivo lembrar aqui, de passagem, que o objeto – como o copo, por exemplo – desenhado ou pintado aparece, desaparece... Diríamos, se presentifica, se ausentifica... As pêras apequenam-se porque estão em vias de desaparecer, ou seja, o enceguecimento como o nada que avança via objeto olhar, como veremos no capítulo IV.

Nesta perspectiva, copiar para o artista é um exercício, sem dúvida, um estudo constante de anatomia, de volumetria, de dimensionamento e redimensionamento. Mas é também – e aqui entra o *granosalis* que o artista adiciona à receita –, o exercício de um questionar, ou antes de atender a esse questionamento, de responder ao assédio dessa outra Coisa. Trata-se, portanto, de um achar – como o achar de Picasso. Ou o achar de Matisse e a flor que ele recolhe do chão para desenhá-la. Ao artista, portanto, tudo lhe interessa copiar, observar, estudar, pois, com isso, ele visa outra coisa: "(...) quanto mais o objeto é presentificado enquanto imitado mais abre-nos ele essa dimensão onde a ilusão se quebra e visa outra coisa" (Lacan, 1959-60/1991, p. 176). Essa outra coisa que surge como que extraída de um punhado de pêras, ou maçãs, como é o caso de Cézanne:

> Cada qual sabe que há um mistério na maneira que tem Cézanne de pintar maçãs, pois a relação com o real, tal como nesse momento se renova na arte, faz então surgir o objeto de uma maneira que é lustral, que constitui uma renovação de sua dignidade, por onde essas inserções imaginárias, digamos assim, são datizadas de uma nova maneira (*Idem*).

Mas o interesse de Giacometti – e visamos desenvolver aqui o que vínhamos afirmando no primeiro capítulo –, não se volta apenas para a obra. Ele se volta para além da obra, ou até mesmo, aquém da obra. Seu questionamento se dá em relação às pêras, ou seja, ao objeto referente, ou, como dizia ele, à vida ("somente a vida me interessa"). Para ele, a obra não tem outra função senão a de ser instrumento para fazer compreender o que ele vê e como vê, ou ainda, instaurar a possibilidade mesma de ver. E aqui é de ver que se trata. Já que o olhar é de um ponto que se destaca, que se impõe, e que desconcerta a visão e que, em última instância, enceguece. Mas a obra, ela é feita pelo artista para que se torne olhar através de seu corpo-anteparo, que é o objeto artístico enquanto tal. Esse objeto deve, de certa forma, adquirir pelas mãos do artista a questão que o acossa. Na sua forma, algo deve acontecer no trabalho que modela a massa da futura escultura para que ela possa conter olhar, por assim dizer. Esse olhar encontra na mancha, no ponto, como dirá Lacan no Seminário XI, *Os quatro conceitos fundamentais da psicanálise*, o modo pelo qual uma obra visa uma outra coisa. Esse lugar, esse ponto, mancha, é o limite com o real, ali onde quer transbordar. Ali onde algo fura. Na obra podemos nos aproximar do seu furo – podemos senti-lo se tatearmos, como Genet, a superfície de uma escultura de Giacometti, que nos ensina sobre o furo constitutivo das coisas, pois a obra aponta para um outro lugar, um não-lugar que é o real. A obra deve conter esse furo para que ela avance para além e para que sempre retornemos a ela e queiramos entender esse algo que nos escapa e que constitui sua dignidade. O furo, a falha constitutiva das coisas, aquilo que nos escapa, apreendemo-la com a psicanálise. Como coloca Lacan na Conferência de Louvain em 1972:

> O real, para o ser falante, é o que se perde em algum lugar. Mas onde? – e é nesse ponto que Freud insiste: se perde na relação sexual. É absolutamente fabuloso que ninguém tenha articulado isso antes de Freud, já que é... que é a vida mesma dos seres falantes. Que se perca na relação sexual, é evidente, é massivo, e tem sido assim desde sempre e, afinal de contas, até certo ponto, continua sendo assim. Se Freud centrou as coisas na sexualidade, isto se dá na medida em que é na sexualidade que o ser falante balbucia. Pois que tem a impressão de que há alguma coisa que se repete em sua vida, e sempre a mesma, e que isso é a sua verdadeira essência. O que é esta coisa que se repete? Uma certa maneira de gozar (Lacan, 1972).

O que nos chama a atenção nessa fala de Lacan é, inicialmente, a evidência, o massivo (*massif*), diríamos quase o "óbvio ululante", na consagrada expressão de Nelson Rodrigues, ao se referir à obviedade mais crua e literal que é a perda. Que algo se perde. E essa perda se dá, como diz Lacan, na "vida mesma dos seres falantes", ou seja, isto está dado a todos, está aí desde sempre. Do lugar da teoria, desse, em geral, olimpo de boas intenções, é difícil avistar e conceber isso que Lacan está dizendo, é preciso mais do que sabê-lo, é preciso uma intuição certeira que ilumine o campo operacional no qual o (sempre fugitivo) inominável surja com os elementos causadores da ficção teórica. "Se sempre voltamos a Freud é porque ele partiu de uma intuição inicial, central, que é de ordem ética. Acredito ser essencial valorizá-la para compreender nossa experiência, para animá-la, para não nos extraviarmos, para não a deixarmos se degradar" (Lacan, 1959-60/1991, p. 51).

E é "absolutamente fabuloso" que ninguém antes de Freud tenha se dado conta disso – Lacan incita o ouvinte a compartilhar de sua perplexidade ante a este fato continuado, que acontece debaixo de nossos narizes, no nosso dia a dia, mesmo no corredor de um hotel em Londres ou no discurso da filosofia ou da ciência. Lacan dirá em *A terceira* que, a esse propósito, no pensamento, sempre se achou tudo possível, ou seja, dizendo de outro modo, que o impossível sempre esteve aí como furo em toda e qualquer teoria, atravancando toda e qualquer tentativa de "coito com o mundo". Acrescenta, inclusive, a título de ilustração, que Platão, por exemplo, teria tido um "pressentimento" a respeito disso, mas não sabia exatamente do que se tratava de fato – podemos entender essa indicação concebendo que isto já se encontraria de certa forma embutido no esquema do pensamento quando ele hierarquiza o real (no sentido filosófico) em planos distintos. A construção freudiana, portanto, se erige a partir dessa "obviedade" (aqui as aspas indicam o caráter nada óbvio dessa conquista da intuição ética de Freud) e se constituiu numa disciplina que se dirige essencialmente à singularidade radical do sujeito e à repetição de algo que ex-siste à cadeia significante, ou seja, atestando a não existência da relação sexual. E, retomando a fala de Louvain, é aquela "uma certa maneira de gozar" que está em jogo e se repete em Giacometti, tendo ressonâncias em toda a sua práxis, ou seja, é justamente aquilo que lhe escapa, o que lhe é radicalmente inapreensível e que, mesmo assim, faz um forçamento no sentido de configurar suas esculturas e suas telas. Lacan, portanto, toca com rigor e simplicidade o "sal" da literalidade, ou antes, dessa obviedade, ou antes ainda, da materialidade, ao falar da impossibilidade radical e estrutural que mantém a dignidade da psicanálise em seu ensino, como está em *Televisão*: "Digo sempre a verdade: não toda, por que dizê-la toda não se consegue. Dizê-la toda é impossível, materialmente: faltam as palavras. É justamente por esse impossível que a verdade toca o real (*touche au reel*)" (Lacan, 1974/1993).

Esse real, em arte, é tocado. Mas onde e como? Como se faz obra, onde desabrocha o impossível do objeto enquanto tal para que ele nos toque enquanto expectadores e falasseres? Evidente, como diz Lacan, "massivo", gritante, e está no âmago de toda a construção humana enquanto tal – algo inerente ao homem, ao seu próprio ser, constituindo seu mal radical e seu desconhecimento. Não é o mesmo que se passa com o animal:

> O animal se encaixa no meio. Na adaptação, e é justamente uma adaptação que tem seu fim, seu tempo, seu limite. A aprendizagem animal apresenta assim os caracteres de um aperfeiçoamento organizado e finito. Que diferença com que o que nos é descoberto pelas mesmas pesquisas – isto é o que pensam –sobre a aprendizagem do homem! Elas evidenciam o privilégio das tarefas inacabadas, a função do desejo de voltar a elas. Invoca-se o Sr. Zeigarnik[28] sem saber direito o que ele diz, que uma tarefa tanto melhor será memorizada se tiver, em determinadas condições, fracassado. Será que vocês não percebem que isso vai no sentido totalmente oposto ao da psicologia animal, e inclusive totalmente oposto ao da noção que podemos fazer-nos da memória como empilhamento de engramas, de impressões, onde o ser se forma? No homem é a má forma que é prevalente. È na medida em que uma tarefa está inacabada que o sujeito volta a ela"(Lacan, 1954-55/1995, p. 114).

Para falarmos da "má forma", precisamos indicar do que se trata, por outro lado, a "boa forma". A boa forma se dá na constituição da unidade imaginária através do estádio do espelho. "Isso quer dizer que, através da forma *i(a)*, a minha imagem, minha presença no Outro, não tem resto. Não consigo ver o que perco ali. É esse o sentido do estádio do espelho" (Lacan, 1962-63/2004, p. 277).

A perda é ocultada pela ilusão instaurada, por essa imagem constituída ao nível do eu em sua unidade através do especular. O eu, como sabemos, exerce sobretudo uma função de desconhecimento, da falta ele nada quer saber. Por outro lado, ele está ligado à função do conhecimento:

> A imagem, em sua forma *i(a)*, imagem especular, é o objeto característico do estádio do espelho. Ela tem mais de um aspecto

---

28 "O efeito Zeigarnik consiste em um achado experimental de Bluma Zeigarnik. Essa pesquisadora, aluna de Kurt Lewin, realizou em 1927 uma pesquisa que testou a proposição do sistema de tensão de Lewin. O sistema de tensão é um fator motivacional em que determinado ato ou conjunto de atos adquire uma influência diretiva sobre o comportamento até que se dissipe. Os resultados do experimento mostraram que uma tarefa não acabada deixa um estado de tensão, uma quase-necessidade. Completar a tarefa significa resolver a tensão ou descarregar a quase necessidade. A vantagem da memória na tarefa inacabada seria devido à continuação de tensão. Lacan encontra no efeito Zeigarnik a prova da diferenciação da aprendizagem animal da aprendizagem humana. Enquanto a aprendizagem animal apresenta-se como um aperfeiçoamento organizado e finito, isto é, efeito dematuração, o efeito Zeigarnik demonstra que a aprendizagem humana acontece em função do retorno às tarefas inacabadas" (D'Agord, 2002, p. 170).

> sedutor, que não se liga apenas à estrutura de cada sujeito, mas também à função do conhecimento. Essa imagem é fechada, encerrada, gestáltica, ou seja, marcada pela predominância de uma boa forma, o que é a conta certa para nos por em guarda contra o que contem de armadilha essa função da *Gestalt*, tal como fundamentada na experiência característica desse campo, que é da boa forma (*Idem*).

Para não cairmos nessa armadilha – que é, no embate ético, de ordem moral – para que entendamos o que se passa ao nível de *das Ding* e, finalmente, do objeto *a*, façamos o que Lacan sugere no sentido de dissolver essa ilusão da imagem fechada e una, a princípio completa em si mesma: "(...) basta introduzir uma mancha no campo visual, e então vemos a que se liga realmente a ironia do desejo (...)" (*Idem*).

A caixa de fósforo não pode ser entendida como uma boa forma, ela se "desmantela" – de maneira distinta para cada sujeito – sob um olhar mais atento. Ela não é uma realidade natural em si mesma. A boa forma, podemos dizê-lo, rigorosamente, não existe. Ou melhor dizendo, o que existe é a má forma somente, uma vez que o sujeito está aí sempre incluído enquanto falta. Da mancha, enquanto má forma, à qual sempre se retorna, Lacan se utiliza do exemplo do sinal, ou da pinta. O sinal mostra o lugar do *a*, "aqui reduzido ao ponto zero", "(...) o sinal me olha", e segue ele: "É por me olhar que ele me atrai tão paradoxalmente, às vezes com mais razão que o olhar da minha parceira, porque esse olhar me reflete e, por me refletir, não passa de um reflexo, vapor imaginário" (*Idem*).

E essa história toda interessa muito ao artista, assim como ao analista. A psicanálise aprende com o artista, ou herda dele, aquilo que o artista já se aventurava no mais íntimo de sua *práxis*. "Uma escultura não é um objeto", escreve Giacometti,

> ela é uma interrogação, uma questão, uma resposta. Ela não pode ser nem finita, nem perfeita. A questão nem mesmo deve ser colocada. Para Michelangelo, com a Pietá Rondanini, sua última escultura, tudo recomeça. E durante mil anos Michelangelo teria podido continuar a esculpir Pietás sem se repetir, sem voltar para trás, sem jamais terminar, indo sempre mais longe (Giacometti, 1990, p. 79).

A escultura, ou seja, um objeto de arte, já não é mesmo um objeto qualquer – pois como vemos em Giacometti, mesmo o "objeto qualquer" não é mais um objeto qualquer. Da pedra, Michelangelo faz surgir algo mal formado, uma má forma, infinita na finitude mesma de seus sulcos e dobras e fendas, objeto que se lança para uma outra condição e dignidade: de uma interrogação, de uma questão. Sabe-se o quanto da atribuição de "belo", "perfeito" de que tanto as obras de Michelangelo são alvo, mas não nos referimos a isso. E não é disso que se trata. O *David* de Michelangelo, por exemplo, apesar do realismo e naturalismo impressionantes de sua feitura, só é de fato a "boa forma", ou mais ainda, a "forma perfeita", para o discurso da mídia em geral e para os folhetos turísticos, enfim, para o senso comum internacional. Sua dignidade não está na sua condição de "perfeição", mas, antes de mais nada, nas indicações dos movimentos corporais, como o movimento da cabeça e a aguda expressão aguerrida (situados pelos críticos no momento anterior à luta contra o gigante Golias), formando uma especificidade, uma interpretação no mínimo surpreendente do personagem histórico, ou seja, a justíssima precisão de uma má forma. Uma má forma de tal forma construída, marcada e impressa na pedra que resiste à total compreensão e torna-se, por isso mesmo, 'visível'. Visível enquanto fulgurante, porque chama para si. A obra, rigorosamente falando, nos olha, chama para que a vejamos. Mas no que nos voltamos para ela, não compreendemos. A visão não dá conta de apreender o todo, o "todo gestáltico" da obra, como unidade bruta e chapada na compreensão que tem o eu, compreensão alienada na especularidade. Ela, a escultura, requer algo mais demorado, que perfure esse espelho da *Gestalt*, algo que lute e se interesse em lutar com algo que resiste e que é um ponto de real que ali se faz anunciar no detalhe e na má forma que é o que escapa. O artista deve moldar sua obra para achar esse ponto de má formação que fura esse imaginário e opera seu estranhamento. O expectador, por sua vez, deve – ou pelo menos deveria – ser apanhado por este ponto, que, paradoxalmente, é preciso e invisível a um só tempo.

Em torno do *Moisés* de Michelangelo

Dizemos de uma má forma, que ela desenha, sulca um sinal, uma mancha, indica uma especificidade da ordem do impossível e que assim produz uma opacidade. Poderíamos dizer, por exemplo, que toda a questão de Freud em relação ao *Moisés* de Michelangelo, escultura encomendada para o túmulo do Papa Júlio II, se delinearia em torno de uma má forma?

Posso dizer de saída que não sou um conhecedor de arte, mas simplesmente um leigo. Tenho observado que o assunto obras de arte tem para mim uma atração mais forte que suas qualidades formais e técnicas, embora, para o artista, o valor delas esteja, antes de tudo, nestas. Sou incapaz de apreciar corretamente muitos dos métodos utilizados e dos efeitos obtidos em arte. Confesso isto a fim de me assegurar da indulgência do leitor para a tentativa que aqui me propus (Freud, 1914/1987, p. 253).

Essas são as palavras inaugurais de *O Moisés de Michelangelo*, texto de 1914, e já nos deparamos com um apreciador de arte incomum: despojado e "despretensioso", por um lado, mas, por outro, profundamente intrigado com a obra de arte e o feito do artista. Freud vê a obra de um lugar diferente – Freud é, melhor dizendo, visto pela obra, como o observador comum que se deixa capturar por uma obra de arte em uma exposição. Seu despojamento, e sua confessada "ignorância" também dão prova do posicionamento singular desse observador.

Frente à presença intrigante da estátua de Michelangelo, o texto parece originar-se da inconformidade dele, Freud, diante da impossibilidade de dissecar e analisar a obra de arte, ou seja, de decompô-la "racionalmente" ou "analiticamente", visando uma maior inteligibilidade do fenômeno. Ele se refere ao poderoso efeito que a arte exerce sobre ele, (privilegiando, inclusive, a literatura e a escultura, mas curiosamente com menor intensidade a pintura e a música) e à tentativa de apreender a obra à sua "própria maneira":

Isso já me levou a passar longo tempo contemplando-as [as obras de arte], tentando **apreendê-las à minha própria maneira**, isto é, explicar a mim mesmo o que se deve o seu efeito. Onde não consigo fazer isso, como, por exemplo, com a música, sou quase incapaz de obter qualquer prazer (*Idem*, grifos nossos).

Na frase seguinte: "Uma inclinação mental em mim, racionalista ou talvez analítica, revolta-se contra o fato de comover-me com uma coisa sem saber porque sou assim afetado e o que é que me afeta" (*Idem*).

Freud, num primeiro momento, diz ser "quase incapaz de obter qualquer prazer" de algo como a música, cujo efeito não consegue explicar "para si mesmo", mas, num segundo momento, confessa sua revolta – ou mais precisamente a revolta de seus pendores racionalistas – contra a intensa comoção de que é alvo, desse poderoso efeito, afirmando-o pela negação onde antes quase nenhum prazer significava. A música, por exemplo, que relação teve Freud com a música?

Excetuando-se um maior interesse, ainda que pouco apaixonado, por algumas áreas de Mozart... Em *O Moisés de Michelangelo,* portanto, é o real da obra que está no centro desse texto. Todo o texto gira em torno de algo que não pode ser dito, mais precisamente um enigma em torno do qual Freud insiste em articular e ordenar um saber. Muitos foram os estudiosos que se dedicaram a decifrar o enigma do *Moisés* de Michelangelo, e, por causa disso, verteram torrentes de palavras sobre o assunto. Não, diz Freud, palavras há nesse processo, e seus autores "são bastante eloquentes, segundo me parece. Mas, geralmente, diante de uma grande obra de arte, cada um diz algo diferente do outro e nenhum diz nada que resolva o problema para o admirador despretensioso" (*Ibid*, p. 254).

A questão, no entanto, é que Freud, mesmo inconformado com o fato de não poder explicar racionalmente esse enigma, opta por uma abordagem – um bordejamento – da obra pelo viés do não-saber, como "admirador despretensioso". E isso faz toda a diferença em relação aos outros leitores do *Moisés* de Michelangelo.

Primeiramente, Freud faz menção ao trabalho que fora desenvolvido pela psicanálise ao desvendar o mistério do Hamlet de Shakespeare, remetendo-o ao Édipo. Sua intenção, nesse primeiro momento, é o de aplicar o método psicanalítico no sentido de, como na análise do Hamlet, ir além das "aparências" da obra, no sentido de não ser levado a "pensar (...) que o seu apelo mágico está apenas nos pensamentos impressionantes que expressa e no esplendor de sua linguagem" (*Ibidem*, p. 255). Por isso, contrapondo-se a uma "perplexidade intelectual" paralisante, ele acredita numa interpretação, cuja tarefa seria desvendar a "intenção do artista" que impregna a obra: "Ao meu ver, o que nos prende tão poderosamente só pode ser a *intenção* do artista, até onde ele conseguiu expressá-la em sua obra e fazer-nos compreendê-la" (*Ibidem*, p. 254).

> Para descobrir sua intenção, contudo, tenho primeiro de descobrir o significado e o conteúdo do que se acha representado em sua obra; devo, em outras palavras, ser capaz de **interpretá-la**. É possível, portanto, que uma obra de arte desse tipo necessite de interpretação e que somente depois de tê-la interpretado poderei vir a saber porque fui tão fortemente afetado (*Idem*, grifos nossos).

Mas o que ocorre em relação ao *Moisés* de Michelangelo é que Freud está, na verdade, se propondo a analisar não uma obra de literatura, como o Édipo ou o Hamlet, mas antes uma escultura, um objeto desconcertante e desafiador – e essa diferença parece se refletir nessa análise em particular, que se aproximaria muito mais de uma análise estética do que propriamente uma análise nos moldes do texto sobre o Leonardo da Vinci, por exemplo. Configura-se aí uma outra postura.

> Mas por que a intenção do artista não poderia ser comunicada e compreendida em ***palavras***, como qualquer outro fato da vida mental? Entendo que isso não pode ser simplesmente uma questão de compreensão intelectual; o que ele visa é despertar em nós a mesma atitude emocional, a mesma constelação mental que nele produziu o ímpeto de criar" (*Idem*; grifos do autor).

No trecho acima se perfila o diálogo de Freud consigo mesmo, como se perguntasse pelo procedimento da análise da obra de arte, esta presença paradoxal por excelência.

> Isso me levou a reconhecer o fato – um paradoxo evidente – de que precisamente algumas das maiores e mais poderosas criações da arte constituem enigmas ainda não resolvidos pela nossa compreensão. Sentimo-nos cheios de admiração reverente por elas e as admiramos, mas somos incapazes de dizer o que representam para nós (*Ibidem*, p. 253).

Como uma obra tão monumental, de valor universal indiscutível, nos deixa, apesar de todo esse reconhecimento, sem saber o que realmente representa? Trata-se, e isso é importante, de uma obra de arte, e não de uma escultura qualquer. Trata-se da perspectiva artística e sua especificidade que está em questão, como havíamos apontado na introdução, e não se o que temos como modalidade, escultura, pintura, música ou outra qualquer. Por outro lado, há a indagação de Freud em relação ao seu próprio desejo quando ele diz que "somos incapazes de dizer o que [as obras de arte] representam para nós" – o que veremos mais adiante. Há, portanto, o inescrutável, dirá Freud. "Mas", afinal, "por que chamo de inescrutável esta estátua?", pergunta-se ele. "Não há a mais leve dúvida de que representa Moisés, o Legislador dos Judeus, segurando as Tábuas dos Dez Mandamentos" (*Ibidem*, p. 255). Mas Freud inicia uma busca no campo das diversas leituras e apreciações de especialistas que comentaram a obra de Michelangelo, fazendo a seguinte citação do crítico de arte Max Sauerlandt (*apud* Freud, 1914/1987, p. 255-256): "Nenhuma obra de arte no mundo foi julgada de modo tão diverso quanto o Moisés com a cabeça de Pan. A simples interpretação da figura deu origem a pontos de vista completamente opostos (...)".

Freud vai mostrando os diversos discursos que se construíram em torno da estátua de Michelangelo, e com isso, evidenciando as fissuras presentes em discursos a princípio totalizantes e tão seguros de si. Sua exploração tomará como guia um olhar de "esguelha", entregando-se a detalhes da obra analisada, atendo-se aos fragmentos. Esse procedimento é inspirado no médico e crítico de arte Morelli-Lermolieff:

> Morelli obtinha esse resultado abstraindo o efeito de conjunto e as linhas gerais de um quadro, e destacando a significação característica de detalhes secundários, de minúcias como a conformação das unhas, os lóbulos das orelhas, auréolas e outras coisas não observadas, que o copiador negligencia, mas que, no entanto, são executadas por cada artista de um modo que o caracteriza (*Ibidem*, p. 264).

Inspirado, ou atribuindo esta inspiração a Morelli, Freud se cerca de uma profusão de detalhes que só fazem chamar a atenção do leitor para o espanto que a escultura de Michelangelo exerce sobre ele. Vemos o saber dos "juízes" e críticos de arte, assim como o próprio texto bíblico, em suas contradições, sem falar do que Freud observa dos movimentos e posições do corpo de Moisés em relação ao hipotético momento em que a ira de Moisés, que está para vir à tona ou já tinha acabado de acontecer, no episódio do Bezerro de Ouro.

Todos sabemos da importância do personagem Moisés na obra e na vida de Freud, e a obra que também será dedicada ao personagem em 1934. Mas em *Moisés de Michelangelo*, o corpo da obra está presentificado, sua presença captura Freud de maneira arrebatadora, e é nesse texto que a arte encontrará um de seus grandes momentos na obra de Freud. Para além do interesse que o tema Moisés desperta nele, há algo de um real para o qual sua forma aponta, e que insiste em não representar. Freud percorre exaustivamente o corpo de Moisés e cerca esse corpo de ficções das mais diversas – ficções que jogam com esse algo que resiste e que está no detalhe, na justeza de uma precisão, a precisão de uma falta. Esse momento que Freud insiste (ele desiste, mas depois retoma a hipótese) como sendo a intenção de Michelangelo de "tornar visível a passagem de uma violenta rajada de paixão através dos sinais deixados por ela na calma que se seguiu" (*Ibidem*, p. 278), mostra o que de fato podemos dizer de uma escultura que se torna visível, ou seja, de uma obra quando ela se torna visível no seu enigma através das mãos de um artista.

Vemos que toda a descrição de Freud a respeito da estátua em questão está rigorosamente calcada na coisidade do corpo da obra de Michelangelo. Ou seja, na coisidade do corpo de *Moisés*, no flagrante de um acontecimento, de um movimento que por si mesmo se recolhe e resiste. Essa coisidade, tomada de Heidegger, fizemos com que equivalesse à *ding*-nidade sublimatória. Basta ler o que Freud tem a dizer dos detalhes dos dedos de Moisés em relação à barba, a sutileza desse lugar onde não se encontra nada, ou seja, mais precisamente algo que se ausenta na paradoxal presentificação de um vazio. Aí, nesse lugar, que Freud problematiza e que sua investigação quase detetivesca e também literária se detém, onde procura sintonizar a verdade da obra, a "intenção do artista", ou o seu significado, nesse lugar mesmo encontramos a verdade, no sentido em que Lacan a situa, como furo no saber. Essa verdade é um saber que contorna um ponto que insiste em não se fechar, que ex-siste, tal qual um sinal.

O Moisés de Michelangelo talvez seja um dos momentos em que Freud mais se aproxima da obra de arte enquanto enigma e enquanto fissura, como má formação, causadora de seu desejo. Ele o contorna exaustivamente e não fecha a questão – tantas voltas em torno da famosa escultura, tantas as cenas, tantos os detalhes, tantos os discursos... e lá está ela, com sua dignidade intacta, ou seja, inscrição da falta no mármore, geradora, porém, de falas. Essa má forma é uma amostragem de que algo não vai bem, de que algo se desequilibra, de que algo está fora da ordem, e que esse algo exerce uma força na direção do não sentido.

> Mas, e se (...) nos tivermos extraviado por um caminho errado? Se houvermos tomado de maneira demasiado séria e profunda uma visão de detalhes que nada são para o artista, detalhes que introduziu de modo inteiramente arbitrário ou por razões puramente formais, sem nenhuma intenção oculta por trás deles? Se houvermos partilhado o destino de tantos intérpretes que pensaram perceber muito claramente coisas que o artista não pretendeu, nem consciente, nem inconscientemente? Não posso dizer. Não posso dizer se é razoável creditar Michelangelo — artista em cujas obras existem tantos pensamentos lutando por expressão — com uma falta de precisão tão elementar e, especialmente, se isso pode ser presumido em relação às notáveis e singulares características da estátua que estamos examinando. E, finalmente, nos será permitido ressaltar, com toda a modéstia, que o artista não é menos responsável que os intérpretes pela obscuridade que circunda sua obra. Em suas criações, com bastante frequência, Michelangelo foi até o limite máximo do que é exprimível em arte; e talvez na estátua de Moisés não tenha alcançado um êxito completo, se é que sua intenção era tornar visível a passagem de uma violenta rajada de paixão através dos sinais deixados por ela na calma que se seguiu (*Idem*).

O fracasso de Freud corresponde ao fracasso pertinente à própria impossibilidade de que se trata quando tematizamos a ética da psicanálise. A causa de desejo está aí configurada pela arte a partir de algum ponto onde o impossível mantém a cadeia significante incompleta. A ética do desejo encontra lugar na opacidade que a obra oferece na forma de uma questão. Michelangelo ensina a Freud algo a respeito desse impossível, pois "Michelangelo foi até o limite máximo do que é exprimível em arte; e talvez na estátua de Moisés não tenha alcançado um êxito completo" (*Idem*). Esse "limite máximo" é a coisidade, limite que surge no detalhe, onde o êxito não é "completo" por estrutura, tal qual aquele "umbigo do sonho" de que Freud nos fala em *A Interpretação dos Sonhos*. Mas, ao mesmo tempo, o êxito da obra é também possível, uma vez que Freud encontra na estátua algo de seu, algo da sua questão particular em relação ao *Moisés*.

A "intenção do artista" que Freud procura se encontra na extensão da obra, grafada pelo cinzel, emudecida. Não há resposta do artista através da obra, há um silêncio desconcertante. Quem fala é justamente o sujeito Freud. Vemos aí algo do lugar de objeto *a* se operar. A obra, desse modo, comparece sempre de forma inaugural e se abre em sua fissura, como que pela primeira vez, como causa de desejo, e do desejo de Freud. No texto podemos sentir um quê de vertigem: a impressão que ele nos passa é como a de uma tentativa de descrever algo que está acontecendo, como uma cena, uma cena flagrada, de uma ação ainda inconcluída, ele mesmo dirá:

> (...) nunca uma peça de estatuária me causou impressão mais forte do que ela. Quantas vezes subi os íngremes degraus que levam do desgracioso Corso Cavour à solitária *piazza* em que se ergue a igreja abandonada e tentei suportar o irado desprezo do olhar do herói! Às vezes saí tímida e cuidadosamente da semi-obscuridade do interior como se eu próprio pertencesse à turba sobre a qual seus olhos estão voltados — a turba que não pode prender-se a nenhuma convicção, que não tem nem fé nem paciência e que se rejubila ao reconquistar seus ilusórios ídolos (*Ibidem*, p. 255).

O texto *O Moisés de Michelangelo* mostra muito bem que lugar a psicanálise, e o próprio Freud, constituía para si mesma na sua relação com os outros discursos, ditos especializados, geradores de saberes definitivos sobre a obra de arte. É impressionante ler e testemunhar sempre uma vez mais o movimento originário e mais radical de que se trata na psicanálise e que diz respeito também à arte. Freud considera os poetas e os romancistas como

> preciosos aliados, cujo testemunho deve ser levado em alta conta, pois costumam conhecer uma vasta gama de coisas entre o céu e a terra com as quais a nossa filosofia ainda não nos deixou sonhar. Estão bem adiante de nós no conhecimento da alma, gente comum, pois se nutrem em fontes que ainda não tornamos acessíveis à ciência (Freud, 1907/1987, p. 18).

Essa aproximação de Freud com a arte de Michelangelo nos serve para dizer somente que o artista marca o limite do discurso da ciência, que pode dar o que a ciência nem sonha poder discernir, justamente na falha do saber, daquilo que não se deixa inscrever, inscrevendo assim mesmo, na insistência, na borda. O artista é um construtor de interrogações, de questões, de enigmas, deixando-se afetar pelo que não sabe, suportando o real. Freud diz do artista, desse "aliado precioso", adiantado que está no conhecimento da alma em relação a nós, – nós, quem? Nós: "gente comum", diz ele. Curioso esse momento do texto, onde Freud indica quatro lugares a partir dos quais uma apreensão se dá: a filosofia, parafraseando Shakespeare; a arte, que tem acesso privilegiado à fonte no conhecimento da alma humana; a ciência, que não possui condições "ainda" de explorar esse filão; e a gente comum, que "somos nós". Onde está Freud? Provavelmente um pouco em cada uma dessas posições, mas acreditamos que foi como "gente comum" que, sob o terrível olhar do *Moisés*, Freud se insere na turba daqueles que reverenciam o Bezerro de Ouro, e escreve este texto, dando uma amostragem daquilo que marca o espírito de toda a sua obra e estilo, onde se serve de sua própria pessoa, de seu desejo, e de seus próprios sonhos, e ainda de seus próprios impasses e apreensões com inteligência e perspicácia.

Os momentos iniciais da psicanálise, das mais essenciais reflexões e formulações que irão desembocar no livro da *Interpretação dos Sonhos*, são caracterizados por essa iniciativa corajosa e de extrema ousadia – não só para a época, mas ainda nos dias de hoje, dado o peso único e irrepetível da honestidade intelectual de Freud –, de colocar-se enquanto sujeito em sua pesquisa científica, em seu livro. Desde já, portanto, a psicanálise parece estar bastante distante de ser uma ciência.

O que queremos apontar é o seguinte: não é alhures senão na "gente comum" que o artista vai encontrar as suas "fontes", a literatura, cuja matéria é a palavra, é um lugar eminente desse exercício, assim como o analista se colocará a postos para escutar o que essa gente tem para dizer. A "gente comum", é aí que o sujeito virá comparecer. E dessa "gente comum" a ciência nada quer saber. Não que a ciência não tenha acesso, mas sim que ela não quer saber nada do incomum do sujeito que fala, do que ele tem a dizer, ou seja, seu lugar é outro. À ciência – ou para certos discursos alinhados ou simplesmente reativos a ela – interessa somente que essa gente permaneça assim como está, previsível, "comum". O artista, por sua vez, assim como o analista, sabe que "comum" indica, no mínimo, o caminho de uma suspeita.

De fato, nada é comum para Giacometti: vejamos o escultor trabalhando.

> Quanto mais eu olhava o modelo, mais se ampliava uma tela [*écran*] entre mim e sua realidade. Começa-se por ver a pessoa que posa, mas pouco a pouco todas as esculturas possíveis se interpõem... entre ela e você. Quanto mais sua visão real desaparece, mais a cabeça se torna desconhecida (Giacometti, 1990, p. 275).

No que tange a Freud, acreditamos que ele chega a um impasse semelhante: quantos *Moisés* é possível existir nessa mesma obra? Quantos *Moisés* podem surgir de "uma falta de precisão tão elementar" ou do que chamamos essa imprecisão dando-lhe o nome de coisidade? Retomando:

> Não posso dizer se é razoável creditar Michelangelo — artista em cujas obras existem tantos pensamentos lutando por expressão — com **uma falta de precisão tão elementar** e, especialmente, se isso pode ser presumido em relação às notáveis e singulares características da estátua que estamos examinando (Freud, 1914/1987, p. 256 ***grifos nossos***).

Freud tem razão, essa "falta de precisão tão elementar" incomoda. O Moisés retratado por Michelangelo, diz ele, não é o Moisés da Bíblia, posto que nada comprova ou garante, pela extenuante análise detalhada dos movimentos e da postura da estátua, que represente realmente o momento que Freud e outros sugerem ser o anterior, ou posterior, à fúria no episódio do Bezerro de Ouro. Além do fato também de que as próprias Escrituras Sagradas endossam a falta dessa garantia, pois apresentam múltiplos relatos do episódio que se contradizem entre si. O *Moisés* de Michelangelo, não sendo mais do próprio artista que o criou (se alguma vez o foi), constatamos também que nem mesmo ao universo freudiano ele se adere, com o "irado desprezo do olhar do herói" e tudo o mais de fundamental que ele pensou a respeito do personagem bíblico. O *Moisés* de Michelangelo não pertence a ninguém, ou melhor, parafraseando Nietzsche no subtítulo paradoxal de seu *Zarathustra*, pertence a todos e a ninguém[29].

---

29 Como subtítulo de seu *Assim falou Zaratustra*, Nietzsche escreve "Um livro para todos e para ninguém".

E é nesse paradoxo fundamental que reside o problema da obra de arte: temos algo para todos, pois todos podem ver e apreciar um exemplo da "arte universal", mas também fica patente que cada um pode ver algo diferente e singular nesse objeto – e que, de forma parcial, esse algo faz parte e se insere na história da escultura e da tradição iconográfica do personagem histórico. Por outro lado, temos algo para ninguém, pois o que fica disso tudo é um resto que se constitui justamente como condição de possibilidade para que se continue encontrando algo ali sempre de novo. Essa parte residual se imiscui numa zona secreta, clandestina, onde a chave da questão se recolhe e cujo recolhimento fulgura na forma. "Ainda que presentes", concluía há pouco Jean Genet, "onde estão essas figuras de Giacometti a que me refiro, se não na morte?" (Genet, 2000, p. 14).

Lacan relata sua experiência frente a uma estátua do Buda em um templo budista no Japão, no que ele chamou de "encontros com obras de arte" (Lacan, 1962-63/2005, p. 244), e que pode nos ajudar a apreciar melhor a experiência freudiana. Esse relato é motivado por aquilo que a filosofia zen-budista tem a dizer sobre o caráter ilusório do desejo: para os zen-budistas, o desejo é uma ilusão. Inicialmente, podemos pinçar algumas informações que Lacan nos traz a respeito da estátua e da sua instalação no templo. Ela não é, para os budistas, o próprio Buda representado. Ela é o Bodisatva, ou seja, "quase-Buda". Isto é muito interessante, pois, diz-nos Lacan, se o Buda estivesse ali, nada se apresentaria no lugar. O Buda enquanto tal é irrepresentável, outra coisa vem ocupar o seu lugar. Por outro lado, a grande estátua está cercada (nos corredores adjacentes, etc.) por milhares de cópias suas idênticas em tamanhos menores e **variados**. Isto corresponde ao que o fundamento budista assevera: o Buda está em tudo e em todos. Pela tradição budista, uma formiga ou um gigantesco Bodisatva como o de Kamamura são motivo da mesma reverência, o praticante quando se prostra diante da estátua, o faz do mesmo modo diante de uma formiga e todas as demais formas de vida, sem hierarquias. Lacan traz o Um e o múltiplo que estão em jogo aqui, discorrendo sobre imagens divinas do Budismo na complexa e rica história da sua tradição:

> Encontramos as divindades pré-budistas, da maneira mais atestada, assimiladas aos diferentes patamares dessa hierarquia, os quais se articulam, por conseguinte, como níveis e etapas, formas de acesso à realização suprema da Beleza, isto é, à compreensão suprema do caráter radicalmente ilusório de todo o desejo. No entanto, no próprio interior dessa multiplicidade, que converge para um centro que é, essencialmente, um centro de lugar nenhum, vocês

vêem ressurgir, da maneira mais encarnada, o que pode haver de mais vivo, mais real, mais animado, mais humano e mais patético numa relação primordial com o mundo divino, a qual, por sua vez, é essencialmente alimentada e como que pontuada por toda uma variação do desejo (*Ibidem*, p. 246).

Para Lacan, um ponto somente sustenta toda essa variação, um ponto, como ele diz, onde o espelho não reflete a imagem. "A imagem que se produz no olho, essa que vocês podem ver na pupila, exige, de início, um correlato que, por sua vez, não seja uma imagem" (*Idem*). A introdução do objeto *a* na questão do Budismo e da própria experiência "particularíssima" de Lacan diante da grande estátua resulta na consideração de que este é "um objeto para o desejo" (*Ibidem*, p. 250). Um objeto "para" o desejo é onde o objeto causa de desejo se inscreve. "Se o que mais existe de mim mesmo está do lado de fora, não tanto porque eu o tenha projetado, mas por ter sido cortado de mim, os caminhos que eu seguir para sua recuperação oferecerão uma variedade inteiramente diferente" (*Ibidem*, p. 246).

O detalhe que chama em especial a atenção de Lacan são as pálpebras do Bodisatva, que parecem não ter abertura, são esculpidas a partir da prática do *Zazen* (posição sentada da meditação zen), conforme os preceitos da tradição:

> (...) um olho que não podemos propriamente dizer que esteja fechado, nem semicerrado, pois trata-se de uma posição do olho que só se obtém através da aprendizagem, ou seja, de uma pálpebra que só deixa passar um fio branco do olho e uma borda da pupila. Todas as estátuas de Buda são feitas assim. Essa estátua, por sua vez, não tem nada de parecido. Simplesmente tem, no nível do olho, uma espécie de crista aguda, que faz com que, com o reflexo próprio da madeira, pareça haver sempre um olho movendo-se embaixo. Mas não há nada na madeira. Examinei-a bem, pedi informações, e a solução que obtive – sem que eu mesmo possa decidir quanta confiança cabe depositar nela; ela me foi dada por uma pessoa altamente especializada, muito séria, que é o professor Kando, para citá-lo pelo nome – foi que a fenda do olho, nessa estátua, desapareceu com o correr dos séculos em razão da massagem a que a submetem, mais ou menos cotidianamente, as freiras do convento no qual ela é o tesouro mais precioso (...) (*Ibidem*, p. 250-1).

Na expressão da estátua, que Lacan vê como espantosa, não se pode discernir se ela está toda voltada para quem olha ou toda voltada para dentro. A estátua, Lacan a toma em seu discurso para falar da função de um espelho, não aquele que estrutura a unidade corporal, a unidade narcísica alcançada pelo estádio do espelho, mas um outro espelho, "o espelho como campo do Outro em que deve aparecer pela primeira vez, se não o *a*, pelo menos seu lugar – em suma, a mola radical que faz passar do nível da castração para a miragem do objeto do desejo" (*Idem*). A marca de uma falta que movimenta todo um mundo em seu entorno. "O desejo, eu lhes ensino a ligá-lo à função do corte e a pô-lo numa certa relação com a função do resto, que sustenta e move o desejo, como aprendemos a identificar na função analítica do objeto parcial" (*Ibidem*, p. 253).

Poderíamos localizar esse corte, literalmente falando, na feitura da estátua, mais precisamente na fenda do olho, no modo com que as pálpebras se posicionam enigmaticamente? Seria também aí que se poderia pensar o *hímeros*, como abordamos no primeiro capítulo, como desejo que emana das pálpebras de Antígona, desejo como olhar objeto *a*? Seja como for, aí se apresenta o que se recolhe, o que não reflete narcisicamente, mas onde o sujeito vai tentar recuperar o que se perdeu – que é a libra de carne – e onde se articula o ponto sensível de todo desejo possível, a sua "mola radical" que dá acesso à variabilidade mais radical e até mesmo infinita. Esse corte produz o que, a propósito do guia de Lacan pelo Japão (versado em Maupassant e Mérimée, nos diz ele), leva alguém "a esse tipo de comunhão artística" (*Ibidem*, p. 250-1). Expressão curiosa, onde bruxuleia algo entre o religioso e o artístico.

À função analítica, que é o lugar do analista, poderíamos de algum modo articular a questão do semblante do objeto *a* como corte e lugar de resto onde isto se processaria? É interessante o que Éric Laurent articula a respeito da função de semblante e a tradição do Taoísmo, religião chinesa (onde a noção de vazio, por exemplo, já está presente) que influenciou sobremaneira o Zen-budismo nos seus começos na China:

> Fazer o semblante corresponde de forma melhor à posição do sábio taoísta, baseada em um atuar fundamental. Como indica J. A. Miller em uma conferência no Estados Unidos, Lacan evoca em *Televisão* a figura do sábio chinês ao colocar em série as vias de Gracián, do Tao e do analista. J. A. Miller propõe uma leitura nova do termo "santo" em *Televisão*. O analista tem uma vertente taoísta no sentido que Kurosawa nos ilustra esta posição: permanecer imóvel enquanto ao redor tudo é movimento. Fazer semblante de objeto *a* também é isto: permanecer imóvel, em seu lugar, enquanto o significante se desloca (Laurent, 2000).

É importante agora fazer uma composição das quatro obras às quais nos referimos aqui: o templo grego, por Heidegger, o *Moisés* de Michelangelo, por Freud, a estátua do Buda, por Lacan, e a escultura do próprio Giacometti, por Genet. E devemos contar ainda com a tragédia de Sófocles, que tem, na presença de Antígona, um lugar central na articulação ética de Lacan. A partir dessas cinco obras, exclama-se: que lugar estranho e inquietante, até mesmo vacilante, que à arte é reservado, onde ela emudece, provoca falas, onde a obra se ausenta, fulgura e se espalha pelo mundo. A obra não visa a si mesma, ela põe em jogo o mundo que a circunda, pois ela sempre aponta para outro lugar. Discorremos sobre a má forma, onde o corte, o sinal, a mancha fazem com que a obra olhe graças à ausência ou presença precisa de algo que nos escapa. E como isto está atrelado ao efeito que faz tal obra ocupar um lugar, como dizíamos a pouco, para todos e para ninguém, um lugar que aponta para um não-lugar, e de muitas formas se associa a ele, lugar do impossível. A partir disso, vemos como a obra de Giacometti mostra-se como que o avesso, como que a ferida que denuncia a ilusão da perspectiva e da encenação imaginária. Essa articulação resulta desse objeto paradoxal, pois que elevado à dignidade da Coisa, que é a obra, e que essa obra olha o sujeito.

CAPÍTULO IV

NAS PROFUNDEZAS DO GOSTO

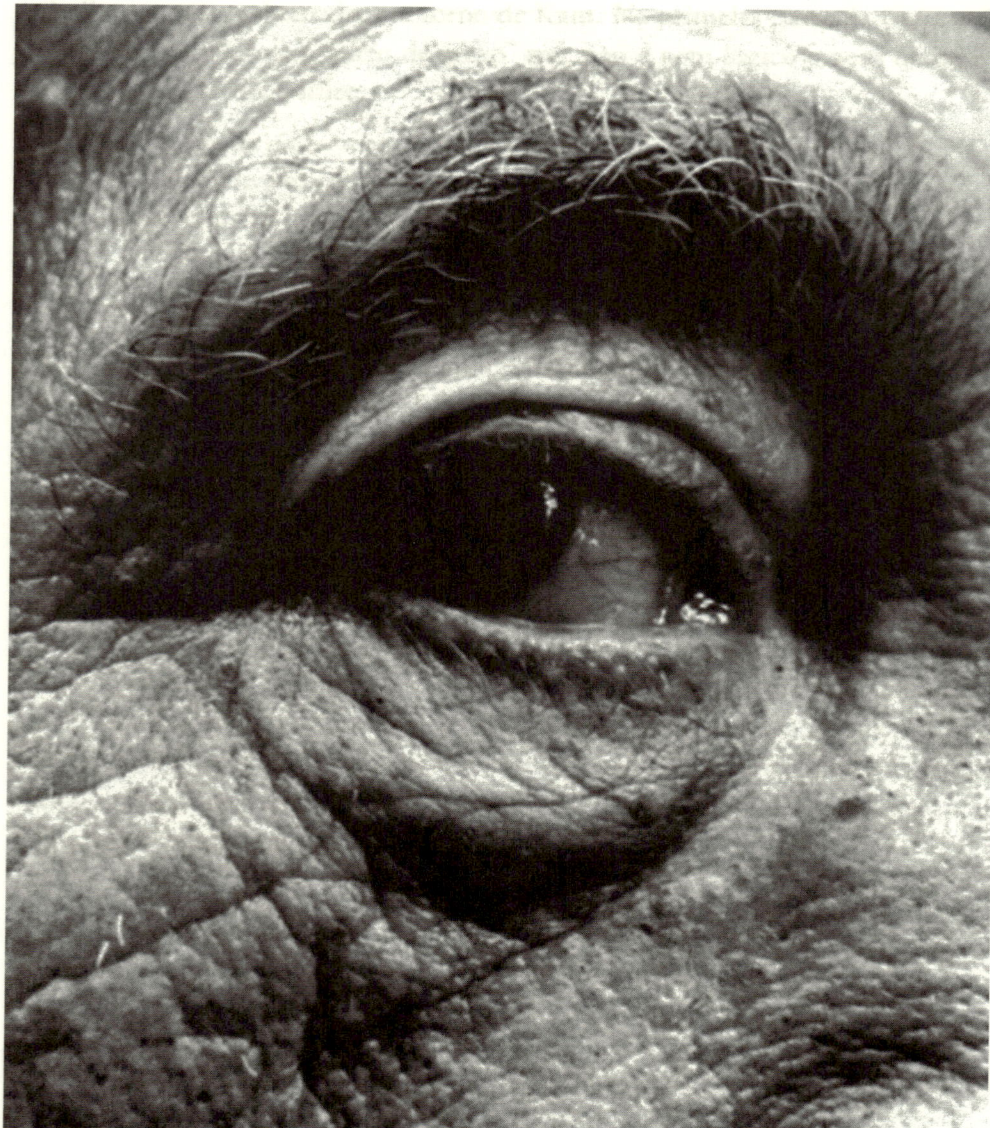

xícaras empoeiradas
   numa caixa de papelão
enquanto os ônibus passam ruidosamente
   à porta
      e ali
      dentro do silêncio
   da tarde menor do comércio
   do pequeno comércio
         do Rio de Janeiro
   na loja do Kalil
      estaria nascendo
      o poema?

Ferreira Gullar

Le dernier poème de Fleurs du mal: "Le Voyage".
"Ô mort, vieux capitaine, il est temps! levons l'ancre!"
Le dernier voyage du flâneur: la mort. Son but: le nouveau.
"Au fond de l'Inconnu pour trouver du nouveau!".

W. Benjamin

No ano de 1962, a *Kunsthaus* de Zurique realiza uma retrospectiva de Giacometti, reunindo toda ou a quase totalidade de sua produção – em torno de 300 peças, entre esculturas, pinturas e desenhos –, e o grande sucesso de público era evidente devido à oportunidade de apreciar o conjunto de sua obra em um mesmo lugar e em um momento de importante reencontro do artista com o reconhecimento do seu país de origem. Jean-Marie Drot entrevista-o poucos dias após a abertura da exposição e lhe pergunta qual a impressão que lhe causara o sucesso da exposição e o fato de sua obra reunida estar exposta ao grande público. "A princípio", diz ele, "achei ótimo, mas depois fiquei um pouco preocupado". Diante da surpresa do entrevistador, diz ele: "no final das contas, isso tudo não tem muito a ver com tudo aquilo que em geral eu falo sobre arte, não é?" (*In*: *Les Heures Chaudes de Montparnasse*, 1964). A insatisfação de Giacometti é patente, ela revela, mais uma vez, a impotência, a impossibilidade, da obra de arte em cumprir com o ser-obra-de-arte, em coincidir com o lugar que a sociedade a coloca. É um objeto do museu? Transmite o que veio transmitir? É eficaz? Choca o público? Enfim, a arte coincide consigo mesma? Para Giacometti, a obra aponta para outro lugar, sempre. Esse é o requisito da mais alta importância para ele. Lembremos daquela constante do discurso giacomettiano: a obra existe para melhor "ver". Remontemos, por exemplo, mais uma vez à experiência de Giacometti no Louvre, que vem muito bem ilustrar esse ponto: o quanto, para ele, séculos e séculos de arte, das mais variadas formas, se apequenavam frente à simples presença dos visitantes e seus olhares curiosos frente aos quadros expostos. Jamais nenhuma arte, concluía ele, poderia dar conta de tamanha beleza. Qual será o lugar para onde a obra de arte nos conduz, lugar que é da arte mas que está fora dela ao mesmo tempo, precipitando-se para fora do museu? Como se costuma dizer: o buraco é mais embaixo – talvez nos porões ou fundações do imponente prédio da *Kunsthaus* de Zurique.

Façamos um percurso na busca desse lugar.

Em *Kant com Sade*, texto de 1963, Lacan mostra a verdade de Kant em Sade, ambos, ainda que na suas diferenças, um avesso do outro, operando um imperativo de gozo que sufoca e aniquila o sujeito:

> (...) sustentamos que a alcova sadiana iguala-se aos lugares os quais as escolas da antiga filosofia retiraram seu nome: Academia, Liceu, Stoá. Aqui como lá, prepara-se a ciência retificando a posição da ética. Nisso, sim, opera-se um aplanamento que tem que caminhar cem anos **nas profundezas do gosto** para que a via de Freud seja viável [*pour que la voie de Freud soit praticable*]. Contém mais sessenta para que digamos o porquê de tudo isso (Lacan, 1963/1998, p.776; grifos nossos).

Lacan nos diz também neste texto que, de maneira alguma, como pensam certos "especialistas" e sua "estupidez", Sade anteciparia Freud por causa das estripulias sexuais aberrantes de sua alcova. Isto é da mais alta importância para o que desenvolveremos no presente capítulo, porque a alcova sadiana, como vimos na citação, ocupa estruturalmente, mas pelo avesso, o mesmo lugar onde se prepara a instauração da ciência moderna e o advento do sujeito da ciência. E aí sim, Freud poderá surgir como real subversão, no caso, a tudo o que o antecede, seja o que se propõe eticamente em Kant ou em Sade. Daí que é importante salientar que a subversão freudiana se dá graças e em relação ao projeto metafísico e seus avessos sadianos, é precisamente aí que incide sua subversão, onde irrompe um buraco por onde se possa respirar.

Desse modo, é bastante esclarecedora a expressão que Lacan utiliza, "aplanamento", para se pensar na continuação da frase quando ele diz: "tem que caminhar cem anos nas profundezas do gosto para que a via de Freud seja viável" – para que, enfim, uma voz (voix) como a de Freud se faça ouvir, desse sujeito, e dessa "boa nova" que é a psicanálise. O aplanamento – *déblaiment,* em francês – é algo para ser pensado, ou imajado, como um desses tratores que têm por função aplanar um terreno, ou aplanar o asfalto fresco de uma *freeway.* E o asfalto de qualquer rua não existe sem a manutenção constante, em breve os buracos começam a pulular, causando incômodo aos motoristas e seus veículos. Pensemos mais proximamente de nós, o que aconteceu a uma estrada de porte de uma Transamazônica (ícone do ufanismo e dos desmandos da ditadura no Brasil): um tal projeto, de grandiosidade atroz, uma tal superfície de asfalto que devasta a floresta por onde passa, uma superfície que se pretende "metafisicamente" uniforme como um plano matemático imposto a rolo-compressor. É de conhecimento geral o fracasso dessa empreitada: a manutenção de uma tal superfície, por mais constante que seja, não consegue deter – fora os buracos que se formam naturalmente com o tempo – o avanço insistente da floresta, que quebra o asfalto, que se insurge contra o projeto humano, no movimento de árvores e vegetação retomando o território.

Uma tal superfície não admite e não tolera qualquer buraco ou fissura, ou imperfeição – a "má forma" de que falávamos. Do mesmo modo, a moral kantiana opera uma devastação no campo da ética, excluindo tudo aquilo que ocupa o lugar do buraco, do enburacamento e da imprevisibilidade, mais precisamente, do patológico – *pathos* –, do singular e da diferença, o *pas-tout* (não-todo). O buraco abre uma dimensão de alteridade vertiginosa e insurgente, demandante. Nesse lugar, onde a devastação pela metafísica moderna se opera, é o mesmo onde alguma coisa "caminha nas profundezas do gosto". Mas o que vem a ser isso, "profundezas do gosto"?

Mesmo reconhecendo a dificuldade em se precisar o termo "profundezas do gosto", Jacques-Alain Miller lembra que, no texto *Kant com Sade*, Lacan trabalha sua tese, sobretudo, em torno de Kant. Na primeira parte da *Crítica do Juízo*, Kant se refere ao "juízo de gosto" que não é nem lógico e nem demonstrável. Sobre isso diz Miller:

> O juízo de gosto – por exemplo, quando se diz que algo é belo – não é demonstrável. Não há critério para o belo. E desde que isso é assim, não há "matema" ("*matheme*") para o belo, para usarmos um termo de Lacan. Há somente um "patema" ("*patheme*"), alguma coisa que se pathos-experiencia, um sentimento que se tem. (...) quando se diz que algo é belo, espera-se que todos digam que isto é belo, há aí um suposto prazer universal no belo, embora não haja nenhuma regra universal que prove que isto é belo. Não há regra ou critério para o belo que se possa aplicar a uma pintura, como um pequeno aparelho que se levasse consigo e pudesse nos indicar em seu *dial* se esta pintura é ou não bela (Miller, 2001, p. 216).

Isto se dá no campo da 'estética' (em Kant, o termo 'estética' refere-se a uma outra questão que não é a do juízo), ou para ser mais preciso, do juízo de gosto em Kant. No entanto, na ética do mesmo filósofo, ao contrário da 'estética', tem-se de fato um critério universal. E assim Kant autoriza a se pensar, no que se refere aos problemas da ética, em um aparelho de medição, uma "maquininha" ética, como veremos seguindo a imagem que cria Miller, pois, segundo Kant, existe aí uma regra demonstrável:

> Se você quer saber se algo é moral ou não, chama o Kant; Kant aparece prontamente com a sua maquininha; você descreve a sua ação; insere-a na máquina; e no final ela diz "É moral" ou "Não é moral". Enquanto que para o belo, para a questão do gosto e da estética, não há tal máquina. (...) É interessante ver que Lacan combina estética e ética: *Kant com Sade* é um texto sobre a ética, mas começa com uma referência a algo que escapa a uma regra universal do juízo (*Ibidem*, p. 217).

O que escapa é justamente todo um universo que se cria no campo da estética, mas que é, antes de mais nada, o ético que Lacan vai se referir em seu ensino. Ele vai apontar que, com o aplanamento que a ciência moderna opera com seu rolo compressor, algo vai "caminhar nas profundezas do gosto", poderíamos dizer, nos bastidores da razão, nas suas sobras, onde pulula toda a produção artística de toda uma época, em especial na literatura. Contam-se 100 anos, atravessando o século XIX, para que possa, finalmente, ser possível a via de Freud. Lacan mostra a "condição histórica de possibilidade" – para usar um termo de Kant – para que Freud pudesse surgir, colocando os artistas como seus antecessores, aproximando-o da arte, principalmente da literatura, de forma nunca antes pensada.

> Coisa que é de fato surpreendente, pois nos acostumamos a pensar nos precursores científicos de Freud. Sabemos que ele era estudante da linha de Helmholz e que ele próprio era uma espécie de positivista. Lacan oferece um ponto de vista totalmente diferente, colocando Freud no mesmo caminho que Byron percorrera antes dele, um caminho não percorrido por Helmholz ou cientistas de laboratório, mas por Kant, Sade, um herói romântico, Baudelaire, Barbey d'Aurevilly, etc. Lacan diz que alguém como Sade, com Kant como seu precursor, foi necessário para que o caminho de Freud fosse passável (*Ibidem*, p. 216).

Mas esse caminho já articulava seus primeiros passos desde o corte cartesiano. Mais precisamente um pouco antes ao corte propriamente dito, no tempo da dúvida e suas profundezas. Gostaríamos de pinçar um ponto, isolado e comentado por Baas e Zaloszyc a partir da leitura lacaniana de Descartes em *A ciência e a verdade* (1965) e no Seminário XI *Os quatro conceitos fundamentais da psicanálise* (1964). Refere-se ao estatuto de ficção da dúvida cartesiana. Que não se trata de algo "vivido", mas de uma dúvida metódica, dentro do projeto cartesiano, que é o de reforma completa do saber. Esse projeto é sustentado pela convicção de uma nova instituição da ciência como subversão a um saber já constituído. Sendo assim, a dúvida de Descartes é "fingida". Baas e Zaloscyc citam Descartes na *Primeira Meditação*: "(...) eu poderia fingir não ter corpo algum e que não houvesse nenhum mundo, nem nenhum lugar onde eu estivesse; mas (...), nem por isso, eu não poderia fingir não ser absolutamente nada" (Descartes *apud* Baas e Zaloscyc, 1996 p. 11).

Portanto, a dúvida cartesiana, também chamada dúvida hiperbólica, pois duvida de tudo o que possa se constituir como objeto representacional para o sujeito, só poderá ser usada como expediente metodológico, e ultrapassar a dúvida cética (que denunciava a circularidade dos argumentos, sem poder estabelecer um ponto de certeza e de partida para o saber), na medida em que se converte em ficção, na qual ela é fingida. "Se não fosse fingida, a dúvida hiperbólica conduziria o sujeito, irremediavelmente, à incerteza sobre o seu próprio ser" (Baas e Zaloscyc, 1996 p. 11). Os autores dão a seguinte imagem:

> É como se a vista (...) quisesse ver-se a si própria, na ausência de qualquer objeto visível: seria necessário aproximar o olho do espelho, cada vez mais, até o ponto em que, não havendo mais nenhum objeto visível, a própria vista desaparecesse. O mesmo se daria com o pensamento (*Idem*).

Lacan fala aí de um "ponto de desfalecimento". Se não fosse fingida, a dúvida seria "vertiginosa", de um tipo de vertigem que leva ao mais profundo desespero. "Como lembra Hegel [em a *Fenomenologia do espírito*], ao acentuar o parentesco, na língua alemã, entre os termos *Zweifel* [dúvida] e *Verzweiflung* [desespero]" (*Idem*). Frente a isso, os autores enfatizam: "(...) Descartes foge da vertigem". A vertigem, sobretudo, decorrente da

> (...) grande vertigem, que as descobertas de Copérnico, de Kepler e Galileu não poderiam poupar à consciência de um jovem filósofo (...) formado (...) na escola de Aristóteles e da Bíblia: a vertigem das revoluções da terra, agora satelizada, quer dizer, vertigem desesperadora de uma humanidade prometida ao luto do privilégio, afirmado entretanto pelas Escrituras, de ser o centro absoluto do universo (*Idem*).

Nessa vertigem, Descartes tem a impressão de que é arrastado por uma espécie de turbilhão, onde a perda e o vazio têm, sem dúvida, o seu papel naquele momento. Como se, diz ele na *Segunda Meditação*, tivesse "'mergulhado em águas muito profundas'", a ponto de ser incapaz "'tanto de pisar o fundo com os pés, quanto de nadar para se manter acima d'água'" (Descartes *apud* Bass e Zaloscyc, 1996, p. 11). Baas e Zaloscyc mostram que Descartes "cambaleia", "vacila" antes de definir sua certeza:

> A narrativa de Baillet [abade Adrien Baillet (séc. XVII), biógrafo de Descartes] chama a atenção para o fato de que é também o "turbilhão" que está em jogo, no primeiro dos três sonhos de Descartes, noite de 10 para 11 de novembro de 1619, ou seja, ao longo dessa noite, imediatamente seguinte à descoberta dos "fundamentos da ciência admirável", como destaca o próprio Descartes (Bass e Zaloscyc, 1996, p. 12).

Como é conhecido, os sonhos de Descartes foram analisados por Freud a pedido de Maxime Leroy[30], que preparava sua obra sobre Descartes. O resultado não parece muito satisfatório para Freud, pois ele não via como obter material mais rico na medida em que analisa um sonho sem a fala de seu sonhador.

O que Lacan vai dizer é que no cogito, "Eu penso, logo sou", no intervalo entre o eu penso e o eu sou, há um intervalo, um *gap*. O que Descartes busca no *cogito* pela via do 'eu penso', no que ele bascula para o 'eu sou', é um real que comparece, tal qual o buraco no qual Tales leva o seu tombo. Nesse lugar aberto pelo discurso da ciência (e da queda do universo aristotélico), onde se revela um turbilhão que arrasta o homem para as profundezas da incerteza, Descartes instala esse sujeito do conhecimento, ficcionalmente sustentado pela verdade da pura razão, garantia de um Outro, do conhecimento em sua certeza inabalável.

Como vimos anteriormente, a partir dessa operação cartesiana, e graças a ela, a psicanálise vem, na aurora do século XX, resgatar *das Ding* como condição de possibilidade do desejo. À verdade do sujeito cartesiano, sujeito da ciência, opõe-se, em Freud, uma verdade outra, calcada na ficção, no sonho, na fantasia, na recuperação de um sujeito inconsistente, mais propriamente o sujeito do inconsciente, efeito do significante. A psicanálise se interessa pelo turbilhão, lugar onde vacila e chacoalha esse sujeito na contenda com o real.

Em *A ciência e a verdade*, Lacan nos coloca um axioma quando diz que o sujeito sobre o qual a psicanálise opera só pode ser o sujeito da ciência. Como expõe Coelho:

> O que acontece aqui? Que a psicanálise é um saber sobre o sujeito. A invenção da psicanálise é a invenção de um saber sobre o sujeito, saber que retorna, nas palavras do próprio Lacan, alguma coisa que corre [ou caminha] nas profundezas do gosto, com o advento da ciência. (...) à medida que cresce o poder da razão, o poder da ciência, a força do esclarecimento das Luzes, na modernidade, cresce também o gosto pelo mal. Que aparece aonde? Na literatura. Nos temas literários que falam do diabo, de feitiçaria, de forças ocultas, de melancolia, de depressão, do que a alma humana tem de pior (Coelho, 2000 p. 4).

É o tema da "felicidade no mal", como expressão de reação do sujeito, e resistência na cultura, ao discurso da razão, inaugurado por Descartes, e ao discurso do progresso, ou seja, "discurso da homeostase: sempre conduzir a tensão

---

30 Em Obras Completas Vol. XXI. *Alguns sonhos de Descartes: carta a Maxim Leroy.*

ao nível mais baixo, eis a linha mestra" da modernidade (Miller, 2005, p. 114). Nesse sentido, a psicanálise e a literatura se caracterizam como forças reacionárias, não muito afeitas ao progresso e às tentações e promessas da modernidade. "A psicanálise nasceu de uma objeção ao ideal de progresso" (*Ibidem*, p. 115). Não é à toa que, mais tarde, adentrando o século XX, grande parte das vanguardas levará adiante o legado dos fundadores da arte que reage a essa modernidade, a dita arte moderna, como Baudelaire, por exemplo, autor de que falaremos mais adiante. Mas o espírito da revolta, dessa resistência ao que tomamos como discurso da ciência, se encaminhará em grande parte e de modo bastante variado a formações ideológicas, não somente no sentido em que dizíamos, por exemplo, do Surrealismo e a necessidade de reintegração do sonho à vida a partir de uma leitura idealizada de Freud, mas também a uma forte ambição progressista. Mas temos aí também o que é fundamental, o advento da I Primeira Grande Guerra, e a revolta puramente negadora, nadificadora, de um movimento como o Dadaísmo é digna de nota: desejo de negar ou de desmantelar toda estrutura do instituído da cultura ocidental, a razão e seus avatares, defendendo o absurdo, a incoerência, a desordem e o caos. É o protesto contra uma civilização que não conseguiria evitar a guerra. Há, nesse período, um clima de forte engajamento revolucionário, incluindo-se aí a força expansiva do comunismo, com o qual o Surrealismo chega a estabelecer um laço. O próprio Breton, entre tantos outros, filiou-se ao partido comunista, ocupando uma posição bastante diferenciada em sua forte ligação pessoal com Trotzki. Aliás, o engajamento e o pensamento de esquerda são vividos à flor da pele por muitos de seus componentes. Um exemplo notável desse impulso é George Bataille, que, além do engajamento marxista, integra o movimento surrealista, contribuindo para reforçar, com seu pensamento, um traço surrealista já característico desde a origem do movimento, que se refere à questão do mal. Apenas para indicar, Bataille compartilhava com Apollinaire a posição especial de algumas vanguardas que consagravam a figura do Marquês de Sade como um "herói",

> (...) como um homem que passou a maior parte de sua vida na prisão pelas suas crenças e que merecia ser celebrado como um ateu, um revolucionário e um escritor que havia liberado a sua imaginação erótica. Nesse sentido, os surrealistas seguiram Apollinaire, que, na introdução à sua edição de 1909 da obra de Sade, proclamou "o Marquês de Sade o mais livre de todos os espíritos até hoje". Bataille compartilhava dessa convicção da importância de Sade, mas enfatizava o seu "tato para o terrível", a violência e

> a crueldade de seus escritos (...). Bataille achava que, seguindo as descobertas de Freud, as diferenças entre as crueldades dos rituais de sacrifício dos povos antigos e os apelos escandalosos de Sade eram apenas superficiais. Ele considerava Sade um precursor exemplar do inconsciente moderno que, como o artista espanhol Goya, expôs "as faces terríveis dos sonhos" subjacentes à aparência das coisas. Em sua concepção de arte moderna, Bataille internalizou os princípios de Sade (Fer, Batchelor & Wood, 1998, p. 208-9).

É Bonnefoy (Bonnefoy, 1991 p.171-2) quem nos informa que Giacometti, até certo ponto, se alinha ao pensamento de Bataille no que diz respeito a ideias sobre a arte. Autor de uma obra extensa e fascinante, George Bataille pensava a arte para além do idealismo Grego e da perspectiva, e de todo modelo ou filtro ocidental. Para Bataille, a arte primitiva, ou um retorno às 'forças primordiais', devia indicar o caminho para algo que a razão ocidental desprezara. Seu esforço se dirige a uma tentativa de questionar o estabelecido, desconstruindo, ou melhor, 'destruindo' ou desmantelando, através de seus textos e seu engajamento apaixonado, qualquer sistema possível de representação ou valor, fazendo entender que nenhum deles poderia alcançar a verdadeira essência do Ser. Sua identificação com Sade está articulada à ideia de resgate de algo perdido, irracional, - eis aí o inconsciente, como vimos antes, novamente substancializado. Isto parece corresponder ao perfil que o primeiro parágrafo de *Kant com Sade* sutilmente delineia: "Que a obra de Sade antecipa Freud, nem que seja no tocante ao catálogo das perversões, é uma estupidez que se rediz nos textos e cuja responsabilidade cabe aos especialistas" (Lacan, 1963/1998, p.776 grifos nossos).

Ao contrário, será a tese de Lacan: Sade e Kant são da mesma laia, um no avesso do outro. Lacan chega a denominar a posição ética de Kant de "velhacaria inocente" (Lacan, 1959-60/1991, p. 230), e a respeito da obra escandalosa de Sade, ele comenta:

> Pode-se admitir que em nenhuma literatura, de tempo algum, houve uma obra tão escandalosa. Ninguém feriu mais profundamente os sentimentos e os pensamentos dos homens. (...) Existe aí um desafio à sensibilidade cujo efeito é (...) estupeficante (...) o efeito em questão é obtido sem arte, sem consideração alguma pela economia dos meios, por uma acumulação de detalhes e peripécias, às quais se acrescenta um recheio de dissertações e justificações. (...) Somente as mentes grosseiras podem considerar que as dissertações estão aí para fazer passar as condescendências eróticas.

> Mesmo pessoas muito mais finas do que essas mentes grosseiras chegaram a atribuir a essas dissertações, denominadas digressões, a baixa da tensão sugestiva, no plano em que as mentes finas em questão – trata-se de Georges Bataille – consideram a obra como obtendo seu valor por dar-nos acesso a uma assunção do ser enquanto desregramento (*Ibidem*, p. 245).

Indaguemos por um instante: será que é aí, nessa febre libertária que emprestam alguns discursos à compreensão freudiana do sonho, ou nesse espírito "livre", no inconsciente liberto de sua repressão, ou no sufocamento do sujeito pelo gozo, enfim, será que é aí que reside o que pretendemos enfocar, ou seja, as profundezas do gosto? Serão essas as profundezas, habitadas por hordas bárbaras e sacrificiais, ou que seja por nobres entediados e apáticos, divertindo-se durante sessões requintadas de tortura e estupro?

[Se há alguma obra de arte que podemos pensar como correlata à tese lacaniana, ou melhor, que poderia lhe emprestar uma imagem, talvez fosse o filme *Saló – 120 dias de Sodoma*, de Pier Paolo Pasolini. Neste filme, Pasolini nos mostra, de forma admiravelmente crua, como nunca se viu no cinema, a lei e a sua tão desejada "subversão" encarnados nos mesmos personagens que comandam a festa de torturas e desmandos. As vítimas são aldeões de uma pequena cidade na Itália durante o período fascista. Eles são levados à força de seus lares e confinados em um castelo, onde autoridades da região se reúnem para encontros nos quais promovem o horror. A lei moral da autoridade é a mesma que, na sua simples inversão, massacra o sujeito. Por outro lado, a lei do desejo, da qual Lacan parte, leva em conta a singularidade construída pela incidência do significante no real.]

Não, absolutamente. As profundezas do gosto são outra coisa, constituem justamente o que o terror sadiano ou a "velhacaria inocente" kantiana querem eliminar. Nesse caso, só podemos falar dessas profundezas enquanto aplanadas e forçadas por esses discursos. Lacan é muito claro a esse respeito, e elimina com rigor essa inocência libertária e imaginária.

Mas o caminho de Giacometti também perpassa, ainda que do seu modo, essa lógica imaginária, pois ele é atraído por esse chamariz, por essa promessa de "mais-além" estruturada que está na forma de ideias como o pensamento de Bataille, como vimos acima. Essas ideias, essas formulações, atraíram artistas tão diversos e gênios singulares, embora o mais além da ideologia surrealista visasse a plenitude de uma "assunção do ser enquanto desregramento".

Detenhamo-nos um pouco na contribuição de Giacometti ao Surrealismo, e o modo com que ele atravessa esse imaginário, em questões, por exemplo, como o mal, a "felicidade no mal", a violência sexual, a morbidez erótica e a mulher. O resultado é a realização de objetos que, por um lado, parecem se identificar ou, até certo ponto, se identificam em parte, com os temas do imaginário surrealista, mas que, por outro, dão mostras da singularidade com que esses temas são por ele trabalhados, trazendo em seu bojo, e aí está o essencial, um questionamento da imagem. Se as ideias surrealistas, e vanguardistas em geral, ostentam, em sua maior parte, um certo imaginário em sua ideologia, em sua teleologia (que é do "desregramento" ou de subversão entendida no plano imaginário), Giacometti, na contra-mão, põe em xeque a imagem e o imaginário, colocando 'a nu' o sujeito – essa questão-sujeito como o pensamento de Lacan virá a conceber na sua relação com o real.

Como dissemos anteriormente, o trabalho com modelo era evitado: as "muitas esculturas" entre o artista e o modelo, assim como o estranhamento enceguecedor frente ao que o olhava, eram, nesse momento, evitados através da confecção desses objetos. E isso já constitui de cara a condição singular, pelo menos uma das mais importantes, para que integrasse o movimento surrealista. Digamos que tais objetos visavam, sobretudo, tematizar suas questões em relação à "realidade", como chamava ele essa realidade impregnada de real, afastando-o ao mesmo tempo da mesma. É, desse modo, importante ressaltar, que suas esculturas ou objetos portavam questões já preexistentes, assim como alguns dos mais famosos objetos, como *Bola suspensa* e *Homem e mulher*, por exemplo, que já tinham sido elaborados antes do convite de Dalí e Breton para integrar o Movimento, em 1930. No entanto, o fato de trabalhar restritamente com objetos (visando também a fuga ao trabalho com modelos) não o livrava das peculiaridades de seu fazer bastante desconcertantes, tanto para ele quanto para quem ouve falar ou lê. Essas peculiaridades se referem à realização desses objetos, ao processo criativo, cuja mola impulsora se revela a ele como um "automatismo mental" no sentido surrealista do termo:

> Já faz anos que venho realizando esculturas que me são ofertadas já prontas ao meu espírito, eu sou limitado a reproduzi-las no espaço sem nada mudar, sem me perguntar o que podem significar (basta que eu queira modificar uma só parte ou procurar lhe dar uma outra dimensão para que eu me sinta perdido e o objeto se destrua completamente). (...) O objeto uma vez construído, tenho a tendência a reencontrar transformadas e deslocadas imagens, impres-

sões, fatos que me emocionaram profundamente (frequentemente à minha revelia), formas que sinto serem muito próximas, ainda que eu seja incapaz de identificá-las, o que se me torna sempre mais perturbador (Giacometti, 1933/1990, p. 17).

Testemunhamos algo que determina o seu fazer, algo sobre o qual ele, Giacometti, não exerce controle, mas que se mostra produto de algo que, de alguma forma, já 'se controla' em sua aparição, antes e também durante a confecção do objeto, ou seja, à sua revelia. E é digno de nota que, na fase posterior, a partir dos anos 40, fase definitiva das esculturas afiladas, se passariam processos muito semelhantes, tanto na ereção da escultura quanto na sua destruição, no desmanchamento e na sua desaparição – tudo isso diante da perplexidade do próprio artista. Como não fugir, portanto, à tentação de encaixar isso no âmbito do Surrealismo, que cultivava uma noção como a de "automatismo mental" tão cara ao seu pensamento a ponto de centrar em si a definição do movimento nos seus propósitos? Como não nomear tais processos da produção de Giacometti de "automatismo mental", simplesmente? O que se coloca aqui é a seguinte ideia diretriz: ou se encaixa o fenômeno criativo de Giacometti dentro de alguma promessa de "mais além" – promessa de satisfação, de simples catalogação e tamponamento –, ou se pensa a questão giacomettiana a partir do enigma de um gozo, sim, que o acossa, mas que deixa pistas nas filigranas de sua fala, das sutilezas do percurso singular que nos mantém sem respostas definitivas, pela via da ética da psicanálise, que nos remete, aí sim, a um mais-além freudiano por excelência.

Detectamos, então, o ponto singular, a condição singular com que ele atravessa o seu tempo e as ideias que lhe são contemporâneas, e o que isto nos traz: ao contrário de se comprovarem teses e teorias de vanguarda, a questão de Giacometti gira em torno da impossibilidade da relação sexual, da impossibilidade de representar o que vê, enfim, o impossível. Isto é: questionar a imagem, desconstruir o que é do imaginário, denunciar a ordem constituída e, - atenção ao que se segue: mais do que denunciar, poder ser atingido por isto ou vislumbrar, - já que se trata de algo encarnado na sua práxis -, que o 'constituído' é flagrado na sua intensa fragilidade, pois quase se desmonta a qualquer descuido, uma vez que suas peças nunca se encaixaram de fato, e ainda, o modo como esta ordem se apóia sobre o vazio que se revela ao seu olhar. É a partir disso que procuramos mostrar uma trajetória que, passando sim pela temática da violência erótica e sexual um pouco ao modo da subversão na estruturação de pensamento como de um Bataille, por exemplo, mas que de fato se encarna na aparição dessas esculturas que lhe ocorrem já prontas ou que são destruídas à sua revelia, mas que, como veremos a seguir, refletem o lidar com esse impossível que parece ser a tarefa do artista, tarefa sempre fracassada.

Selecionamos, portanto, seis obras que mostram isso muito bem: *Homem e mulher* (p. 154), de 1928-29, *Mulher com a garganta cortada* (p. 154), de 1932, *Objeto desagradável* (p. 155), de 1931, *Ponta no olho* (p. 155), de 1931-32, *Objeto invisível* (p. 221), de 1934, e *Bola suspensa* (p. 216), de 1930-31. Esta última, *Bola suspensa*, é considerada, nos informa Rosalind Krauss (2001, p. 137), obra central da escultura surrealista, embora tenha sido, como dissemos, realizada antes da entrada oficial de seu autor para o movimento surrealista. Dentro de uma grade, uma esfera suspensa por um fio balança pendularmente por cima de um objeto, fixado à base, que lembra na forma a fatia de uma melancia. Sendo que a parte da esfera que quase (e esse quase é o centro da escultura) toca a fatia, é uma forma que se invagina nela mesma como correspondente à da fatia. Por isso, o que acontece é uma promessa de encaixe que não se dá, uma vez que o fio que suspende a esfera e a movimenta é muito curto para que ela chegue a encostar-se à fatia que está em baixo.

> "Todos os que viram esse objeto em funcionamento" [escreve Maurice Nadeau em sua *História do surrealismo*] (...) "experimentaram uma emoção sexual forte mas indefinível, relacionada com desejos inconscientes. A emoção era de modo algum de satisfação, mas de perturbação, como aquela produzida pela irritante consciência do fracasso" (Nadeau *apud* Krauss, 2001, p.136).

Esse "irritante", provocativo, é até mesmo provocante no sentido de encenar um erotismo bolinante e inacabado, uma vez que também o fio faz com que isso se movimente de forma desigual e vacilante. Toda essa conturbação organiza-se em torno desse "quase", dessa desarrumação causada por um fracasso, pondo a perder toda uma ordem que é a ordem do bom-encaixe e da adequação. E isto, lembra Krauss, se dá na literalidade do movimento e do espaço – essa obra é quase um objeto topológico, e, mais precisamente, como quis Dalí, "um objeto simbólico". Fora isso, acontece haver também algo de "cortante" que esse quase-encaixe encena, como se o fio que suspende a esfera, por ser curto, impedisse a continuação e a efetivação da ação de corte da esfera pela fatia, que parece afiada.

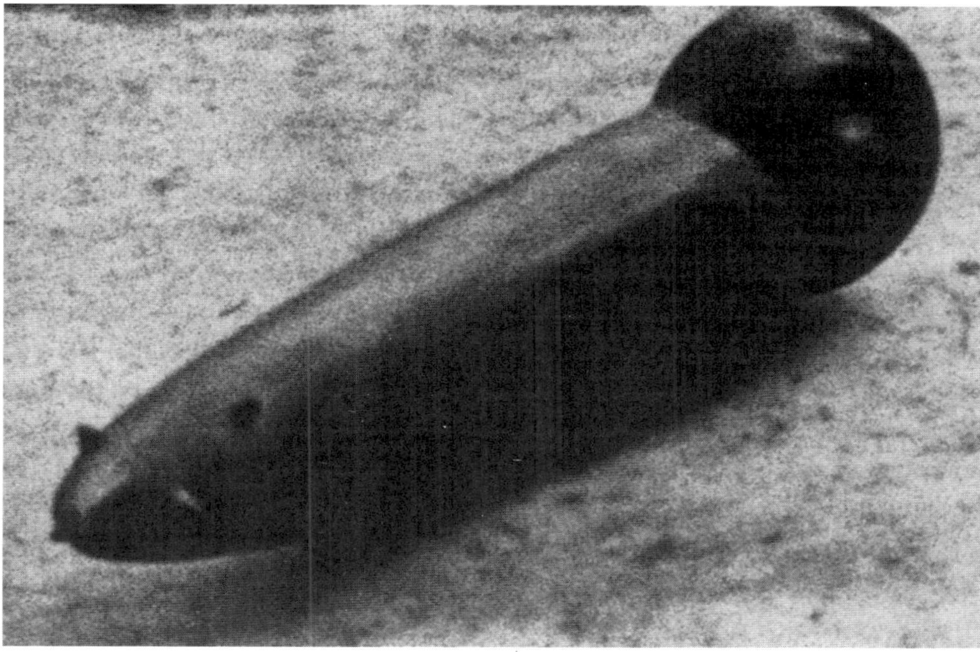

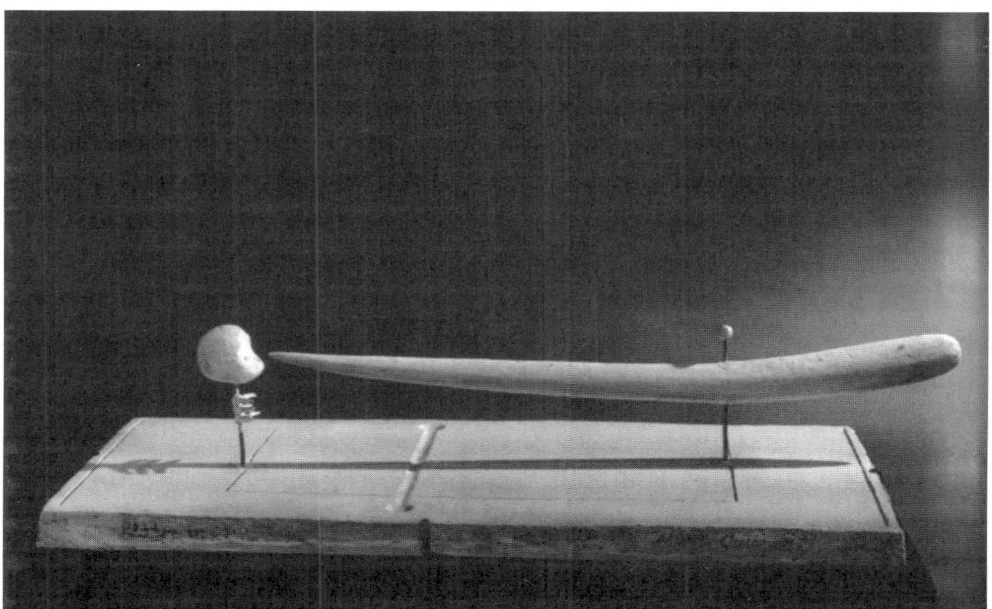

O que se apresenta como sexual e "irritante" em *Bola suspensa*, torna-se francamente violento na tematização da mesma questão em *Homem e mulher*. Neste objeto vemos duas formas sobre uma base, uma contra a outra, representando o masculino e o feminino; ou melhor, o assassino e a vítima, interpretemos assim, dado o impacto que o gesto violento nos causa e, com cautela, até segunda ordem, ninguém pode, rigorosamente falando, de fato assegurar quem é quem nessa cena. A vítima é uma forma como a da colher[31]. E o assassino, a parte masculina, aponta para a vítima algo – uma espada, um espinho –, pontiagudo e comprido, contendo extrema violência. A vítima pende para trás, acuada e aterrorizada – uma cena de ataque, que pode esbarrar levemente no movimento clássico e elegante da esgrima, mas que não chega a escamotear a brutalidade como golpe em plena ação de furo. O mesmo se dá em *Ponta no olho*, dada a mesma disposição dos "personagens" de *Homem e mulher*, um ameaçando o outro. Mas desta vez a vítima não parece ser uma mulher (a "mulher-colher"), mas sim um pequeno boneco. Em sua cabeça, como um capacete de madeira, vemos uma cavidade rasa que parece se configurar como um olho, um único e grande olho tomando grande parte da área do rosto. Seu corpo assemelha-se ao de um inseto, muito fino e com pernas também muito finas e curtas, confeccionado em ferro. Contra essa figura, que, imóvel, mas também aterrorizada, aparenta uma inocência de personagem de quadrinhos infantis, posiciona-se um objeto fálico, que proporcionalmente ao boneco, é gigantesco e ameaçador como um míssil frente a uma criança. Vemos aí a 'materialização' da violência do objeto olhar contra o olho que recua.

A forma do falo como ameaça ainda aparece em muitos outros objetos da fase surrealista, como é o caso de *Objeto desagradável*, o primeiro da série *Objetos desagradáveis*, feito em madeira escura e outros materiais. Trata-se aí justamente de um objeto explicitamente fálico na sua forma, assemelhando-se a um misto de artigo erótico e instrumento medieval de tortura, tendo em sua base dois furos que lembram olhos. Na ponta deste falo, que é meio curvado e coniforme como um chifre, surgem pequenas saliências que sugerem pregos ou espinhos.

Temos ainda *Mulher com a garganta cortada*. Trata-se aí do que o título da obra indica dada a proximidade em relação à expressividade de sua figuração, mas em uma forma complexa que, mais uma vez lembra a do inseto, mas um

31 Lembrando a escultura *Mulher-colher*, uma figura em pé sugerindo o figurativo feminino da representação de mulher, mas que resulta na forma de uma colher, cuja parte oposta ao cabo coincide em parte com a cabeça.

inseto pisado. Os membros dessa mulher são como que alongados e embaralhados ao longo do solo onde é exposto, como que desfiados, resultando em uma forma que impressiona "pela violência da agressão e o efeito de crispação mórbida e erótica que o artista imprime a todo o corpo da vítima" (Dufrêne, 2007, p.100).

A temática da violência e da morbidez erótica foi uma constante na fase surrealista de Giacometti, mas que desaparecerá de sua produção a partir dos anos 40, quando assumirá enfim a fase das famosas figuras filiformes e alongadas. Mas vale enfatizar aqui mais um pouco desse espírito que também emana da arte de Giacometti neste momento: remetemo-nos a uma *rêverie,* um pensamento de adolescência, relatada em um de seus principais escritos, *Hier, sables mouvants,*[32] de 1933 e publicado no quinto número da revista *Le Surréalisme au service de la révolution* no mesmo ano. Eis o fragmento desse texto:

> (...) durante meses não conseguia conciliar o sono à noite sem antes me imaginar atravessando uma densa floresta no crepúsculo, quando alcançava um castelo cinza que se situava na floresta da maneira mais escondida e ignorada. Lá eu matava, sem que pudessem se defender, dois homens. Um deles, de aproximadamente 17 anos de idade, aparentava sempre estar pálido e assustado, e o outro portava uma armadura em cujo lado esquerdo brilhava algo como se fosse ouro. Violentei, após ter-lhes arrancado os vestidos, duas mulheres, uma de trinta e dois anos, toda de preto, como uma figura de alabastro, e em seguida sua filha, sobre a qual flutuavam véus brancos. Seus gritos e gemidos ressoavam por toda a floresta. Acabava por matá-las também, mas muito lentamente (já anoitecia nesse momento) e geralmente ao largo de um reservatório de água verde e estagnada que ficava em frente ao castelo. Isto sempre com algumas leves alterações a cada vez. Em seguida ateava fogo no castelo e, contente, adormecia (Giacometti, 1990, p. 45).

Eis o ambiente que se apresenta aqui nessas fantasias: esse castelo acinzentado, essa espessa floresta, essa crueldade lenta do torturador e violador, parecem ilustrar algo do que Freud detecta nos sonhos, por exemplo, na *Conferência X* das *Conferências introdutórias sobre psicanálise*, 1915-1917, como o simbolismo da floresta, representando o órgão genital feminino, o castelo, onde rei e rainha indicam as imagens parentais, e ainda a luta com os homens, que nesse sentido

32 Ontem, areias movediças.

interpretativo nos leva fatalmente à rivalidade do menino com o pai (que nos remeteria um pouco à luta de Édipo com Laio e o parricídio na tragédia de Sófocles), e ainda a violação das mulheres – que nos indicará a figura da mãe e, juntamente com a irmã de Giacometti, Ottilia –, e a tortura lenta e cruel dessas mesmas mulheres que deve algo ao universo sadiano ou mesmo aos escritores mais mórbidos da literatura de horror do século XIX. Há também outras referências: os relatos na forma de *rêveries* eróticas muito à moda da escrita surrealista, principalmente de Dalí, ou obras, por exemplo, como os *Massacres,* de Masson, em que ele ilustra mulheres sendo alvo de muitos estupradores, além de todo o universo batailleano a que já nos referimos.

Algumas evidências também ligam o relato da *rêverie* a uma obra, datada de 1933, intitulada *Mãe e filha*. Nesta obra, vemos duas mulheres, nota-se claramente que estão vestidas, em pé e de mãos dadas, uma mais alta do que a outra. Em um escrito intitulado *Je ne puis parler qu'indirectement de mes sculptures*, publicado na revista *Minotaure* (Giacometti, 1990, p.17) naquele mesmo ano, Giacometti faz menção ao vestido negro e longo da mulher de trinta e dois anos e que essa mulher era sua própria mãe e o modo como ela o impressionara na infância. A mulher, essa imagem problemática e enigmática que cerca a Coisa (*das Ding*): "Toda de negro, a mulher tem, no entanto, uma figura como que feita de alabastro. Ela é ambivalente como a realidade que ele quer dominar" (Dufrêne, 2007, p.18).

Enigmática também, e fundamental, é a escultura *Objeto invisível* ou *Mãos segurando o vazio* (*Mains tenant le vide*), de 1934, como última obra de nossa pequena seleção. Descrevê-la é difícil, mas o mais importante, no entanto, é o que não está lá na obra, que os seus títulos já nos dizem: há algo faltando ou invisível. Seria melhor dizer que o objeto é invisível, simplesmente porque não está lá para que possamos vê-lo. As mãos da escultura parecem segurar um objeto, mas nada está lá para se ver: as mãos dessa escultura feminina, o modo como se curvam como que envolvendo algo delicadamente, nos olham. Como observa Bonnefoy, é extremamente ansiogênica, angustiante, ainda mais na sua versão original em gesso. A outra versão (são apenas duas versões, ambas de 1934), em bronze, traria ainda o "calor" e a luminosidade vibrante do metal, enquanto que a de gesso prima pela frieza, pela imobilidade, por um certo horror (Bonnefoy, 1991, p.226). O olhar da figura nada vê, nada expressa, algo que, cá entre nós, assemelhar-se-ia à figura criada por Cazotte – "*Che vuoi?*" – que Lacan utiliza no Seminário X, *A angústia*, para falar da angústia e do desejo do Outro. Então, temos uma mulher representada em pé, membros finos "como os de um inseto", pernas curvam-se sobre uma peça de apoio (como um genuflexório) e, quanto às mãos, muitas polêmicas giram em torno delas, diz-nos Bonnefoy: uns dizem tratar-se do que falta à mulher e que o homem possui – o pênis, já outros vêem uma criança, um bebê, encaixar-se ali perfeitamente.

A fotógrafa, e amiga de Giacometti, Sabine Weiss lembra que para ele, a respeito de *Objeto invisível*, havia um *mot d'esprit* em relação ao outro título da obra: *Mains tenant le vide* (*Mãos segurando o vazio*). Soa também como o gerúndio de "*maintenir*", "*maintenant le vide*" (mantendo o vazio). Para ela, Giacometti fazia isto com suas esculturas: manter o vazio (Weiss *apud* Van Zelle, *Qu'est-ce qu'une Tête?*, 2000).

A esse propósito, Jean Leymarie, poeta e também amigo de Giacometti, e companheiro de idas a museus e exposições, nos revela que as mãos de *Objeto invisível* ou *Mãos segurando o vazio* remetem às mãos de um quadro de Cimabue, conhecido como *Maestá* de Santa Trinita, de 1285-86, representando a Virgem com seu filho Jesus no colo, cercada por anjos, que havia perturbado Giacometti profundamente:

> Este era o seu quadro preferido (...) O que mais impressionou Giacometti no quadro de Cimabue – para além da majestade, da grandiosidade, do cromatismo com o mais alto refinamento de seus degradês –, o que mais o tocou foram as mãos. A densidade das mãos e a verdade das mãos. Se você olhar para o quadro, você poderá observar todo o manejo extraordinário das mãos, as mãos da criança, as mãos dos anjos em torno e as mãos da Virgem.
>
> E em *Objeto invisível* o que é mais importante é o movimento das mãos que procuram agarrar alguma coisa, não uma criança – como se é levado a dizer, fatalmente –, mas o objeto mesmo da arte, a realidade, que é incapturável, inapreensível (Leymarie *apud* Van Zelle, *Qu'est-ce qu'une Tête?*, 2000).

A coisidade das mãos de Cimabue olham para Giacometti, que, diferentemente de *Objeto invisível*, não seguram 'um vazio', literalmente falando. Ou seja: *Objeto invisível* parece querer mostrar como existe um vazio em jogo, vazio que as mãos da escultura parecem indicar com uma espécie de mímica. Mas onde *O objeto invisível* mostra isso de forma, por assim dizer, mais "didática", separando com sua pantomima "o vazio" das "mãos", o mesmo não se passa com o quadro de Cimabue, onde o vazio impregna as mãos, impregna a tinta e a representação, proporcionando-lhes coisidade, diferença absoluta e destaque. Assim, *Objeto invisível* tematiza o invisível, e até mesmo a sublimação ou o objeto *a*, se assim quisermos. Por sua vez, no Cimabue, o impossível de ser visto, mas que faz Giacometti ser olhado por um mundo que se revela secreto, faz com que fiquemos desorientados sem saber afinal 'o que é uma mão', o que significam essas mãos. Mais uma vez propomos: as mãos da Virgem de Cimabue "caminham", ou antes tateiam, nas profundezas do gosto:

> A expressão "profundezas do gosto" é ela própria romântica com o sentimento de que alguma coisa – despercebida, invisível, inaudível, em surdina, como o andar da pomba, ou escavando as profundezas como a toupeira, um processo, começa... "a se processar" (Miller, 2005, p. 108).

Mas é de fato, pelas vias da arte, do invisível e do inapreensível que se trata o tempo todo em Giacometti. O objeto faltoso, o objeto "côisico", que está em questão aqui e é a partir dele que poderemos pensar a problemática dessa profundeza. Lacan nos diz no Seminário X, *A angústia*, referindo-se ao kantismo e o aplanamento da moral universal:

> (...) aquilo que até aqui se afigurou enigmático, sob a forma de um certo imperativo dito categórico, no qual encontramos o caráter de certeza fundamental já delimitado pela filosofia tradicional e articulado por Kant sob a forma da consciência moral. Abordá-lo pelo prisma do *a* nos permitirá situá-lo em seu lugar (Lacan, 1962-63/2005, p. 252).

É, portanto, pela via do objeto *a*, objeto causa de desejo, que "o caráter de certeza fundamental já delimitado pela filosofia tradicional" pode ser melhor apreendido e denunciado. E nesse nível que podemos estabelecer as conexões e trocas possíveis entre o que a psicanálise e a arte podem dizer a respeito do lugar do sujeito. A fala do sujeito e o trabalho que ele empreende em análise encontram na arte sua legitimação ética, na medida em que a arte mostra para a psicanálise o lugar árduo, vacilante e dito infernal em que esse sujeito caminha para fazer face ao real:

> Não esqueçamos que Freud, quando começou a remoer esse mundo, articulou este verso, que parecia cheio de inquietantes apreensões quando o pronunciou, e cuja ameaça é muito notável que tenha sido, depois de sessenta anos de experiências, completamente esquecida – *Flectere si nequeo superos Acheronta movebo.* É notável que o que se anunciava como uma abertura infernal tenha

sido, na sequência, também notavelmente assepticizado (Lacan, 1964/1990, p. 34).

Ernest Jones diz algo muito interessante e simples, em uma entrevista à BBC, a respeito dos primeiros anos da psicanálise e sobre suas motivações ao entrar para o movimento psicanalítico:

> O que mais me impressionou nisso, é que ele [Freud] parecia escutar seus pacientes. Nunca antes tinha ouvido falar de alguém que escutasse seus pacientes! Geralmente os médicos os examinam, mas não escutam o que eles têm a dizer. E havia esse homem que os escutava pacientemente! (Jones *apud* Roudinesco, 2001, *L'invention de la psychanalyse*).

Ai está algo que podemos chamar "a via [*la voie*] de Freud", que é a fala, no momento em que ela é "praticável" e coloca a falta de que se trata em jogo. Uma abertura infernal. E é pela fala de seus pacientes que Freud vai revolver as profundezas. Profundezas onde se assenta uma singularidade paradoxalmente impossível e inextinguível pela via do desejo. Isto é importante ser dito, pois em Lacan, o que se desdobra, na verdade, é uma passagem de 'desejo de algo' para 'desejo como causado pela falta".

> Esse *Wunsch* [desejo em alemão], nós o encontramos, em seu caráter particular irredutível, como uma modificação que não supõe outra normatividade senão a de uma experiência de prazer ou de penar, mas uma experiência derradeira de onde ele jorra, e a partir da qual ele se conserva na profundeza do sujeito sob uma forma irredutível. O *Wunsch* não tem o caráter de uma lei universal, mas, pelo contrário, da lei mais particular – mesmo que seja universal que essa particularidade se encontre em cada um dos seres humanos. Nós o encontramos sob uma forma que qualificamos de fase regressiva, infantil, irrealista, com o caráter de um pensamento entregue ao desejo, de um desejo tomado pela realidade (Lacan, 1959-60/1991, p. 35).

À lei universal se opõe a lei do desejo (que Lacan chama de "Lei mais que particular"), pois esta última tem como limite o impossível, o inassimilável – o real. A lei universal, ou moral, pelo contrário, funciona pela proibição: *a* simplesmente não é levado em conta. Em Kant, o imperativo categórico foraclui o particular, o patológico, portanto, o *a* do desejo. Lembremos: "Aja de tal maneira que a Máxima da tua vontade possa valer ao mesmo tempo como princípio de uma legislação universal" (Lacan, 1965/1998). Através de Sade, no entanto, Lacan mostra o imperativo de gozo que está no avesso do imperativo categórico da moral de Kant, como diz a construção de Lacan a partir da leitura de Sade: "Tenho o direito de gozar de teu corpo, pode dizer-me qualquer um, e exercerei esse direito, sem que nenhum limite me detenha no capricho das extorções que me dê gosto de nele saciar" (*Ibidem*, p. 780). Lacan dirá que em Sade isso é, pelo menos, mais verdadeiro do que em Kant, pois, ainda que se caracterize como imperativo, os papeis estão dados na cena fantasística e se estruturam na lógica perversa (*Verleugnung*) a partir de *a*. Em Kant, a moral já é dada como 'vinda do céu' (no *a priori* do nível transcendental), ela independe dos emaranhados e reviravoltas do mundo, dos desejos e da falta. Disso deriva todo o sentido de uma lei moral que abafa a "profundeza do sujeito". Lidamos com a questão puramente ética que está na descoberta freudiana – ao escutar a fala de seus pacientes –, em direção a esse *a* que Lacan vai revelar como centro da prática analítica.

Assim sendo, para nós, que estamos interessados na arte de Giacometti e nos preocupamos com essas profundezas do sujeito, enfim, no que há de mais particular, - é importante tirarmos essa agulha do palheiro e resgatá-lo, seja do discurso universal da moral ou de qualquer outra ideologia. Isto faz com que possamos voltar nosso olhar na direção das vicissitudes desse *a* no enquadre de sua aventura. A expressão "profundezas do gosto" diz respeito justamente a esse *a*, esse resto inapreensível que "caminha", escapa, e é por isso, segundo Miller, que se trata, nessa expressão, de um modo de se falar do fantasma, ou fantasia fundamental. A montagem da fantasia fundamental em Lacan, S barrado punção de a ($ <> *a*), é o suporte do desejo, os meios pelos quais o sujeito tem para lidar com o real desse *a* que escapa, seja pelo simbólico, seja pelo imaginário. São muitas as vestimentas para encobrir a falta. No fundo, cintila uma falta enquanto ex-sistente à cadeia significante, ou, no caso, como resto da operação que asfaltou a estrada do discurso do progresso que passou por cima de tudo. "Ali onde vocês acreditam no progresso, onde esperam o progresso, Freud diz: há repetição. Do mesmo modo, à crença progressista, Lacan fez a objeção do real" (Miller, 2005, p. 115).

Lembremos da objeção que Giacometti faz em relação à fala de Breton. "Eu não". Essa ob-jeção é o ob-jeto[33]. Objeto *a,* que é algo do real que vem fissurar o discurso fechado de Breton naquele momento ou fazer obstáculo a totalizações universalizantes. Isso é flagrante na resposta de Giacometti a Breton,

33 "O objeto que chamei de pequeno *a* é, com efeito, apenas um único e mesmo objeto. Eu lhe atribuí o nome de objeto em razão do seguinte: o objeto é ob, obstáculo à expansão do imaginário concêntrico, isto é, englobante"(Lacan, 2007 [1975-1976] p. 83).

pois este, como "todos", "sabe" o que é uma cabeça. Para Giacometti, no entanto, instaura-se aí nesse fundo algo que vacila, que torna opaco, e que se processa e ninguém vê, mas que nos olha e o artista faz algo com isso.

Como vimos anteriormente, nada é "comum" para Giacometti, um copo, uma caixa de fósforos, uma árvore. O mundo, dizia ele, é cada dia mais vasto, mais belo. Ao lhe perguntarem a respeito das tendências da pintura de sua época, sua resposta soa até um pouco brusca: somente a vida me interessa, tudo me espanta, me ultrapassa, mesmo o pé de uma cadeira. E tudo isso, segue ele, é simplesmente impossível de ser representado, capturado pelo pincel ou pelo desenho. Assim vale sempre reiterar: não estamos falando de nenhuma aparição divina ou de alguma propriedade mágica, de algo muito complicado ou de algo muito raro e difícil de se encontrar, um alienígena ou mesmo de uma experiência em outro planeta, ou esotérica, ou em outras galáxias, ou ainda do tão decantado dom divino dos poetas e artistas. Não, absolutamente. O que Giacometti insiste, e que Jean Genet compreendeu muito bem, diz respeito a algo que o leitor, que agora percorre com os olhos estas linhas, pode encontrar facilmente em qualquer lugar de sua casa, no papel mesmo deste livro, na mesa de seu trabalho ou ao lado do fogão da cozinha. Na quietude do quarto de dormir, para onde se dirige na hora de deitar, tudo parece estar tranquilo e sossegado para que possa conciliar o sono. Mas não está. No fundo, não está. Na profundeza, algo se move sub-repticiamente tal qual a toupeira debaixo da terra, pois algo se processa continuamente. Lá no sonho, como Freud pôde explorar, essa profundeza apresenta o desejo no qual a dimensão objetal, com a qual o sujeito é obrigado a se defrontar, lhe coloca questões. Mas esse objeto, que causa o desejo, sendo basicamente faltoso, é também, como dirá Lacan no Seminário X *A angústia*, o objeto da angústia. É com isso que nos deparamos na análise. A análise, interroga Lacan:

> (...) não deve ela, em seu termo, confrontar aquele que a ela se submeteu à realidade da condição humana? É propriamente isso o que Freud, falando de angústia, designou como o fundo onde se produz seu sinal, ou seja, a *Hilflosigkeit*, a desolação, onde o homem, nessa relação consigo mesmo que é a sua própria morte – mas no sentido que lhes ensinei a descobrar esse ano – não deve esperar a ajuda de ninguém (Lacan, 1959-60/1991, p. 364).

Onde Lacan diz "não deve esperar ajuda de ninguém", entendemos que nenhum Bem poderá tamponar ou servir de modelo "externo" para o "caminho certo", nenhuma mão "amiga" e piedosa poderá fazer com que o sujeito deixe de enfrentar o 'destino', onde em seu fundo jaz um certo modo de gozar, que se repete e que lhe escapa. A psicanálise, portanto, deseja que o sujeito deseje, como meio de lidar com a condição cuja raiz é o desamparo, sempre vizinho e eminente. Para isso é preciso que fale, pois assim ele produz significações e diferenças sempre renovadas. Não é, portanto, pelo seu aplanamento, ou de outro modo dizendo, pela "simbolização total", que as coisas ficarão dóceis ao comando do eu e o mundo poderá enfim "restabelecer" a paz de seu sono.

> É a pressão do Real, em termos históricos, culturais ou subjetivos, que se tenta eliminar nesse projeto de simbolização total, que apagaria todas as falhas. A diferença seria eliminada ou relegada a um estágio atrasado de desenvolvimento moral. Nada mais distante da ética antropológica e da ética da psicanálise que se constitui por referência ao Real, como uma ética do desejo e da diferença. Para Lacan, o que circula entre os sujeitos, na comunicação simbólica, é uma *ausência*, que constitui a própria condição de significação, efetivada só-depois, por um efeito de "basteamento" significante, sempre contingencial"(Rinaldi, 1996, p. 134; grifos do autor).

A ética do desejo, como Rinaldi assinala, na sua relação com a diferença, pode ser pensada também na interlocução entre arte e psicanálise. A arte como uma práxis da diferença, ou mesmo um exercício do homem com sua falta, com a ausência que lhe é fundamental e na qual se funda o sujeito.

Façamos, então, o exercício: pensemos, antes, profundeza como um afundamento, uma depressão, na superfície de um material, algo como um buraco, suficientemente fundo para tornar-se "olho". Vejamos que essa é, do ponto de vista do artista, a estrutura mínima de um olhar. O artista deve fazê-lo com um instrumento pontiagudo como um estilete. Antonio Quinet mostra-nos a etimologia:

> O termo estilo se origina do grego *stylus*: um instrumento pontudo de metal, punção que serve para furar ou gravar. Esse aspecto presente em sua etimologia nos indica sua característica de marca, corte, furo, e nos servirá para situar o estilo do analista (Quinet, *In*: *O estilo, o analista e a escola*, p. 1).

Não nos deteremos na questão do estilo, e tampouco o estilo do analista, mas apenas sinalizaremos que estilo em psicanálise envolve a questão da singularidade do sujeito pensada pela via do objeto *a*. Um artista sabe do que um furo é capaz. Ele pode mover um mundo. Lembremos da função do vaso aí constituindo o fundamento de alguma coisa, mais precisamente da Coisa que Lacan traz de Heidegger. Vemos, portanto, a paradoxal presença/ausência de uma coisidade, seja como cavo, seja como relevo, princípio artístico por excelência da mínima diferença pura a partir do traço do vaso que inaugura o vazio. Essa diferença pode ser um toque aqui outro ali do estilete, do cinzel ou mesmo da mão. Na pintura temos os movimentos do pincel nos quais Lacan se deteve no *Seminário XI Os quatro conceitos fundamentais da psicanálise*, referindo-se a Merleau-Ponty, "esses azulzinhos, esses marronzinhos, esses branquinhos" (Lacan, 1964/1990, p. 107) de Cézanne:

> Ao ritmo em que chove do pincel do pintor esses pequenos toques que chegarão ao milagre do quadro, não se trata de escolha, mas de outra coisa. Essa outra coisa, será que não poderemos tentar formulá-la? (...) Será que se um pássaro pintasse, não seria deixando cair suas penas, uma serpente suas escamas, uma árvore se desfolhar e fazer chover suas folhas? Ato soberano sem dúvida pois que passa a algo que se materializa e que, por essa soberania, tornará caduco, excluído, inoperante, tudo que, vindo de outro lugar, se apresenta diante desse produto (*Ibidem*, p. 111).

Aí nesses pequenos toques depreende-se uma dinâmica do 'gosto' de cada artista, não da deliberação pura e simples, mas antes de uma outra coisa, pois adentramos aí o impossível dos meandros onde a arte opera na coisidade que a constitui. Lembremos, portanto, a máquina da qual Miller nos fornecia a imagem ao falar de Kant, que não nos pode oferecer uma medida comum.

Em 1927, Giacometti começa a produzir, antes de integrar o movimento surrealista, suas esculturas planas ou as assim chamadas "placas", resultantes das lições cubistas – das esculturas cubistas que produziu anteriormente e que não teremos oportunidade de abordar aqui –, e que se caracterizam por um cubismo "*elementarisé*[34]" (Dufrêne, 2007, p. 50) e, como temos visto, também impregnado das suas questões singulares. Giacometti explica, em entrevista a Georges Charbonnier, as origens dessas placas:

> Para chegar à placa, comecei por querer realizar de memória o mais completamente possível tudo o que eu havia visto. Comecei então por fazer uma figura analisada [*analysée*], com pernas, cabeça, braços, e tudo isso me pareceu falso, eu não conseguia acreditar..Para

34 Cubismo tornado elementar, reduzido a seus elementos mais básicos.

ser mais preciso, fui obrigado pouco a pouco a sacrificar, a reduzir... deixar cair a cabeça, os braços e tudo o mais! Da figura, não me restou nada senão uma placa. E isto não me era nem voluntário e nem prazeroso, muito pelo contrário. Foi decepcionante ver que aquilo que eu realmente dominava como forma acabou por se reduzir a quase nada! (...) (Giacometti, 1990, p. 241-249).

A escultura mais representativa dessa série de placas é *Cabeça que olha* ("*Tête qui regarde*"). A radicalidade desta obra é, como dizíamos, a franca simplicidade de uma placa, como um plano fino e quadrado, lembrando uma tela plana, de gesso, mármore e às vezes de bronze, onde inserem-se dois buracos, duas cavidades, ou dois afundamentos ou funduras. Poderíamos introduzir aqui o *a*-fundamento, denominação que nos parece bastante pertinente, se pensarmos, por exemplo, nas pálpebras do Buda que tanto impressionaram Lacan no templo budista. Naquele momento ele falava dessas enigmáticas fendas ou rasgos que, podemos dizê-lo, se *a*-fundam para dentro de si mesmas como o lugar "em que deve aparecer pela primeira vez, se não o *a*, pelo menos seu lugar – em suma, a mola radical que faz passar do nível da castração para a miragem do objeto do desejo" (Lacan, 1962-63/2005, p. 250-1). Um *a*-fundamento é uma *a*-fundação, onde se funda esse lugar de *a*.

Vemos que, a partir de nosso exercício, onde cavamos uma marca "olho" em uma superfície, em Giacometti essa marca, por exemplo, inaugura uma paisagem, como em *Paisagem – cabeça deitada*, de 1932, ou *Projeto para uma praça* (p.223), de 1931, objetos que apresentam, de forma ligeiramente diferente entre si, as proeminências de um rosto deitado: olhos são relevos, a boca é um buraco, o queixo é uma montanha sugerida, um nariz lembra um poste ou um monumento de praça (quando não sugere o nariz de um palhaço). Essas obras mostram a questão "o que é uma cabeça" esboçada como num germe de arquitetura ou espalhada e tomando a paisagem, enfim, o mundo, a partir de uma fundura/relevo e seus desdobramentos no campo escópico.

Aqui nos aproximamos da frase de Giacometti, que a essa altura já passou à condição de nosso 'estribilho', e que entendemos como sua definição de arte: a arte é uma "forma de ver". A torção que daí surge é, portanto, de "uma forma de ver" para "uma forma que me olha". Olhar que *a*-funda no gesso ou nos rasgos que constituem os olhos do Buda. As profundezas se *a*-fundam, se emburacam, ex-sistem sempre faltantes à cadeia significante, embora sejam motor de falas. Mas esse olhar, no entanto, chega a ameaçar de despedaçamento a figura completa e "analisada" que o artista intencionava fazer. O que resta é essa placa com seus buracos.

Desta forma, até por volta de 1940, Giacometti tematizava esse *a*-fundamento em seus objetos, como vimos em *Bola suspensa*, *Objeto invisível*, entre outros. Mas paralelamente reiteremos que já existia a questão de não poder representar o que via – isso, podemos dizê-lo seguramente, desde o episódio das pêras, e por isso se refugiava nos objetos temáticos. Mas é o que supomos aqui: não podia representar o que via, pois não tinha nada para ver efetivamente, pois no fundo, o que se tem é um buraco com a articulação fantasmática que se sobrepõe a ele. Essa fundura é a falta lembrando-nos de que o objeto é construído no lugar onde esse vazio se coloca. Esse objeto, sua irrupção na realidade como horror, ou como quebra de parâmetros, faz também brilhar os objetos que se deseja, ele nos faz desaprender a ver – nos 'ensina' não somente a desejar, mas como se dá quando nos introduzimos no universo deste artista, nos 'ensina' também a olhar, para além do ver. Daí o fazer artístico como exercício ético de furar as ordens estabelecidas e os valores morais. Em relação a Giacometti, os caminhos que esse *a* levou o artista a percorrer, se podemos dizê-lo assim, são de uma riqueza jamais vista.

Havíamos falado das pêras, por exemplo, e do mal-estar que marca o caminho onde se processa "uma forma de ver", ou seja, que o olhar, embora irrepresentável, pois que é fundamentalmente falta no campo da visão, desdobra-se em muitas vicissitudes na obra do artista.

Gostaríamos, portanto, de nos remeter mais uma vez à questão que é a oposição entre as práticas artísticas da época e a vida "lá fora". Essa oposição pode ser entendida entre o academicismo do ensino e da arte de seu tempo, modos já dados de ver e representar, e uma outra coisa que se exclui disso, que constitui o estranhamento de que vimos falando. Isto se dará tanto nas academias onde Giacometti estuda a pintura e a escultura, e participa das práticas coletivas com modelos posando, quanto dentro do próprio movimento surrealista.

Inicialmente, na Academia, nos exercícios em que os alunos montavam seus cavaletes em torno do modelo, para Giacometti, o modelo retratado por ele e seus colegas era muito mais interessante, maravilhante e insondável do que a prática e os resultados em si, que, na maioria das vezes, reproduzia clichês ao invés de produzir algo de novo. E quanto ao trabalho com objetos da fase surrealista, diz ele em carta ao *marchand* Pierre Matisse:

> (...) me distanciava pouco a pouco da realidade exterior, eu tinha tendência a me apaixonar apenas pela construção dos próprios

> objetos. Havia nesses objetos um lado de extremo preciosismo, demasiado clássico; mas eu estava perturbado pela realidade que me parecia outra. E tudo parecia um pouco grotesco, sem valor, descartável. (...) Objetos sem base e sem valor, para se jogar fora (Giacometti, 1990, p. 41).

Assim sendo, aquilo que ele chama de "a realidade exterior" identificamos como se referindo tanto à vida desconhecida e estranha das ruas, quanto o assombramento frente aos modelos, que eram – ambas formam uma mesma coisa –, o que de fato motivavam a sua eterna *recherche*.

Em 1922, na academia de Bourdelle[35], *La Grande Chaumière*, - primeira instituição de ensino que Giacometti, recém chegado da Suíça, frequenta em Paris -, ele relata que o trabalho lhe parecia "falso, sem base, e que me fez perder horas de vida" (*Idem*). Havia "um contraste desagradável" entre a vida e o trabalho. Isto é bem marcado pelo academicismo severo do ensino de Bourdelle no dia a dia da academia, testemunhado pelo pintor Daniel Marquis-Sebie em obra sobre o grande mestre suíço. Uma fala de Bourdelle aos seus alunos durante uma sessão de modelagem mostra um pouco dos ensinamentos do mestre:

> Ah! Voltamos a uma noção mais salutar da escultura: a compreensão. Encontram-se aí muitas belas qualidades, temos o edifício bem concebido da ossatura. Eu apostaria que se trata de obra de um Suíço." (Bourdelle *apud* Dufrêne, 2007, p. 35).

Ao se aproximar, no entanto, do trabalho de modelagem de Giacometti, o mestre "(...) pousa, por cima do seu *lorgnon*, um olhar interrogador sobre as pessoas que o cercam. 'O senhor é suíço, não é?'" (*Idem*). E, dentre as muitas correções, Bourdelle aconselha a Giacometti:

> É conveniente costurar o conjunto com leveza, religar tudo harmoniosamente, com sutileza (...) há por demais saliências na superfície, coisas excessivamente bruscas. Há passagens demasiadamente socadas que se assemelham a um saco de batatas que é sacudido (*Idem*)

Alguns anos antes, em 1919, no atelier de Estoppey na Escola de Belas Artes de Genebra, relata o pintor Pierre Courthion, colega do artista nessa época:

> Seguindo a rotina, nós devíamos realizar, a academia inteira: cabeça, braços e pernas. Quanto a Giacometti, ele era contra. Pretendia – e

35 Exemplo da produção de Giacometti na Academia de Bourdelle na imagem da página 231.

como tinha razão! – fazer apenas o que lhe interessava. Na folha de papel Ingres – e para a grande irritação do professor – ele teimava em desenhar, gigantesco, um dos pés do modelo (Courthion *apud* Dufrêne, 2007, p. 25).

É como Giacometti comentará, na mesma carta a Pierre Matisse que evocamos há pouco, a propósito de sua postura em relação a essas situações nas instituições de ensino: "Não se tratava mais de apresentar uma figura exteriormente semelhante, mas de viver e realizar apenas aquilo que tinha me afetado ou que eu desejava" (Giacometti, 1990, p. 41). O que será que Giacometti desejava? Como ele, não temos a resposta, mas temos sua busca que nos conduz.

Após essa curta passagem pela Escola de Belas Artes de Genebra, Giacometti viaja com seu pai à Itália onde vive um ano, inclusive na casa de parentes. Lá frequenta museus, visita igrejas e ruínas. Em seu habitual caderno de desenho apinhavam-se as cópias dos mestres e da arquitetura em geral.

O que nos interessa aqui é um episódio importante nessa viagem, relatado por ele no texto *Maio 1920*, de 1952. Veneza foi a primeira cidade em que ficaram, e o jovem Alberto passa a maior parte dos dias vendo os quadros de Tintoretto, percorrendo a cidade de ponta a ponta, farejando os museus e qualquer canto de igreja onde pudesse haver algo do artista.

> (...) é verdade que durante a viagem à Veneza eu não amei, não me apaixonei por outra coisa senão Tintoretto. Tintoretto era pra mim uma descoberta maravilhosa, era uma cortina que se abria para um novo mundo, e que era o reflexo mesmo do mundo real que me rodeava (*Ibidem*, 1990, p. 71).

Mas Tintoretto é, em seguida, 'destronado' por Giotto no momento mesmo em que se mudam para Pádua, onde estão suas maiores obras-primas, como na Capela da Arena. Ao entrar na Capela:

> (...) recebo um violento golpe no peito frente ao Giotto. Fiquei desorientado e perdido, senti então imediatamente uma imensa dor e uma grande ferida. O golpe atingira Tintoretto do mesmo modo. Fui esmagado por essas figuras inalteráveis, densas como o basalto, com seus gestos precisos e justos, carregados de expressão e frequentemente de infinita ternura, como a mão de Maria tocando o rosto do Cristo morto. Parecia-me que jamais nenhuma mão faria outro gesto dentro de uma circunstância análoga. (...) [assim] Os Tintoretto tornaram-se vagos e flutuantes, seus personagens

faziam grandiosos gestos vazios e supérfluos, tudo aquilo me dava a impressão de um vão desejo de tudo dominar" (*Ibidem*, p. 72).

Mas, em seguida, algo começa a se dar nesse embate Giotto e Tintoretto dentro de Giacometti. Começava a lhe revoltar a ideia de largar (*lâcher*) Tintoretto, de abandoná-lo, sentia-se culpado e já via sua própria atitude como a de um traidor. "Tive o sentimento de perder algo de insubstituível, como um brilho ou um sopro infinitamente mais precioso que todas as qualidades de Giotto, mesmo ele sendo, e disso eu estava persuadido, o mais forte" (*Idem*).

O leitor que acompanha os acontecimentos não pode ter ideia do que está por vir: as cenas do conflito entre Giotto e Tintoretto, esse 'teatro giacomettiano', por assim dizer, sofre uma violenta e surpreendente reviravolta. E uma reviravolta que se dá fora de cena. Como relata ele próprio o episódio em Pádua:

> Na mesma noite, todas aquelas sensações contraditórias foram sacudidas pela visão de duas ou três moças que seguiam diante de mim. Elas me pareceram imensas, superando qualquer noção de medida e todo o seu ser e os seus movimentos estavam carregados de uma violência assustadora. Eu as olhava alucinado, invadido por uma sensação de terror. Era uma espécie de dilaceramento na realidade. Todo o sentido e a relação das coisas estavam modificados. Os Tintoreto e os Giotto tornavam-se ao mesmo tempo pequeninos, fracos, moles e sem consistência, numa espécie de balbucio ingênuo [*naïf*], tímido e desajeitado. No entanto, aquilo que mais me importava no Tintoreto era como um pálido reflexo dessa aparição e eu compreendi porque eu não queria de maneira alguma perdê-lo (*Idem*).

Temos aqui uma dobra essencial do enigma giacomettiano nesse segmento de cenas: a paixão por Tintoretto, que dá, na sequência, lugar ao "esmagamento" de Giotto. E, repentinamente, diante da visão de "duas ou três" meninas andando na rua – que ele indica como dilaceramento ou rasgo na realidade –, todo o resto, em relação a Giotto e Tintoretto, se torna pálido e pequeno, ingênuo (*naïf*) e inconsistente. E, passada a reviravolta, sua conclusão no texto nos desconcerta: aquilo que tanto o aproximara de Tintoretto, diz ele, soava-lhe agora como um pálido reflexo daquela aparição das meninas, e é justamente isto, esse "pálido reflexo", que o faz compreender o porque de não querer perdê-lo, mesmo frente à superioridade de Giotto. É importante ressaltar: havia um sopro e um brilho que eram superiores a toda e qualquer qualidade de Giotto. Não fosse a data de 1952 sobre um evento de 1922, diríamos que se tratava de uma *revêrie* de inspiração e intenção surrealistas. Mas não, sentimos que algo se movimenta aí nessas profundezas, nessas diferenciações, e que nos desconcerta pela singularidade visceral, encarnada, e, a partir disso, temos o sentimento de que estamos longe de uma compreensão do que se passa nesse episódio.

Há, no entanto, pistas, mesmo porque não é de compreensão que se trata. Inicialmente, retomemos a questão que temos insistindo: o olhar de Giacometti está ocupado com outra coisa que não a arte, institucionalmente falando, ele quer saber do modelo, das pêras, do copo, dos passantes... Isso vemos a todo o momento, seja nos ateliês de seu mestres, nos museus, na história de sua relação com o Surrealismo de Breton. Giacometti é um homem "das ruas[36]", um homem dentre outros, um homem "comum" – "gente comum" -, como também, aliás, Jean Genet nos mostrou muito bem. É até importante enfatizar o modo como os surrealistas viam "as ruas" e o cotidiano, onde o sonho, reprimido no inconsciente dito "freudiano", se libertava com sua força e se reintegrava à realidade, como bem diferente do que Giacometti diz "ver". As "ruas" de Giacometti, pelo contrário, perpassam os abismos do real, ele mostra, tal qual a psicanálise com sua ética, o que o sonho procura 'ocultar' pela via do desejo, mostra como o real desconstrói o sonho e a realidade. Por isso temos, a título de ilustração, um exemplo das práticas surrealistas de automatismo ou de *objet trouvé* que mostra muito bem a diferença entre as duas maneiras de conceber "as ruas", embora pareçam a princípio semelhantes. Krauss nos conta de uma dessas investidas relatadas por Breton em *L'Amour Fou:*

> (...) Breton e Giacometti estão perambulando por um mercado de pulgas onde cada um compra um objeto sem saber por quê, percebendo somente mais tarde que o objeto, encontrado por acaso, era a resposta a uma pergunta que estivera inconsciente. A pergunta de Breton, formulada pela expressão "cinzeiro Cinderela", produzida de forma automática (...) correspondera à formulação inconsciente de seu próprio desejo de amor; e a colher com sapatinho que encontrou no mercado tornou-se para ele o signo duplo mediante o qual podia identificar esse desejo e acreditar que conseguiria satisfazê-lo. O objeto de Giacometti serviu para finalizar uma escultura[37] (Krauss, 2001, p. 134).

36 *Un homme parmi les hommes*, título, como vimos, do documentário de Jean-Marie Drot sobre Giacometti, de 1964.

37 "Trata-se de uma estranha máscara de ferro que teria servido de inspiração na composição da cabeça de *Objeto invisível* (Mahon, 2005 p. 123)".

Retomando, portanto, a aventura giacomettiana pelas ruas de Pádua: qual seria, portanto, segundo Giacometti, a relação de tudo o que ele via, como o que se passa no episódio das "duas ou três" meninas, com as obras de arte em si, tal qual as vemos nos museus, nas igrejas e nas galerias? Não há uma resposta, mas outra pista, que já se encontra no texto que estamos analisando, *Maio 1920*, mas que é preciso repetir para enfatizar: "Tintoretto era pra mim uma descoberta maravilhosa, era uma cortina aberta sobre um novo mundo, e que era o reflexo mesmo do mundo real que me rodeava" (Giacometti, 1990, p. 72). Mais adiante, no texto, ele prossegue na questão, digamos, desse brilho ou clarão [*luer*] a mais e sua relação com o "rasgo" da experiência em Pádua:

> Esse mesmo brilho, eu o encontrei muito mais forte naquele mesmo outono, primeiro em Florença, num busto egípcio (...) e nos Cimabue de Assis que me encheram de uma imensa alegria e, algum tempo depois, nos mosaicos de Cosme e Damião em Roma. Todas essas obras me apareciam um pouco como sendo os duplos recriados das três meninas de Pádua (*Idem*).

Notável é o *pathos* que circula por todas essas cenas, por todas essas obras e por esses lugares por onde esse olhar vem, não somente trazer a ameaça, mas também o brilho secreto que aí se evidencia. Tanto a arte quanto a vida, numa "vizinhança" de banda moebiana, parecem respelhar essa luz que é morte, "rasgo" violento da realidade, mas que também reencanta o mundo.

No Seminário XI, *Os quatro conceitos fundamentais da psicanálise*, Lacan nos fala do olhar através do brilho de uma lata de sardinhas. Trata-se de uma história de pescadores, verídica, onde o autor, na época um jovem intelectual de seus vinte anos, se vê às voltas com uma família de pescadores em um barquinho pesqueiro:

> Um dia, então, em que esperávamos o momento de puxar as redes, o chamado Joãozinho, vamos chamá-lo assim (...), me mostra alguma coisa que boiava na superfície das ondas. Era uma latinha, e mesmo precisamente, uma lata de sardinhas. Ela boiava ali ao sol, testemunha da indústria de conserva, que estávamos, aliás, encarregados de alimentar. Ela respelhava ao sol. E Joãozinho me diz – *Tá vendo aquela lata? Tá vendo? Pois ela não tá te vendo não!* (Lacan, 1964/1990, p. 94; grifos do autor).

Interessante e até humorístico é o constrangimento de Lacan na situação relatada:

> [O Joãozinho] achava muito engraçado esse episódio; eu achava menos. Procurei saber por que eu o achava menos engraçado. É muito instrutivo.
>
> Primeiro, se tem sentido Joãozinho me dizer que a lata não me via, é porque, num certo sentido, de fato mesmo, ela me olhava. Ela me olha, quer dizer, ela tem algo a ver comigo [*elle me regard*, em francês], no nível do ponto luminoso onde está tudo que me olha, e aqui não se trata de nenhuma metáfora (*Idem*).

O constrangimento aparece, à primeira vista, pelos muitos contrastes entre aquele jovem e a humilde família de pescadores:

> Eu, naquele momento – tal como eu me pintava, com aqueles caras ali que ganhavam penosamente sua existência, na refrega com o que era para eles a rude natureza – eu, eu fazia quadro de uma maneira bastante inenarrável. Para dizer tudo, por mínimo que fosse, eu era mancha no quadro (*Idem*).

Vimos a mancha quando falamos sobre o sinal. O sinal no corpo de minha amada me olha, diz Lacan, no Seminário X, *A angústia*. Na placa de Giacometti, dois buracos olham ironicamente seu autor, como resto de toda a *Gestalt* imaginariamente pretendida. E aqui é importante trazer a diferença entre ver e olhar. Em Lacan, é o sujeito que é "*trouvé*" por uma lata de sardinhas.

No Seminário XI, *Os quatro conceitos fundamentais da psicanálise*, Lacan constrói um esquema que sobrepõe dois triângulos invertidos, no qual ele contrapõe o ponto geometral, enquanto 'visão' (sujeito da representação), ao ponto luminoso, chamado 'o olhar':

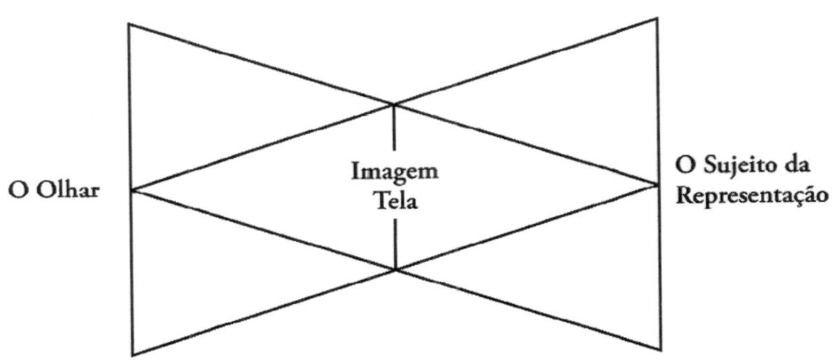

O primeiro descreve a "mecânica da visão" do ponto de vista geometral (no esquema à direita, onde está colocado o sujeito da representação), ou seja, da linha. Lacan mostra, com Diderot, fazendo alusão a uma carta, em que este autor "demonstra como, de tudo que a visão nos entrega do espaço, o cego é capaz de dar conta, de reconstruir, de imaginar, de falar" (*Ibidem*, p. 91). O que se trata no ponto geometral é o centramento do sujeito em relação à perspectiva, que dominou a técnica da pintura entre os séculos XV e XVII – ilusão que a anamorfose vem denunciar através do furo, como vimos com o crânio flutuante em *Os Embaixadores* de Holbein e a análise que fizemos das esculturas de Giacometti no capítulo II. A ótica da linha, ou "ótica para cegos", é, segundo Lacan, literalmente o que se pode fazer se tivermos paciência e linhas ou fios para demarcar um espaço e definir e enquadrar os objetos que estão em exposição, para que o cego se localize no espaço já nomeado e organizado de antemão. Assim, a visão é algo da ordem do já "visto", do dado como "visto".

Em contraposição à linha, ou seja, à objetivação do mundo pelo sujeito nas elaborações da perspectiva pictórica renascentista – que é já algo do sujeito da ciência que aí se adianta em relação ao passo de Descartes –, temos a luz, o ponto de luz (no esquema à esquerda, onde está colocado o olhar). É justamente no esquema geometral, "na ótica para cegos" – onde se dá a visão –, onde a luz é dispensável.

Antonio Quinet (2002), em seu *Um olhar a mais*, nos fala da instauração do ver, da visão, enquanto visão instrumentalizada em Descartes. Ele disseca os mecanismos da visão em sua *Dióptrica* e "mostra os enganos e os erros da visão a fim de poder corrigi-los e alcançar a visão completa". "O pensamento adquire uma vista: ele pode ver" (*Ibidem*, p. 28). O campo do gozo, enquanto campo escópico, é foracluído pelo discurso da ciência, que agora, soberano, tudo pode "ver". Quinet dirá que, no *cogito* da visão, o *eu penso* precede o *eu vejo,* que por sua vez precede até mesmo o *eu existo.* "Há uma anterioridade", diz ele, "do pensar em relação ao ver, o que acarreta uma extinção do mais-de-olhar" (*Ibidem*, p. 29). Ao invés de "extinção", preferimos dizer, como Lacan diz em *Kant com Sade,* que se opera um aplanamento no campo escópico que tem que caminhar cem anos nas profundezas do gosto para que a via de Freud seja viável. "A razão é cega, mas tudo vê" como podemos constatar pelo ponto geometral que agarra a realidade pelas rédeas de seus fios, a partir de um sujeito coincidente consigo mesmo, e insufla sobre ela uma outra luz, uma luz "pálida" que elimina qualquer sombra, a luz da razão. Mas é Freud que deverá recuperar o gozo do objeto enquanto perdido, mostrar as zonas de sombra onde o eu, como dirá ele a respeito do descentramento operado pela psicanálise, não é senhor em sua própria casa. Em oposição à visão que aplana e faz a realidade parecer translúcida e inequívoca, a psicanálise vem escutar o sujeito e falar da falta fundamental, diríamos até do rasgo, sobre a qual a realidade é fundada, como encobrimento do real, articulando-se a ele.

> A realidade do mundo que nos rodeia é dada pelo imaginário, que, por sua vez, é determinado pelo simbólico, o que confere o caráter de equívoco à realidade, pois ela é estruturada com a equivocidade própria ao significante (...) o campo da realidade é determinado pelo simbólico e sustentado com a extração do objeto *a*, que no campo visual é o olhar. Esse olhar, elidido da realidade visual do sujeito, faz aparição na psicose, na qual a realidade, longe de sustentar com sua extração, o contém – é por isso que aí o sujeito tem a impressão de estar fora da realidade (*Ibidem*, p.132).

Qual é a realidade do mundo, afinal? Uma resposta para isto pode estar na realidade de que o objeto faltoso, 'extraído' ou 'não extraído' na castração, *das Ding* continua aí intacto, trabalhando ininterruptamente. A realidade deve se apresentar como algo vacilante. A pulsão de morte, enquanto *konstante Kraft* do nada em seu empuxo faz com que os sujeitos e suas circunstâncias produzam um mundo de desencontros, de desajustes, um mundo furado e irregular, eivado de arremedos e sujo, o "i-mundo". Esse mundo não é nada esférico, sendo furado, do ponto de vista do campo escópico, é por esses furos, por entre essas brechas e frestas e superfícies irregulares que o nada vaza como luz:

> O essencial da relação da aparência do ser, de que o filósofo, conquistando o campo da visão, se torna tão facilmente senhor, está em outro lugar. Não está na linha reta, está no ponto luminoso – ponto de irradiação, jorro, fogo, fonte borboteante de reflexos. A luz se propaga sem dúvida em linha reta, mas ela refrata, se difunde, inunda, preenche – não esqueçamos essa taça que é nosso olho – ela também transborda, ela necessita, em torno da taça ocular,, toda uma série de órgãos, de aparelhos, de defesa. Não é simplesmente à distância que a íris reage, mas também à luz, e ela tem que proteger o que se passa no fundo da taça, que poderia, em certas conjunturas, ser lesada – e nossa pálpebra, também ela, diante de uma luz demasiada, é chamada a piscar primeiro, senão a se fechar numa careta bem conhecida (Lacan, 1964/1990, p. 93).

No lugar onde Breton diz saber o que é uma cabeça, Giacometti diz não saber. E ele não sabe mesmo, daí sua necessidade em desenhá-la, pintá-la, esculpi-la, uma a uma. Para ele, uma cabeça não é algo por si só, ela é todo o espaço à sua volta, a incidência singular da luz em seu movimento, e sombras que se formam. Uma cabeça é um objeto de um fascínio extremo, as sessões em que passa desenhando e procurando entender o que se passa em uma cabeça são infindáveis. Em uma cabeça estão também os olhos enquanto tais, os olhos, o órgão olho, do sujeito que posa para ele. Nesse olhar ele se detém e, diz ele, algo começa a se construir quando ele se aproxima do olhar do modelo, quando ele começa a representar os olhos do modo como eles olham. Esse é um ponto importante, pois é ali onde algo da ameaça do real se concentra, onde descambamos para terrenos mais obscuros, em que o fascínio redireciona sua seta em direção ao mórbido. O olho, que é uma "má forma", revela-se como "forma má", o olho mau, e que se trata, de fato, de uma das vicissitudes do olhar, como mau olhado. Lacan diz que não há olhar bom, só existe mau olhado. Em Giacometti, o risco, o perigo, sempre está associado ao seu trabalho. Mas, no final das contas, diz ele, sempre se fracassa. Mas essa insistência desmedida, francamente compulsiva, de compreender o que vê permanece intacta – e ele se ri disso: no fundo ele precisa do fracasso, como todos nós, mas ele o tematiza à sua maneira de artista. Uma cabeça, ou melhor, um rosto é algo a ser construído e reconstruído sempre. É a tarefa de Sísifo, como bem observou Michel Leiris. Mas Giacometti se autodenomina "maníaco". Diz ele a Jean-Marie Drot, "trabalho feito um maníaco!" (in *Les Heures Chaudes de Montparnasse*). No momento de desenhar ou pintar o rosto de seu modelo, não consegue fazê-lo sem antes obcecadamente tentar localizar os traços do crânio, onde se marca a estrutura de uma cabeça, e isso traçado e retraçado, passado e repassado, camadas e camadas de tinta vão se acumulando, sempre apagando a tentativa anterior – como vimos no relato de James Lord.

Em seus quadros podemos testemunhar na tela a disputa de duas forças, uma que tenta erigir um retrato – a representação inteira de cabeça, tronco e membros –, enquanto uma segunda força parece agir contrariamente a esse esforço – temos a pulsão de morte em plena ação destrutiva ou de dispersamento. Alguns quadros chegam ao ponto de serem concluídos (ou antes se *inconcluirem*) no estado de um borrão cinza com alguns traços mínimos de figuração aqui e ali. Isso corrobora o que vimos sobre as placas e a obra *Cabeça que olha*, pois na grande maioria de seus quadros o que vemos é a variação desses borrões, o desconcertante modo como o espaço envolve a figura retratada, mas que sempre faz emergir dali os olhos inexpressivos e duros, robóticos, como os de um zumbi ou de um cadáver. E ele se ri disso, pois, dirá a Jean-Marie Drot: "todas essas figuras se parecem! São todas a mesma!" (in *Les Heures Chaudes de Montparnasse*). E, se observamos bem, isto também se aplicaria às esculturas afiladas: são sempre "o mesmo" que se repete. "Talvez isso tudo não passe de uma mania, não?" (in *Les Heures Chaudes de Montparnasse*).

Por isso, retomando a questão que o olhar nos coloca em relação a Giacometti: ele pode ser gozo devastador, ameaçador, como avanço do real por um lado, mas, por outro lado, pode se ater a um objeto que funcione como freio, como anteparo a esse gozo, como a forma de um objeto de arte ou qualquer objeto do dia a dia, que "contenha" *das Ding*, mas que ao "contê-lo" ao mesmo tempo se beneficie dele. Ou seja, algo que me separe de *das Ding*, de seu empuxo-ao-gozo, mas que me mostre ou denuncie sua ação indireta de quebra e reviravolta do mundo. Desta maneira, Giacometti está sempre numa zona de tensão entre: olhar como "ver em demasia" e olhar como "enceguecimento". Está sempre num limite em que o objeto sempre corre o risco de desaparição, justamente por "aparecer" demais em sua desmontagem flagrada em olhar.

Para tentar compreender melhor do que se trata, gostaríamos de introduzir, como veremos mais adiante, um outro exemplo da obra de Giacometti, fazendo antes uma comparação que se tornou bastante pertinente: a proximidade de Alberto Giacometti em relação a Charles Baudelaire. Assim como Baudelaire, Giacometti é também um *flâneur,* e no sentido mais profundo do termo. Lembremos de seus anos surrealistas e o evitamento do trabalho com modelo (*d'après nature*) e, sobre tudo, após o rompimento com o movimento, do momento de felicidade, dizia ele, ao se ver "novamente" na rua (*trottoir*) e se sentir livre para dar prosseguimento às suas questões referentes ao vivo do modelo e de compreender o que via. A rua é o palco, esse lugar privilegiado, onde esse espetáculo se dá, esse outro espetáculo (um anti-espetáculo?) que Giacometti nos descreve em seu escritos e que denominamos sua aventura secreta. Lembremos como ele é chamado no documentário de Jean-Marie Drot: "*Un homme entre les hommes*". Se não for na rua, o será no ateliê com o modelo. Mas flanar pelas ruas é, provavelmente, sua mais apreciada aventura. Simone de Beauvoir diz em *La Force de l'âge*:

> Estávamos particularmente intrigados com um homem de rosto belo e robusto, de cabeleira hirsuta, de olhos ávidos, que vagabundeava todas as noites na calçada, solitário, ou acompanhado de uma mulher muito bonita; ele nos transmitia, ao mesmo tempo, algo da solidez de uma rocha e a liberdade de um elfo (...) ele era

suíço, escultor e se chamava Giacometti (Beauvoir *apud* Dufrêne, 2007, p. 45).

Vagar, vagabundear, no sentido de flanar por sobre a superfície da realidade, mas rente à coisidade dessa superfície e seus sinais de olhar: seus meandros, seus acidentes, seus deslocamentos no tempo e no espaço, numa erótica contínua do tempo e do espaço.

Baudelaire e seus amigos faziam o uso do ópio e do haxixe, e o autor de *Paraísos artificiais* descreve a experiência bastante diferente do que faz o "homem sensível", ou "incompreendido", dessas drogas, referindo-se a si mesmo e a outros artistas como ele. O que escutamos, portanto, não é a voz do haxixe, nem do ópio, é Baudelaire quem fala:

> O haxixe se estende então sobre toda a vida como um verniz mágico; colore-a com solenidade e aclara-lhe toda a profundeza.(...) tudo enfim, o universo dos seres ergue-se diante de você com uma nova glória não suspeitada até então. [Situações onde, por exemplo,] delicadas ou medíocres, ou mesmo más, as pinturas dos tetos irão se revestir de uma vitalidade assustadora; os mais grosseiros papéis que cobrem as paredes das estalagens se transformarão em esplêndidos dioramas (Baudelaire, 1985, p.52).

Há algo que aproxima essa fala de alguns relatos de Giacometti, como, por exemplo, o deslumbramento frente ao *boulevard* de Montparnasse à saída do cinema (episódio no qual ainda nos deteremos mais a diante) e o interesse que lhe despertam as coisas, as mais simples, as ditas "vulgares", as mais insignificantes ou fugidias, um musgo na copa de uma árvore, a perna de uma cadeira, um olhar (o que nos remete também ao "valorizar" nas palavras de Giacometti, que vimos anteriormente com Genet, a respeito do artista).

Giacometti começa em 1963 a redação de sua introdução às litografias feitas por ele, e encomendadas pelo grande editor Tériade, tendo como tema a cidade de Paris. Ele sai por Paris desenhando – 'copiando'? – tudo o que lhe interessa, os recantos, os cafés, os passantes na rua, os prédios, as esquinas, os amigos. O livro só foi lançado postumamente, em 1969. Seu título: *Paris sem fim*. Em sua introdução, Giacometti escreve:

> Quão infinitamente remoto parece o dia quando, no final da tarde, de volta da oficina de Mourlot na Rua Saint Denis, sob um céu claro, a rua como a encosta de uma colina descendo entre precipícios negros, e a luz amarela do céu no crepúsculo, eu me vi, impa-

ciente por chegar, desenhando o mais rápido possível tudo o que capturasse o meu olhar, em toda parte, a cidade inteira de repente se transformando numa imensa terra desconhecida a ser explorada e descoberta, tão ilimitada riqueza em toda parte, em toda parte (Giacometti, 1990 p. 91).

Os lugares por onde Giacometti deambula e desenha, registrados na seleção de 150 litogravuras que compõem *Paris sem fim*, são ruas por onde ele costumava andar; recepções de hotéis, bares e restaurantes com seus frequentadores; o atelier de Mourlot (onde foi feita a prensagem das litogravuras de *Paris sem fim*); seu próprio ateliê na rua Hippolyte Maindron e seus interiores, onde repousa a infindável quantidade de obras ainda em processo e outras prontas; esqueletos e crânios expostos no Museu da História Natural; os coletivos em movimento na cidade... Nas páginas de *Paris sem fim* também estão Anette, sua esposa, Diego, seu irmão, e Caroline, uma de suas mais conhecidas modelos, e ainda a presença de Igor Stravinsky, o compositor russo, seu amigo, que foi retratado por Giacometti por ocasião de seu retorno à França.

Baudelaire é fundador da modernidade (e da expressão e conceito de modernidade) na literatura francesa, e o texto inaugural de suas preocupações nesse âmbito é *Pintor da vida moderna*, de 1863, ensaio sobre o desenhista e aquarelista Constantin Guys. Baudelaire teria se entusiasmado por esse artista, pois ele teria tido "por tarefa procurar e explicar a beleza na modernidade" (Chiampi, 1991, p. 99)

> Apesar das queixas do poeta sobre "essa sociedade embrutecida e gulosa" regida pelo lucro e surda à poesia e ainda sobre a condenação de *As flores do mal* por delito de ultraje à moral em 1857, é essa mesma sociedade modernizada por Napoleão III que favoreceu a criação do conceito [de modernidade]" (*Idem*).

Nesse texto, Baudelaire se serve da obra de Guys para falar da 'volta por cima' do artista que, mesmo na modernidade onde se dá o advento do discurso da ciência, cria pra si uma "contra-modenidade", uma modernidade no âmbito da cultura como contra-cultura dita maldita. O artista toma o mundo que o cerca e vê o belo no transitório e nos restos que os discursos universais produzem. Para Baudelaire – através das obras de Guys sobre a moda e os costumes, a vida da cidade e o cotidiano – o artista é um "homem do mundo":

> A multidão é seu domínio como o ar é o do pássaro, como a água o do peixe. Sua paixão e sua profissão são "desposar a multidão". Para

> o perfeito divagador, para o observador apaixonado, é um imenso regozijo eleger domicílio no número, no ondulante, no movimento, no fugaz e no infinito. O observador é um "príncipe" que usufrui de seu incógnito. (...) Assim o apaixonado pela vida universal entra na multidão como num imenso reservatório de eletricidade.
>
> (...)"todo homem", dirigi-se G. para Baudelaire, "que não seja oprimido por uma dessas mágoas de uma natureza muito positiva por não absorver todas as faculdades, *e que se enfada no seio da multidão*, é um tolo! um tolo! E desprezo-o!" (Baudelaire, 1991 p.107).

Palavras sob medida para Giacometti.

Walter Benjamin, em sua obra inacabada *Paris, cidade do século XIX*, evoca a poesia de *As Flores do Mal* para falar do *flâneur* como esse andarilho sem rumo, frequentador assíduo das profundezas do gosto e do desgosto: Baudelaire, além de artista e poeta, crítico da cultura, testemunho da modernidade, é um personagem que marca e ratifica a existência de um novo sujeito, o sujeito errante: "O último poema das *Flores do mal*: 'A viagem', 'Ó morte, velho capitão, chegou a hora! Levantemos a âncora!' A última Viagem do *flâneur*: a morte. Seu objetivo: o novo. 'No fundo do Desconhecido para encontrar o novo!'" (Benjamin, 2000, p.60).

E é curioso, esse fundo constante de morte, mesmo no prazer mais intenso, como é o caso de Baudelaire com o haxixe e o ópio. O novo se entrelaça de certa forma com a morte, com o desconhecido. O desadaptado, o estranho, o incompreendido, o vagabundo, são todos adjetivos dessa figura errante, desprovida de objetivação, sem garantias, à deriva.

A primeira prancha litográfica de *Paris sem fim* de Giacometti é a enigmática figura de uma mulher mergulhando, como, no entender de Bonnefoy, um convite ao mergulho na cidade e na aventura do próprio artista. Aliás, a figura é como que esboçada, como são todas as pranchas que se seguem, semelhantes a croquis garatujados. Linhas são retraçadas várias vezes, e os contornos não são precisos ou às vezes de uma economia ansiosa e ávida, como observou Roger Montandon, artista e amigo de Giacometti, "como se fossem desenho vivo ou tentassem apreender o vivo, o instante, o fluído, o passageiro" (Montandon *apud* Van Zelle, *Qu'est-ce qu'une Tête?*, 2000). A última prancha do livro nos mostra um homem de costas para o expectador, ao fundo vemos uns parcos traçados que parecem sugerir o horizonte, onde na verdade se nos revela um imenso vazio (o branco do fundo vai ganhando paulatinamente maior espaço a partir de certo ponto até o final da obra). E vemos que esse homem, que da experiência de uma riqueza infinita na cidade, agora se defronta com um esvaziamento mortal, ele nada pode ver. Essa polaridade entre um mundo onde o detalhe, onde tudo o interessa, as novidades pululam, estado de uma vibração do mais autêntico estilo baudelairiano, toda essa eclosão, converte-se de um momento para o outro em cegueira, em confusão e desvitalização. A intensidade do que se revela, da coisidade dessa cidade que o olha por entre as frestas que o vazio escreve no novo, no não visto, sofre como que uma aceleração onde nada mais de articulável ao nível do representável pode capturar ou impedir o avanço do gozo. O que se instala é um estado avançado de empuxo-ao-gozo, momento em que olhar se impõe como impossibilidade mesma de ver – de representar.

Em entrevista a Jean-Marie Drot, Giacometti diz coisas muito interessantes. Ele diz, por exemplo, que tem uma tendência a confundir as pessoas, que se apresenta na dificuldade em enxergar o indivíduo com suas características pessoais. Ele exemplifica com a imagem comum das pessoas que se referem aos chineses ou japoneses como todos muito parecidos ou mesmo 'iguais'. Isso, diz ele, não é verdade, mas é assim que lhe parece, de forma geral, para todas as pessoas. É "como se", prossegue, "cada um se tornasse todo o mundo [todos]" (*Les Heures Chaudes de Montparnasse*). Mas algo de paradoxal, e até mesmo contraditório, parece se apresentar nessa fala: não era ele, Giacometti, quem falava a pouco de forma tão causada, e também entusiasmada, da riqueza de detalhes que pululavam e as descobertas que a cidade, o mundo lhe ofereciam? Mas ele acrescenta uma observação importante ao "cada um se torna todo o mundo": o singular torna-se desconhecido (*inconnu*). A questão nos remete, evidentemente, ao paradoxo que ver/olhar nos coloca em Giacometti, entre "ver em demasia" e "enceguecimento", que é o ponto como as coisas ficaram devido ao empuxo-ao-gozo no final de *Paris sem fim*. Mas, visto por outro ângulo, o pensamento de Giacometti a respeito do que lhe acontece nos propõe pensar o singular, em relação não somente à arte mas também ao objeto de forma geral, qualquer que seja, enfocando a vertigem resultante da sua relação com a ética da arte, em Giacometti, e da psicanálise. Eis o que nos ocorre: o um da unidade imaginária começa seu desmonte, descolando-se da referência de espelhamento e reconhecimento, denunciando a impossibilidade estrutural do um imaginário se manter assim 'coincidente' consigo mesmo. O que resulta desse vacilo, que é estranhamento e vertigem, é o surgimento de unidades entendidas agora como "não vistas", como surpreendentes em sua essência, evanescentes, como puros traços distintivos, diferenciais – pura má forma, como elaboramos acima. Paris, por exemplo, se desdobra infinitamente porque novas unidades desse tipo são erigidas e se desdobram mais uma vez, incessantemente. Cada ponto desse, onde algo de novo procura se articular como ver e como tentativa de representação, o é porque o olhar já esteve ali quebrando o engessamento imaginário, e o artista é flagrado pelo desconhecido, pelo estranho. Vemos, por exemplo, em uma das litogravuras, que Giacometti desenhou um conjunto de solitárias mesas e cadeiras em um canto de hall de hotel. Reconhecemos as mesas, as cadeiras e até um ambiente de hall de hotel...mas a forma como somos flagrados pelo conjunto nos intriga profundamente: se deixando 'representar' em rabiscos inacabados, como que semi-apagados, como se surgisse num repente, quebrando o habitual. Essa quebra faz com que cada unidade flagrada nesse processo seja recebida, justamente, como desconhecida, estranha, e que, curiosamente, é singular. O que aparece no desenho não é o singular do identificável, como dissemos, ao nível imaginário, ao indivíduo, mas o singular do desconhecido, como diz Giacometti, do "totalmente desconhecido". Diante dos modelos, esse processo parece se intensificar sobremaneira, pois, para ele, todos são "iguais" porque, simplesmente, entre movimento e estagnação, tudo é diferença, tudo é singular, tudo é má forma. O singular, nesse sentido, é algo que pode ser pensado para entender os pontos sensíveis onde a coisidade do objeto se engendra. Por outro lado, no extremo, como em *Paris sem fim*, o singular mostra para onde ele pode escorregar: o enceguecimento, pois esse singular que surge do objeto, esse aspecto impossível da sua coisidade, é do real que se trata, ou seja, nessa via vertiginosa onde algo desanda e periga em não se integrar de alguma maneira estável, fazendo, em seu máximo, pulverizar a percepção do corpo em sua unidade. Retomando o relato que ele faz da fase em que as esculturas tornavam-se cada vez menores, aproximadamente entre 1940 e 1945:

> As cabeças [das esculturas] tornavam-se minúsculas, (...) elas tendiam à desaparição. **Eu só distinguia um número enorme de detalhes**. Para ver o conjunto, era preciso fazer com que o modelo recuasse cada vez mais para longe. Quanto mais ele recuava, mais a cabeça diminuía, o que me aterrorizava. O perigo da desaparição das coisas... (Giacometti, 1990, p. 68; grifos nossos).

O modelo precisa, do ponto de vista da sua representação, na escultura, pintura ou no desenho, resistir à força que o ameaça de desaparição ao precisar garantir a sua integridade e a sua unidade frente a essa força. No momento de retratar alguém, no começo o modelo é uma pessoa "conhecida", um amigo ou seu próprio irmão Diego. Mas, conforme ele vai fazendo o retrato, diz ele, aos poucos o modelo vai se tornando absolutamente desconhecido. Mesmo a sua esposa, Anette. Ele fornece uma imagem interessante: "É como uma cortina que, se abrindo, haveria outra cortina que, abrindo, haveria ainda outra, e mais outra...a pessoa se torna sempre outra – e nunca se chega a ela, impossível depreendê-la!" (*Les Heures Chaudes de Montparnasse*). E isso nos remete àquilo que Giacometti dizia a respeito da quantidade de esculturas possíveis entre o modelo e o autor. Ou são os muitos possíveis ou o vazio, o nada, que se instala severo como pulsão de morte.

Para se ter apenas uma amostra da extensão dessa questão, vejamos uma passagem em *Paris sem fim*, escrita na madrugada entre 15 e 16 de maio de 1964. Nesse momento da vida, dois anos antes de sua morte, Giacometti já havia detectado, em exames recentes, o tumor no estômago que corroboraria para o seu fim:

> É silêncio, estou aqui só, lá fora está a noite, tudo é imóvel e o sono não vem. Não sei quem sou eu, nem o que faço, nem o que quero e nem sei se sou velho ou jovem, talvez eu tenha ainda uma centena de milhares de anos para viver até minha morte, meu passado se perde num abismo cinza, fui serpente e me vejo crocodilo, a boca aberta; sou o crocodilo rastejando a boca aberta. (Giacometti, 1969/1990 p. 93).

Marco Antonio Coutinho Jorge (2003), a propósito da pulsão de morte, desenvolve a questão que deve ser levantada nesse momento: a relação entre inconsciente e pulsão, entre o simbólico e o gozo. Ele se interessa por uma frase de Freud em uma carta a Georg Grodek, onde se lê: "O inconsciente é exatamente o verdadeiro intermediário entre o somático e o psíquico. Talvez ele seja o '*missing link*', o elo perdido, tão procurado" (Freud *apud* Jorge, 2003, p. 23). "O que chama atenção nessa colocação de Freud", comenta Jorge, "é que ele define o inconsciente com os mesmos termos através dos quais ele vai definir, em 'Metapsicologia', a pulsão" (Jorge, 2003, p. 23). E esta fala de Freud nos fornece uma "chave de compreensão" para indagarmos mais uma vez do que se trata quando se fala de inconsciente e quando se fala de pulsão. Jorge lembra, como Lacan coloca no Seminário XI *Os quatro conceitos fundamentais da psicanálise*, que "toda pulsão é pulsão de morte". A desmontagem do mundo, do mundo em que vivemos, ou seja, o cerne da força subversiva da psicanálise reside aí: que a pulsão é uma montagem. Qualquer naturalismo ou pretensão biologizante ou metafísica encontra esse buraco no caminho, esse limite, essa fundura que convoca o sujeito e lhe lembra sua estrutura secreta e vacilante de falta e, a um só tempo, de constante ameaça de desmontagem.

Para pensarmos isso, Jorge propõe que entendamos o psiquismo em Lacan a partir de um vetor, o vetor da pulsão que imperiosamente exige satisfação. Aqui se fala em força constante em direção à satisfação. Mas o que ela encontra é *das Ding*, o objeto suposto absoluto e a preencher toda a falta, mas que não existe e, que por isso mesmo, suporta a força constante em direção à satisfação.

"O que a pulsão quer é *das Ding*, mas o que ela recebe é o objeto *a*" (*Ibidem*, p. 32). Querer *das Ding* é o destino da pulsão de morte, como diz o nome, é seguir em direção à satisfação absoluta da pulsão:

> Podemos considerar que aquilo que Lacan denomina de empuxo-ao-gozo é precisamente o sentido desse vetor na direção da morte, concebida como Freud enquanto a anulação radical das tensões internas de vida pelo organismo vivo e pelo psiquismo. Esse empuxo-ao-gozo é, no fundo, um empuxo à morte, aquela tendência do princípio de Nirvana de zerar as tensões internas de forma absoluta (Jorge, 2001, p. 15).

Desenvolvemos anteriormente a questão da obra, sua função para Giacometti. Havíamos colocado no primeiro capítulo que a obra, para ele, ocupava um lugar "menor" na sua questão artística, pois seu interesse estava voltado para o "ver", que é o olhar (em psicanálise), enquanto a obra em si mesma era um modo de fazer ver melhor. E é de ver mesmo que se trata. O olhar precisa de regulação, por isso a obra tem uma função pelo menos dupla. Se uma já é dada pela coisidade, do fazer artístico como fazer conter o vazio no limite do real enquanto olhar, já o ver parece se ligar, no caso, a uma busca sempre fracassada do restabelecimento da unidade imaginária do corpo, função do estádio do espelho. Há um duplo que se opera na realização de suas obras, uma mesma coisa que se repete tal qual um espelho que é convocado, como a obra servindo de anteparo para o gozo. Mas são tentativas que nunca parecem "estabilizar" o enquadre de um anteparo em relação ao Outro, algo do real insiste em retornar de forma ameaçadora, fazendo borrar, desfazer, escapar, reduzir... Aqui retomamos mais uma vez a figura do Sísifo, a respeito do trabalho incessante em tentativas de constituir restos através da obra. Mas há outra coisa, observável, sobretudo nos quadros (devido ao maior contrastes entre as cores), mais que nas esculturas, os olhos dessas figuras, o modo como são retratadas sugerem a figura petrificante da Medusa. Uma das mais terrificantes figuras da mitologia grega, os olhos da Górgona transformavam aqueles que os encaravam em pedra, Quinet cita Jean-Pierre Vernant:

> Medusa é uma figura do outro na Grécia antiga, onde ocupa um lugar importante, na medida em que, como nos diz Vernant, 'traduz a alteridade extrema, o horror aterrorizante daquilo que é absolutamente outro, o indizível, o impensável, o puro caos: para o homem, afrontar-se à morte imposta pelo olhar da Górgona aos que lhe atravessam o olhar, transforma todo ser vivo que se mexe e enxerga a luz do Sol em uma pedra dura, glacial, cega e entrevada (Vernant apud Quinet, 2002, p. 92).

Daí que as manobras de Perseu para decapitar a Medusa, como bem observa Quinet, se dão "no registro do escópico":

> Primeiro é preciso que ele se torne invisível, o que só lhe é possível graças ao capacete de Hades, instrumento mágico que dissimula a presença de quem o veste. Ocultando-se do mundo do visível, Perseu esconde-se também do olhar do outro, para estar na posição de quem vê sem ser visto, posição própria do olhar, como objeto a, por definição inapreensível. Assim (...) Perseu apaga-se como sujeito para bancar o objeto. Em seguida, no momento de cortar a cabeça da Medusa (...), Perseu recolhe a um espelho e o reflexo lhe permite ver Gorgô sem que para isto precise cruzar seu olhar petrificante, olhando a cara do monstro refletida em seu escudo polido. Aqui o mito nos desvela a relação entre olhar e espelho (...)" (Quinet, 2002, p. 93).

Entre a figura do Outro e a do sujeito, nos diz Quinet, entre Medusa e Perseu, algo cai, e isso que cai é olhar objeto a "com seu duplo aspecto: causa de desejo e fonte de angústia, provocando a ereção e o aniquilamento" (*Ibidem*, p. 93-4). Como bem lembra Quinet, para Freud, a Medusa (em Cabeça de Medusa) é o sexo feminino, o horror frente à castração e à falta.

O fazer artístico em Giacometti, podemos supor, incorre em um movimento com duas faces: a primeira pela via do gozo e a segunda pela via do simbólico. Ou seja, por um lado, temos o "aniquilamento", e a "angústia", através do ressurgimento teimoso da dimensão do impossível, de um gozo absoluto, ao qual Giacometti é lançado, puxado, sugado, e, por outro lado, dá-se a "ereção" insistente de anteparos frente a esse gozo, como o escudo de Perseu frente ao olhar medusante desse Outro, ou seja, como tentativa de "separtição", de extirpação do *a*, de fazer cair o resto. Daí o fracasso como ponto de apoio e tema bastante recorrente na fala giacomettiana. Temos aqui uma vez mais a dimensão da falta estrutural ao nível do Outro operando a partir do fazer do artista em sua obra, operação que resulta na feitura do anteparo e na sua dignidade, e que deve ser pensada como resposta à falta no Outro. Lacan escreve assim: S(Ⱥ), significante da falta no Outro. Isto significa que há uma falta ao nível do grande Outro, ou seja, um núcleo de gozo, que faz com que o Outro, outrora concebido na obra de Lacan em um dado momento como tesouro significante, ou "o terceiro" ordenador da ordem simbólica na qual estamos inseridos, mostre também no decorrer da sua obra sua face (que já estava presente, mas agora seria explicitada) de não-garantia, de esburacamento, de incompletude e de desamparo, de apavoramento – tal qual a Medusa petrificante na leitura de Freud. É que, para além do grande Outro, confronta-se com a falta de uma alteridade garantidora do todo desse Outro, – esta falta é a Coisa. Lacan nos diz, portanto, que não há Outro do Outro, que o Outro, ele próprio, é insubstancial e frágil, suas fissuras aparecem com certa facilidade: o Outro é a própria alteridade que não se fecha, que não se completa. Um Outro do Outro seria Deus, diz Lacan, se assim decidirmos nomear, a garantia das garantias. Descartes mesmo não pode prescindir d'Ele, garante efetivo de sua teoria do conhecimento. "A maior necessidade da espécie humana é que haja um Outro do Outro. É aquele a quem chamamos geralmente de Deus, mas a análise o desvela como pura e simplesmente *A* mulher" (Lacan, 2007 [1975-1976] p.124). Mas para Lacan, e ele prossegue um pouco mais adiante no texto, *A* mulher não existe, mas somente enquanto pluralidade de as mulheres, particulares, uma a uma.[38] Mas é somente nessa medida em que podemos chamar de *A* mulher, como objeto pleno, o Outro absoluto, por outro lado, é o lugar de *das Ding*, que não deve ter outro destino senão o objeto a, que constitui uma singularidade, uma particularidade através do vazio que *das Ding* inaugura. *Das Ding* propriamente dita é, portanto, o gozo absoluto, o impossível de ser atingido, pois funciona como promessa de completude, mas que não se completa, por isso a não-existência da consistência do Outro (Deus).

Curioso como que algo se dá em Giacometti e que se assemelha a um disco arranhado, dada a repetição em sua obra de aspectos e questões formais

---

38 Em *Uma estadia no inferno* (*Une saison en enfer*), Rimbaud escreve em Adeus (*Adieu*), ao final de seu processo, de sua passagem pelo inferno: " – vi lá longe o inferno das mulheres; – e ser-me-á dado possuir a verdade numa alma e num só corpo" (*"– j'ai vu l'enfer des femmes là-bas; – et il me sera loisible de posséder la vérité dans une âme et un corps"*). Em Rimbaud, o seu "inferno" se insere o tempo todo no registro do acontecimento, do dilaceramento, a que são submetidos todos os valores vigentes, ideológicos, institucionais, – a própria ideia de Deus –, em suma, tudo aquilo que ordena as relações dos sujeitos no mundo, e em sua época, ao se defrontar com a falta de um Outro do Outro, ou simplesmente com a inconsistência do grande Outro. O artista é o artífice que vela/desvela, através de seu *savoir-faire*, esse "inferno" que é do não-todo e da impossibilidade da relação sexual, do *pastout-logique* (lógica do *pathos/pas-tout*, do não-todo).

que têm um papel duplo, e paradoxal: simultaneamente como resistência ao empuxo-ao-gozo e 'fixação' de uma singularidade como sujeito e artista, que, por sua vez, se serve do gozo para produzir singularidade no mesmo momento em que tenta fazer valer a falta. Aqui, nessa insistente produção de anteparos, algo nessa práxis resulta no "milagre do artista" ao produzir causa-de-desejo a partir de um saber fazer com o real. E isso nos dá oportunidade de dizer que, para além da confecção das obras propriamente ditas, a mesma inquietação que mantém essa constante tensão extraordinária entre ereção e aniquilamento tem um outro pé que se apóia na produção de elaborações a respeito do que ele vê, do que o olha e dos próprios processos de criação, externados em sua fala e seus escritos. Não se trata, especialmente em Giacometti, de apenas (esse "apenas" não deve, de modo algum, significar "pouco") fazer "arte" ou de uma "decisão" de tornar-se artista, e tampouco apenas de sobreviver ao gozo mortífero na construção de anteparos, como se diz do chavão de "superação através da arte" (ou através do esporte), pois o anteparo artístico parece ter uma especificidade. Por tudo o que foi dito até aqui, poderíamos, por ora, encaminhar o seguinte: por sobre a proliferação que ele, entre debochado e perplexo, chama de "maníaca" de obras que são "sempre as mesmas", repousa um discurso sobre a arte e a vida, um olhar para o mundo, de uma contundência, de uma pujança jamais vistas, e que se deve à peculiaridade, ou à singularidade radical que, em um salto apenas, transmuta-se em abrangência, diríamos, universal, e que dá muito a se pensar no que diz respeito à questão do que é arte e do que é um artista. Vejamos, esmiuçando, o que vem a seguir.

Retomando o episódio do cinema *Actualité de Montparnasse*, por exemplo, constatamos aí algo que nos interessa na fala de Giacometti. Deixando a sala de projeção, pois já não conseguia distinguir o que ele via na tela do cinema. Já nas ruas ele se depara com uma realidade completamente "alterada". Lemos no seu relato que há uma "reviravolta da realidade", das noções de tempo, espaço; a profundidade torna-se outra coisa, enfim... algo não vai bem – parece que algo da morte vem comparecer aí. Como se segue em uma observação no mesmo dia:

> Uma pessoa falando, por exemplo, passava a ser não mais um movimento, mas sim imobilidades que se sucediam, completamente desligadas uma das outras; eram momentos imóveis que poderiam durar, depois de tudo, uma eternidade, uma imobilidade interrompida e seguida por outra imobilidade. Lembro-me uma vez, pedindo alguma coisa em um café, o rapaz que eu observava, abria a

boca e dizia alguma coisa, esse movimento da boca me pareceu ser uma sucessão de momentos imóveis, descontínuos, completamente descontínuos. O homem tornava-se uma espécie de desconhecido total (Giacometti, 1990, p. 265).

Mas o que ele comenta, como vimos anteriormente, a partir disso tudo é, pasmem, a expressão de um encantamento, de um maravilhamento:

> (...) no *boulevard*, tive a impressão de estar diante de algo jamais visto, uma reviravolta completa da realidade... Sim, o jamais visto, o total desconhecido, maravilhoso. (...) O *boulevard* Montparnasse adquiria uma beleza de Mil e uma noites, fantástica, totalmente desconhecida... e ao mesmo tempo um silêncio, uma espécie de silêncio inacreditável (*Ibidem*, 265).

Giacometti testemunha uma pressão ou invasão do real, e é com isso que ele lida em sua fala, em sua obra, em seus escritos. Entretanto, o significante "Mil e uma noites", "beleza de Mil e uma noites", torna-se indicador daquilo que ele traz para nós das histórias que Cheherazade constrói para adiar indefinidamente o momento de sua morte. A estratégia de Giacometti tem algo da heroína Cheherazade, mas frente ao real que avança via olhar. O belo, como definiu Lacan, funciona como barreira para o desejo frente ao real. Trata-se da última película que ainda envolve o horror fundamental. E, além disso, no contexto daquele momento em 1945, num momento de paralisação dos trabalhos, em que ele, mais uma vez, havia desistido praticamente de esculpir e pintar a partir de seus modelos (período que começara a partir de 1940, em que as esculturas tendiam a desaparecer, a se reduzir a alguns poucos centímetros), vemos seu empenho ser retomado com entusiasmo a partir da experiência no cinema:

> "Foi nesse momento que me surgiu novamente a necessidade de pintar e de esculpir, pois a fotografia não podia de maneira nenhuma me dar uma visão fundamental da realidade. Assim, para eu saber como eu via, seria preciso que eu tentasse produzir". (*Ibidem*, p. 277).

E, a partir disso, é digno de nota o que ele tem a nos dizer sobre algo próximo ao que entendemos como fantasia, ou o que ele nos autorizaria a fazer conexões com a noção de fantasia, ou outra manobra de anteparo:

> [antes dessa experiência em 1945] (...) minha visão do mundo era uma visão fotográfica, como creio ser mais ou menos para todo

mundo, não? **Não se vê jamais as coisas, vê-se sempre através de uma tela...** (...) Houve para mim uma cisão total entre a visão fotográfica e a visão própria que adoto. Foi o momento onde a realidade me assombrou como nunca. Antigamente, quando saia do cinema, não havia nada, ou seja, que **o hábito da tela se projetava sobre a visão corrente da realidade.** Depois, num repente, aconteceu uma ruptura, ou seja, que **o que se passava na tela do cinema não se parecia mais com nada e eu olhava para as pessoas na sala do cinema como se jamais as tivesse visto.** Foi nesse momento que me surgiu novamente a necessidade de pintar e de esculpir, pois a fotografia não podia de maneira nenhuma me dar uma visão fundamental da realidade. Assim, para eu saber como eu via, seria preciso que eu tentasse produzir. Muitos artistas adquirem uma espécie de terror da realidade, pois eles imaginam que viverão para todo o sempre sob o jugo da fotografia, na qual eles acreditam sem qualquer questionamento. Se é daí que eles copiam, pintar torna-se banal; ou como, por exemplo, pintar através da visão impressionista, enfim, a partir do que já foi feito e estabelecido. Assim, realmente, não vale mais a pena recomeçar. Para eles o mundo é vazio! (*Idem*, grifos nossos).

Como não deixar de ver aí, ao menos uma fala que se refere a um anteparo de ordem fantasmática? Uma fala que, inclusive, também denuncia o próprio anteparo através do discurso artístico? Essa tela que, como ele diz, projeta o hábito sobre a visão corrente da realidade, como quem lança um véu sobre o real, e dessa projeção nada escapa. "Para eles o mundo é vazio!", na medida em que essa tela naturalizou e uniformizou sua percepção, onde o olhar não é considerado. A fantasia inconsciente se constitui nesse anteparo, na regulação desse vetor, na interposição de algo que funcionará como um freio na marcha mortífera em direção a *das Ding*, ou a pura pulsão de morte. Jorge dirá que a fantasia é algo que

> Nos é outorgado pelo Outro, para que nós façamos face ao real (a chamada realidade objetiva recebe, para Lacan, o nome de real e é algo para sempre inatingível) munidos de algum elemento de realidade psíquica. Ou seja, a fantasia inconsciente constitui a realidade psíquica na medida em que ela é o efeito da ação do recalque originário (ou recalque primário) (Jorge, 2001, p. 34).

E, em seguida, ainda a respeito da fala sobre o episódio do *boulevard* Montparnasse, ocorre essa ruptura definitiva – que é o próprio ponto de significação, de basta, onde ele estabelece e assume uma "forma de ver": que ele define como essa "cisão". Uma cisão, como ele diz, entre a visão fotográfica e a visão própria que ele adota. Detenhamo-nos, portanto, um instante nisto: "a visão própria que **adoto**". Está em negrito porque parece enunciar um saber-fazer, uma singularidade que se estabelece como anteparo frente ao olhar, algo em que se apoiar para encorpar suas manobras, torná-las mais eficazes. Não seria isso, então, entendido como um anteparo da ordem do ficcional, de uma articulação simbólico-imaginária pontual que vem traçar uma certa distância e fazer com que Giacometti se coloque no lugar do artista frente ao gozo do Outro? E que também torna possível o desfrute desse maravilhamento, dessa "beleza de Mil e uma noites"? As histórias de *Mil e uma noites* são belas, nas quais o belo se articula como desfilar ininterrupto dessa narrativa que se apresenta como profundezas nos meandros – nos arabescos - de cada história narrada e sua moral. A versão francesa clássica, de Antoine Galland, que fez a fama do texto no Ocidente, revisou e extirpou as partes mais "desagradáveis" referidas ao erótico e aos costumes mais "baixos" e grosseiros, mal vistos pela "civilização" européia. Esses aspectos da organicidade documental desses textos sobre o oriente, corroboram ainda mais para caracterizar as Noites que, na verdade, circundam, contornam a morte com histórias 'sem fim'. Vemos algo como essas histórias de Cheherazade desfilar ante os olhos de Giacometti, produzindo equívocos e distraindo a face certeira e derradeira do gozo avassalador em uma postergação encantada. Temos assim em Giacometti, o "gosto" (*goût*) em face de algo abissal na forma de um maravilhamento. O gosto como um modo, por si mesmo idiossincrático, de fazer face ao real, como nenhuma *Weltanschauung* ("visão de mundo", em alemão) ou apreensão universalista do mundo pode capturar. Esse gosto, como disse Miller (2001, p. 216) é apenas um "patema" (expressão de Lacan) (*patheme*), alguma coisa que "se pathos-experiencia, um sentimento que se tem...". Em Giacometti, esse "sentimento que se tem" se avizinha perigosamente do real, lida com ele construindo em seu entorno, no seu limite máximo, algo que é da ordem do belo, a construção de uma fala a respeito do artístico. Não estaria aí o que podemos concluir: que a "visão própria" que ele "adota" se refere à essa construção de um suporte para o seu desejo? Seu desejo é a própria construção que faz barreira face a esse real, seu desejo é a sua questão, o seu próprio questionar enquanto artista.. Isto porque esta construção – essa fala muito atenta – ao mesmo tempo que faz barreira, faz fulgurar suas obras, - mesmo porque, a propósito do singular, a singularidade de tal construção possibilita o acolhimento desse fulgor-quase-terror (dado o limite extremo), que muitas vezes é até mesmo ansiado, esperado. Tal construção que possibilita a barreira e o fulgor a um só tempo, podemos ilustrá-la com o exemplo da escultura de Giacometti que tematiza a manutenção do vazio na sua forma e até mesmo na literalidade de seu título: *Objeto invisível* ou *Mains tenant le vide* (que soa como *Maintenant le vide: Mantendo o vazio,* em português). Havíamos elaborado em cima do cotejo que Leymarie fazia entre esta obra, em especial as mãos da escultura que seguram o vazio, e um quadro de Cimabue, *Maestá* de Santa Trinita, de 1285-86, onde as mãos da Virgem, do menino Jesus e dos anjos estariam, ao nosso ver, impregnados pelo vazio. Portanto não se trata, como em *Objeto invisível*, de somente tematizar o ausente, o objeto ausente. Há também a outra face dessa questão, mostrada pelas mãos do quadro de Cimabue: as próprias mãos, sua forma. Giacometti nos mostra o quanto o irrepresentável, o real, ressoa no representável, na quebra do mundo representacional, como vimos em relação às esculturas de Giacometti que visam o mundo no seu impacto desconcertante sobre ele. Isto quer dizer que as mãos ali representadas não são mãos quaisquer, pois um vazio propicia sua dignidade. Sua dignidade é seu limite com o real, sua dignidade de Coisa – sua coisidade. A singularidade de uma forma está atrelada à morte, ao não-sentido. Daí falarmos do fulgor, como havíamos colocado no parágrafo anterior, que se caracteriza rigorosamente por uma construção de caráter sublimatório. O fato é que tanto *Objeto invisível* quanto *Maestá*, de Cimabue, são construções fulgurantes. O que se dá em Objeto invisível, parece ir além do enigma do que realmente estaria ali representado entre as mãos da criatura (como muitos autores se perguntaram). Pelo contrário, a impressão que se tem é que, graças à "manutenção do vazio" da mímica das mãos, centro que motiva toda o movimento da figura, isso acaba por se voltar colateralmente parao corpo da própria escultura na sua inquietante e estranha presença. Essa comparação entre as duas obras nos leva, curiosamente, a concluir que a coisidade está presente do 'mesmo' modo em ambas esculturas: seja na forma da escultura que é contagiada por sua própria temática (o vazio), seja na pregnância do vazio na forma, na tinta, no material mesmo constitutivo daquela representação. Há, portanto, uma pregnância do vazio na obra nos dois casos.

Poderíamos também pensar na seguinte imagem para falar dessa coisidade em relação a *das Ding* e que se apresenta na obra de arte: imaginemos uma placa de aço em que um disparo de revólver imprima com o impacto de seu projétil um *a*-fundamento, uma marca como aquela que descrevíamos no gesso das esculturas "placas" de Giacometti. O projétil não está mais lá, mas o a-fundamento causado pelo impacto ficou ali, configurando-se o "vaso do oleiro", um vazio, que seja de um lado, cavo, ou de outro, relevo, é uma modificação que inaugura uma diferenciação, um a mais, um a menos. A essa diferenciação, denominamos coisidade, retirada da Coisa, como havíamos procedido a partir de Heidegger e com Lacan. Vemos que a placa deteve o projétil e ali, onde isso aconteceu, uma marca, como um trauma, se fez notar. Supõe-se que, se fosse possível passar a mão sobre a superfície do quadro de Cimabue, poderíamos detectar ali naquelas mãos da Virgem, por exemplo, certos relevos e rugosidades da tinta já ressequida; sensação tátil que é correlata, em menor escala, à marca deixada pelo impacto de um projétil, ou melhor, diversas marcas como que perfazendo porosidades e acidentes na superfície da tela. Ali o artista, no embate do pincel com a tela, imprimiu sinais de olhar, impregnando a representação de vazio. O saber-fazer de Giacometti como artista é atentar para esses sinais, que podem ser tanto uma pequena sugestão, o quase imperceptível piscar de olhos de Beatriz para Dante (Quinet, 2002, p. 41), ou um rasgão brusco do véu da realidade como no episódio das meninas em Pádua.

Matisse nos dá também um exemplo simples desses sinais de olhar, diferenciando-os da visão, mesmo porque para falar da arte e do artista, Matisse sempre toma a palavra no gesto mais (enganadoramente) simples. Diz ele:

> (...) creio que para um verdadeiro pintor não há nada mais difícil do que pintar uma rosa, pois para isso ele precisa em primeiro lugar esquecer todas as rosas pintadas. Muitas vezes perguntei às pessoas que iam me visitar em Vence: "Viu os acantos no talude ao longo da estrada?". Ninguém tinha visto; todos reconheceriam uma folha de acanto num capitel coríntio, mas ao natural a lembrança do capitel impedia a visão do acanto. Um primeiro passo para a criação é perceber cada coisa em sua verdade, e isso supõe um esforço contínuo (Matisse, 2008, p. 370).

Será isso apenas uma anedota sobre o hábito de ver? Seria melhor vermos isso com uma sinalização na direção do que entendemos como olhar: há algo impossível de se ver. A (não-)verdade do artista está ali, entre um capitel, um talude...Há algo que se revela, no sentido em que aquilo está lá e nos olha, embora não vejamos. Um descuido, ou um novo ângulo, e pronto! Não existe isto que se chama A Rosa, ou O Acanto. Matisse, se referindo a essa não-prontidão de algo para ser visto, também diz: "(...) a criação para o artista, começa pela visão. Ver já é uma operação criativa que exerce esforço" (*Idem*).

É atribuída a Jean-Baptiste Siméon Chardin – ou simplesmente Chardin

- um fala semelhante a essa: "esqueci tudo o que eu vi, inclusive o modo como esses objetos foram tratados por outros pintores" (Rosenberg, 2000, p. 33), ao ser interrogado a respeito de sua recusa em seguir a moda da época. Giacometti inclui-se a si mesmo na linha chardiniana, como ponto inaugural de um tipo de problemática, de um tipo de sensibilidade que caracteriza a aventura moderna da arte:

> Esta aventura é recente, começou por volta do século XVIII, com Chardin, quando passamos a nos preocupar mais com a visão dos artistas do que com o serviço das igrejas ou com o prazer dos reis. O homem enfim por sua própria conta! (Giacometti, 1990, p.89).

Chardin é considerado um antecessor da pintura moderna, sua influência vai longe, tão longe quanto a problemática do olhar na modernidade pode nos levar. A atmosfera de estranheza de seus quadros se aproxima muito de artistas como Balthus e Edward Hopper, por exemplo, interessados que ainda estão pela figuração. O que temos em Chardin? Uma invisibilidade que, pelo trabalho do artista, se impõe ao expectador. Como quer Rosenberg, a propósito de Chardin como um "subversivo desconhecido", uma subversão que se apresenta, em seus quadros, na representação mais simples do cotidiano. Em *Bolha de sabão*, um homem, do interior de uma casa, apóia-se no parapeito da janela e sopra um canudo por onde sai uma bolha de sabão. Com ele, ao seu lado, vemos um menino que, dada a estatura bem mais baixa que o homem, só nos é dado a ver parte da cabeça, por causa do enquadre da janela. A sensação de estranheza é o olhar que se nos é dirigido pela situação, uma cena não pronta, não prevista, a mais cotidiana possível, que vem nos provocar – num átimo, o "capitel" cai e outra coisa será convocada a fazer a função de recobrimento, talvez a beleza da imagem no seu conteúdo num sentido de harmonia, como o "pasto" que Lacan (Lacan, 1964/1990 p. 109) nos indica no Seminário XI, o pasto para o olhar que o quadro nos oferece, mas que não evita de maneira alguma o estranhamento naquele que olha e é olhado.

Chardin era considerado o "pintor do silêncio", evitava emoções grandiloquentes, mensagens de moralidade e alegorias, ou narrativas e história. Além do silêncio, uma certa intemporalidade em um século que gostava de pinturas que mostrassem movimento e captura do instante, ele fez uma escolha pela imobilidade, em gestos entranhados de uma certa eternidade; sua maior especialidade, natureza morta com objetos do cotidiano – como em uma cozinha, por exemplo, dois ovos e uma panela –, realiza algo que preenche a tela de uma incerteza e de um mistério incomparáveis. Chardin é portanto um nome de peso, que indica um caminho, que mostra uma verdade do pictórico para Giacometti. Isto indica também as balizas onde suas concepções encontram apoio para serem pensadas, ou seja, sua relação com as referências da arte. O que está importando para esses artistas, que revolviam a profundeza do quadro, é que eles, artistas, sempre intuíram que algo se perde sempre, que algo escapa e que isso – uma rosa, por exemplo – nunca foi de um jeito só e não coincide com tudo o que se disse a seu respeito. E esse é o verdadeiro sentido das profundezas do gosto.

O que é uma rosa, então? Um significante. E, para lembrar mais uma vez o vaso e o oleiro, com um vazio (ou labirinto) no centro. Sim, mas lembremos de Matisse que tem por modelo a flor que ele colhe do chão e do modo que isso se processa no artista. E pensemos, em seguida, na reflexão de Lacan a respeito do quadro: o que é um quadro? Vejamos o que Giacometti escreve a propósito de uma exposição de Braque:

> Cinza, marrom, preto, folhas, areias, vasos; as grandes flores amarelas que me olham. Vejo-me no meio dos quadros, olhando-os um e outro, passando do vaso à praia, ao trigo, à bicicleta brilhante, à umidade da relva atrás dos dois troncos de árvores na beira da estrada. Sinto o asfalto, a poeira, a extensão do prado e da floresta, estou na estrada passando ao lado dessa bicicleta que parece abandonada na paisagem e depois, o banco sob as árvores à sombra fresca. Vejo todo o jardim, estou no jardim, ouço os passos sobre o saibro, as vozes dos outros que estão comigo, que vão e vêm e lá longe, há aquele banco à sombra fresca que me atrai (Giacometti, 1990, p. 68).

Ele retorna às "grandes flores amarelas" e se pergunta: como descrever esse quadro? Ele faz, portanto, uma passagem pela coisidade da obra, seus traços, nos buracos desses significantes, a sobreposição de cores, as formas, para declarar:

> Quanto mais uma pintura deseja nos dar uma representação da realidade, mais sou tocado pelos elementos que, num primeira olhadela, não parecem ser os signos mesmos dos objetos representados, mas são talvez justamente esses elementos que terminam por recriar a visão do objeto (*Ibidem*, p. 69).

Tal qual Lacan falando das maçãs de Cézanne no Seminário VII, *A ética da psicanálise*, vemos que é algo que está para além da representação – uma "outra Coisa" que é visada: o vazio do vaso, onde Lacan marcou a incidência do significante a partir de Heidegger. Acompanhando Giacometti, somos paulatinamente conduzidos ao centro da questão ética na função do artístico: ele observa o quadro de Braque, mas na sala onde isso acontece há, de fato, um "verdadeiro" buquê de flores e folhas sobre a mesa. Estaremos, talvez, de volta à questão que reflete, embora sem a mesma violência, aquela que se apresentava frente **às** meninas na rua de Pádua e os quadros de Tintoretto e Giotto, ou seja, entre obra e "realidade exterior"?

> Quando olho uma folha do ramo que está sobre a mesa, diante de mim, pelo que sou afetado? Pela forma da folha ou por sua cor verde, ou pelo próprio verde se destacando sobre o fundo preto? Pela sua situação no conjunto do ramo ou pela distância da mesa à folha e da folha ao teto? Pelo desenho de suas ranhuras ou pela flor branca que avança diante dessa mesma folha, ou mais ainda por outra coisa que não sei dizer, que não sei nomear, por esse desconhecido que Braque evoca para mim em todas as suas últimas pinturas e pelo qual, sobretudo, elas me atraem [elles m'attirent] (*Ibidem*, p. 68).

É curiosa a impressão que nos dá essa passagem, é como se algo de um real ali funcionasse como um esgarçamento da unidade ou do conjunto que é o buquê. Lacan usa no Seminário VII *A ética da psicanálise* uma expressão interessante, ele diz que, naquelas maçãs de Cézanne, as inserções imaginárias são "datizadas" de uma nova maneira. No buquê que ele observa sobre a mesa, mais do que ser datizada de uma outra maneira, algo se passa como um quebra-cabeça, cujas peças vão se desencaixando (pois não haveria mais o encaixe correto), mas caleidoscópicamente, pois cada elemento destacado está sempre em alguma relação específica e diferente com os demais, em constante movimento e em infinitas combinações. O observador já não sabe para onde olhar ou como ver, como se a unidade do objeto desandasse num labirinto de novas possibilidades e nos fizesse desaprender a ver. O mesmo se passa na cidade, quando Giacometti, como Baudelaire, vai descobrindo a infinita riqueza das ruas em *Paris sem fim*, essa cidade que ameaça desaparecer é também caleidoscópica. De fato, ali não há fim e não há critérios que restrinjam o olhar de Paris, o *flâneur* tem a morte por companheira.

Lembremos de Matisse desenhando a flor colhida no chão durante um passeio pelo jardim. Vemos que o desenhar – aquilo que está na base do hábito e da aprendizagem do artista, como vimos anteriormente e que tem uma importância enorme em Giacometti –, já sinaliza uma ética implícita, apenas 'adormecida`, que pode ser desposada ou não pelo pintor ou desenhista. Um artista como Giacometti – assim como Constantin Guys – é aquele sujeito que faz questão de desenhar tudo o que lhe interessa e o toca, com isso ele faz questão de registrar, justamente, mesmo que ele o faça sem saber, as diferenças que são o "óbvio" que se organiza, mas que se mostra sempre outro e muitas vezes estranho. Embora o desenho não seja uma atividade somente artística, vale perguntar sempre: por que desenhar? E por que pintar? Se as coisas estão aí, se tudo deve ser tão "natural"? Se tudo tem o seu lugar, se o mundo já está conformado, organizado e catalogado, para que desenhar uma flor – e ainda esta, logo a que está caída no chão? Por quê se ocupar com uma cabeça durante meses? (o que irritou Breton sobremaneira), como são alguns exemplos da experiência de Giacometti com os modelos. Se tudo está acertado harmonicamente, aplanado, como dizíamos, o que explica a existência desse sujeito que vem justamente representar o sujeito como subversão, perturbar a ordem, denunciar as feridas, ainda abertas, por onde ainda se retoma do zero e ainda se retoma o novo? Coisa tão "inútil" esse fazer do artista! Isto lembra uma pergunta de Didier-Weill a respeito da música logo no início de seu livro *Invocações* (Didier-Weill, 1999 p.9): por que cantar? Pergunta de um analista, portanto – tão simples quanto desconcertante. Não bastaria falar? Do mesmo modo, perguntamos pelo desenho. Por que desenhar? As próprias obras e coisas mostram as respostas 'mudas': uma rosa no capitel coríntio é muito diferente de uma rosa no chapéu ou mesmo no roseiral, dito seu lugar "natural". No roseiral mesmo, se a vemos do alto de um prédio é muito diferente de vê-la muito de perto ou pela mira de um telescópio. Por isso, a rosa cantada por Dorival Caymmi é muito diferente da rosa de Pixinguinha. Para o olhar do artista toda diferença é essencial, é levada em conta. A Rosa eclode tal qual a árvore de Saussure na ode radical de Lacan. No desenhar algo acontece paralelamente ao simples representar, algo embutido aí que é da ordem do olhar, do vazio, que, aí sim, somente o artista, e não somente como desenhista, procura valorizar em sempre outra Coisa. Uma pincelada a mais pode ser "fatal", assim como "aquele" pequeno ajuste na massa da futura escultura pode por tudo a perder. Ele sempre procura o lugar certo, por onde algo se possa perder ou para que se possa ver, fenomenicamente, algo que indique essa perda pela criação do inédito e do inaugural.

É muito importante o que diz Giacometti ao finalizar esse escrito sobre as flores de Braque, mostrando o quão longe a "visão" que ele "adota" para si pode levar:

> (...) dando tal peso a uma única parte da superfície do mais simples e, de uma certa maneira, do mais insignificante dos objetos, ele [Braque] valoriza ao mesmo tempo tudo aquilo que ele não pinta, dá valor às coisas mais sombrias e tristes e exalta tudo aquilo que as supera, até aquele que as olha (Giacometti, 1990 p.70).

O vazio é vazio, irrepresentável, mas ele entremeia e desarticula todas as coisas na preparação de novas articulações. Ele é *das Ding*, é falta. Manter o vazio, Giacometti nos ensina, significa fazer o mundo se deslocar, se quebrar, tal qual o chamado jogo dos 15, onde em um pequeno tabuleiro deslizam 15 peças, quadradas e achatadas com os números de 1 a 15 inscritos em cada uma delas, num espaço para 16. O movimento é possibilitado justamente pela falta de uma peça, a décima sexta, e o objetivo do jogo, no caso, é restabelecer a ordem numérica. Eis uma imagem interessante do desejo: uma falta que estrutura uma cena de movimentação, de busca de sentido.

Neste texto, ele nos indica ainda que a função da pintura é fazer "ver melhor" o que está em nosso entorno. Mas esse "ver melhor" quer dizer fazer olhar, pois pelas flores de Braque algo se inaugura. As flores, assim como todas as coisas que não são flores, poderão ser vistas de outra maneira, pois há algo que se quebra e denuncia essa quebra na medida em que as flores pintadas fazem com que vejamos as flores em cima da mesa no que elas têm de belo, no que elas são valorizadas enquanto brilho de olhar – ou, como lembrava Sabine Weiss, "*maintenant le vide*", mantendo o vazio. O belo, diz Lacan, é, depois do Bem, a última fronteira antes do horror. Algo se desarticula nesse buquê e revela seu jogo – não necessariamente rumo ao horror, que seria o olhar como falta desnudada e destruidora.

"Mas por quê", pergunta-se Giacometti no arremate final de seu texto, "por quê as flores nos parecem tão maravilhosas?" (*Idem*).

"É preciso valorizar", dizia Giacometti para seu amigo Jean Genet em *No ateliê de Giacometti*. E é o que se apresenta aqui, algo que, a respeito do olhar, só um artista pode conceber e pensar. Quando ele passa por toda a superfície de coisidade do quadro de Braque, mostrando que o que é representado é ultrapassado e recriado pelas ranhuras, pelos traços e pinceladas dos mais diversos tipos, e que as flores sobre a mesa ao lado apresentam uma situação similar, cuja presença torna-se tão inquietante quanto as pintadas, é preciso ver aí que algo de uma ética agita essa correspondência e nos revela algo de essencial da função da arte a partir do real.

Pedimos ao leitor que retome mais uma vez, por exemplo, a questão de Giacometti a respeito do copo que desaparece... reaparece... Ele parece nos dizer que um copo é, assim como as flores, de fato elevado à dignidade da Coisa:

> Se o copo que está à minha frente me impressiona muito mais do que todos os copos que vi em pinturas, e se penso que a maravilha das maravilhas em arquitetura não podem me impressionar mais do que este copo, realmente não vale a pena que eu me empenhe numa viagem até a Índia para ver tal e qual templo quando tenho tanto quanto ou até mais diante de mim. Mas então, se este copo se torna a maravilha das maravilhas, todos os copos se tornam também a maravilha das maravilhas. Mas todos os outros objetos também. Limitando-se a um só copo, tem-se muito mais a noção de todos os outros objetos do que se quisesse fazer o todo. Tendo meio centímetro que seja de qualquer coisa, tem-se muito mais chance de se ter um sentimento do universo do que se tivesse a pretensão de fazer o céu inteiro (*Ibidem*, p. 291).

Um vaso de flores, ou mesmo uma determinada pincelada de Braque podem mudar tudo. Eis aí toda a questão ética, pensada pelo viés artístico, que Giacometti nos apresenta concentrada em uma só pincelada.

Uma outra situação que pode também ilustrar esse valorizar em Giacometti é uma conversa com seu amigo Isaku Yanaihara , professor de filosofia oriental e um de seus mais conhecidos modelos. Yanaihara (p. 218) posa para Giacometti e comenta com ele seu desejo de viajar e conhecer o Egito, de sua relação que é com o Egito antigo e com o apelo das pirâmides, diz ele. Giacometti, de trás do cavalete, retruca:

> Concordo, mas para mim o seu nariz já é a pirâmide, e seu rosto a esfinge. Como seria magnífico se eu pudesse pintar um pouco mais exatamente essa pequena pirâmide que está no meio do seu rosto. Não somente o seu nariz, mas também seu rosto cujas partes são todas construídas de muitas pirâmides! É quase impossível para mim pintá-las (*Ibidem*, p. 254-5).

Esse valorizar implica nisso, que sempre há algo a mais nesse rosto que se apresenta e que o artista não consegue capturar em sua pintura ou em seu desenho, é de fato irrepresentável - e motivo de maravilhamento. Muitas vezes, diz ele, o que ele "vê" se complexifica de tal modo que o que se configura diante do artista é a profundeza de um abismo.

PARA CONCLUIR

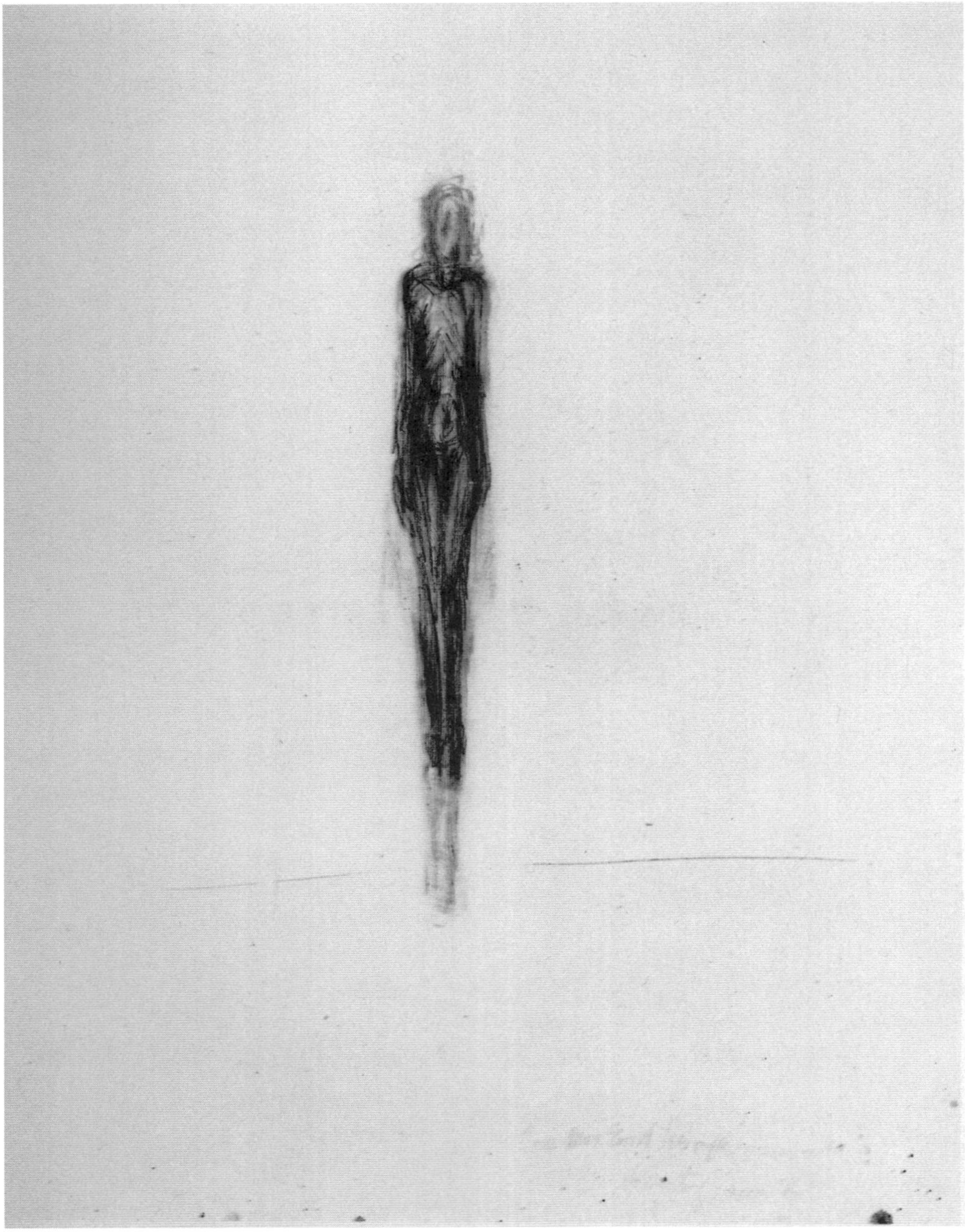

Em oposição ao discurso universal e da assepsia, para além ou bem aquém dele, encontramos o Acheronta, o rio do Inferno (Hades) por onde passam os mortos. Na mitologia grega, somente um homem atravessou esse rio duas vezes: Orfeu. Com o encantamento da música de sua lira, conseguiu convencer os deuses infernais a libertar Eurídice, sua esposa, do Inferno, restituindo-lhe a vida. Sabemos de sua empresa, o quanto ela foi malograda. Mas, como Giacometti, já foi um grande feito ter descido às profundezas do inferno, munido de seu empenho artístico, e assim poder contar-nos o que ele lá pode "ver". Mesmo que essa reportagem seja incomunicável e condenada à solidão secreta de uma ferida, vale o que ela denuncia: a dimensão da perda. Eurídice duas vezes perdida, dirá Lacan.

Como vimos, procuramos investigar o que se passa nas "profundezas do gosto", e encontramos *a*, seu elemento central como "profundeza do sujeito", para dizer que Giacometti se situa nas suas proximidades. Mas também sabemos que, apesar do atrativo que Lacan imprime à expressão ao criá-la, essas "profundezas" não correspondem a nenhuma expressão romântica ou metafísica. Tratamos, na verdade, de um fundo que se dá, paradoxalmente, na superfície – falamos em *a*-fundamento para pensar isso no âmbito do fazer do artista. E dizemos, portanto, que o inferno está na superfície. O ambiente resultante da instalação da modernidade e do discurso da ciência tem como resultante um sujeito que, paralelamente, já se preparava como "algo que caminha nas profundezas do gosto" durante cem anos para que a psicanálise pudesse ser viável. Mas tudo estava lá, a olhos vistos, na superfície, inclusive para a inspeção do *flâneur*: a revolução industrial, a exploração impiedosa, a "profanação" do corpo e da alma pela ciência, o poder pecuniário se elevando acima de todas as coisas, a miséria e o sofrimento no aparecimento das classes proletárias e dos injustiçados expulsos de suas terras. Desse drama surgem exemplos como *O médico e o monstro*, de Stevenson, *Felicidade no crime*, de Barbey D'Aurevilly, o *Frankenstein*, de Mary Shelley, *As flores do mal*, do próprio Baudelaire, *Hard Times*, de Dikens, e *tantas outras* obras que põem em xeque as estruturas do poder constituído, mas sempre apontando para um mais-além, como tudo que diz respeito ao artístico.

Mas Lacan utiliza "profundezas", e isso porque se trata de um fundo que se oculta e escapa sempre, como um sabonete. E isso que escapa, no que escapa, "caminha", como um fugitivo ou mesmo um clandestino perseguido pela lei. O caminhar é inevitável, como resposta às circunstâncias, pois o real é, segundo Lacan, o que sempre retorna ao mesmo lugar, e que como fundo que escapa, funda sempre outro. Desse modo, caminhar nas profundezas é dizer que algo escapa à apreensão do saber, insistindo enquanto limite a ele, e, por isso, existe enquanto negatividade. Esse fundo, portanto, é o resto da cena do mundo, mas que funda o mundo nos seus redemoinhos de ficção. Ele é o real. Se ele escapa é porque é imprevisível e surpreendente.

De onde Freud, em *Mal-estar na civilização*, nos diz as tão conhecidas palavras:

> (...) o que decide o propósito da vida é simplesmente o programa do princípio do prazer. Esse princípio domina o funcionamento do aparelho psíquico desde o início. Não pode haver dúvida sobre sua eficácia, ainda que o seu programa se encontre em desacordo com o mundo inteiro, tanto com o macrocosmo quanto com o microcosmo. Não há possibilidade alguma de ele ser executado; todas as normas do universo são-lhe contrárias. Ficamos inclinados a dizer que a intenção de que o homem seja "feliz" não se acha incluída no plano da "Criação" (Freud, 1930[1929]/1987, p. 94-95),

Podemos dizer com ele, em relação ao campo escópico, que nada garante a eficácia da visão, nem no microcosmo e nem no macrocosmo. Que nada pode dar garantia e suporte definitivo ao ver, que, enfim, simplesmente não há "O Ver", uma forma de ver definitiva que nos guie no mundo e que centralize nossa subjetividade, substancializando-a, e nem mesmo nada que esteja definitivamente preparado para ser visto. O que temos, dirá Freud, é o princípio do prazer (o seu "programa") que, embora "sua eficácia", está em completo "desacordo com o mundo inteiro, tanto com o macrocosmo quanto com o microcosmo".

Ninguém mais do que o artista sabe o que é esse desacordo, o desencaixe, e mais do que isso, o não-encaixe das coisas no mundo em sua desarrumação no tempo e no espaço – na impossibilidade da relação sexual feita obra. E ainda, ninguém pode falar como ele sobre os rasgos, pois o rasgo mesmo é, para o artista, a um só tempo produto e origem preciosos de seu "milagre", para usar um termo de Lacan. O *flâneur* rasga a cidade por onde caminha porque a cidade já se dá como esse infindável rasgar-se. E, assim como a cidade, as flores que Giacometti admira, seja no quadro de Braque ou na sala da exposição, ensinanos que o rasgo já está aí na realidade, nesse segredo da realidade – clandestino. Edson de Sousa mostra-nos esse segredo, como Heidegger – assim como Genet, do seu modo –, que nos mostrava no segundo capítulo, o enigma sem tentar resolvê-lo. Em *Uma invenção da utopia*, o autor nos conta de uma ida ao sapateiro para onde levou uma bolsa para consertar:

> Entrar em uma sapataria talvez seja uma das experiências mais contundentes da imperfeição do mundo. Os sapatos em desordem, o cenário precário e sublime resistindo à velocidade do capital e das mercadorias, o pó e o cheiro de graxa nos lembrando uma outra química do tempo. Os pequenos espaços das sapatarias ainda resistem ao *layout clean* da arquitetura das vitrines coloridas onde tudo parece estar no lugar. Ali, nos lembramos que o corpo tem feridas e cicatrizes, que a vida está cheia de curativos, que os sonhos envelhecem e que inevitavelmente os objetos estragam.
>
> Digo ao sapateiro: "Os objetos vivem estragando!". Ele, atento à complexidade de meu enunciado, sem pretensão, me responde: "Ainda bem! Se não estragassem eu não viveria!". Senti-me subitamente reconfortado, e a vida, em um passe de mágica, parecia adquirir o equilíbrio sereno da precisão de suas palavras. Ele vive da imperfeição do mundo e seu comentário tomou uma densidade filosófica (Sousa, 2007, p.4).

Os objetos estragam, as coisas, no tempo e na sua usura, no desgaste resultante dela, "adquirem" as imperfeições que são os traços singulares advindos da sua própria estrutura material enquanto tal e da sua inserção no mundo, no mundo dos falantes que o produzem e o vestem, e se movimentam pela cidade ou pelo campo. Daí o que nos diz Giacometti, quando ele fala de um rasgo ("*un déchirement dans la realité*") frente às meninas em Pádua, é a irrupção do olhar enquanto falta na realidade, numa experiência de dilaceramento no imaginário onde no mesmo lugar vacilaram suas coordenadas estruturadoras junto ao simbólico e ao imaginário (estádio do espelho), mas que, rigorosamente falando, não está distante dos rasgos que uma certa imaginarização nos oculta e que nos protege do olhar, cuja proximidade é espantosa no cotidiano mais banal. O artista, mais do que ninguém, é testemunho desse mundo ("imundo"?), ele o denuncia. Para o *flâneur*, por exemplo, ele não é de todo invisível, embora o dizer só possa contorná-lo. Temos aí a 'simplicidade' do exemplo das peças que ocupam desordenadamente a oficina do sapateiro de Sousa, assim como os sapatos do professor D, no corredor de um hotel em Londres, que serviram para Lacan exemplificar de que se trata o belo na sua vertente não ideal. A esses calçados se ligam ainda os famosos sapatos da camponesa pintados por Van Gogh, "imagem maravilhante do que é uma obra de beleza" (Lacan, 1959-60/1991, p. 354), que nos mostra Heidegger em sua *A origem da obra de arte*. Desse rasgo

(*Aufriss*), aliás, dissertou Heidegger, como vimos no Capítulo II, colocando-o no lugar do elemento essencial da coisidade na obra de arte.

Esse rasgo está também no enigma das pálpebras de Buda na experiência de Lacan no templo budista no Japão, conforme o relato do Seminário X, *A angústia*, assim como nas pálpebras de Antígona, cuja beleza é *hímeros* e se desprende como olhar, do mesmo modo que os fósforos de Prèvert, além dos sapatos, de que já falamos, incluídos no Seminário VII *A ética da psicanálise*. E ainda tivemos os rasgos no corpo do *Moisés* de Michelangelo, que tiraram o sossego de Freud. Tudo isto no caminho daquilo que vínhamos discutindo a respeito da má forma e da questão sobre a coisidade a partir de Heidegger e adotada, embora não explicitamente, por Lacan.

Na verdade, seguindo Giacometti em seus passos, a partir da aparente simplicidade de seus procedimentos, não precisamos ir tão longe para percebermos os fundamentos do que procurou apresentar, uma vez que se *a*-fundam no que já é achado – como dizíamos de Picasso na introdução – no dia a dia de cada um de nós. Por exemplo, – como as flores sobre a mesa na exposição de Braque observadas por Giacometti –, uma cesta de frutas na cozinha é o suficiente para causar uma certa aflição em quem a observa com acuidade. A experiência do tempo é algo que podemos utilizar como sugestão àqueles que querem testemunhar uma subversão do próprio objeto empírico sobre si mesmo no devir. Pelo amarelo vivo da banana que repousa sobre a maçã e as pêras, salta aos olhos o espetáculo das manchas surgindo e construindo os desenhos e marcas "daquela" banana. Uma banana nos olha e nem sabemos disso.

Como diz François Regnault, e com muita propriedade: é a arte que organiza o campo da psicanálise. É ela que contorna o furo e o denuncia para o psicanalista. "A arte que organiza a psicanálise é a que organiza o furo da Coisa. Como ela procede?" (Regnault, 2001, p. 2).

REFERÊNCIAS BIBLIOGRÁFICAS

ANDRADE, C. D. de. – *A rosa do Povo*. Rio de Janeiro, Record, 2003.

ARAGON, L. – *Henri Matisse, roman*. Paris, Quatro Gallimard, 1998.

BAAS, B. – *O desejo puro*. Rio de Janeiro, Revinter Editora, 2001.

__________. – *De la Chose à l'objet*. Louvain, Peeters, 1998.

BAAS, B. & ZALOSCYC, A. – *Descartes e os fundamentos da psicanálise*. Rio de Janeiro, Revinter Editora, 1996.

BAUDELAIRE, C. – *As flores do mal*. Rio de Janeiro, Editora Nova Fronteira, 1985.

__________. – O pintor da vida moderna. *In*: *Fundadores da modernidade*. Irlemar Chiampi (Coord.). São Paulo, Editora Ática, 1991.

__________. – *Paraísos artificiais*. Porto Alegre, L&PM, 1998.

BENJAMIN, W. – Paris, capitale du XIXe siècle. *In*: *Oevres* III. Paris, Folio Gallimard, 2000.

BONNEFOY, Y. – *Alberto Giacometti: A biography of his works*. Paris, Flammarion, 1991.

BRETON, A. – *Manifestes du surréalisme*. Paris, Gallimard, 1979.

BRION, F. [*et alii*]. – *Realismo, Racionalismo, Surrealismo: A arte entre-guerras*. São Paulo, Caosac & Naify Edições, 1998.

COSTA, M. C. Advertência da tradutora. *In*: *A origem da obra de arte*. Martin Heidegger. Lisboa, Edições 70, 1977.

D'AGORD, M. – O inconsciente na sala de aula. *In*: *Ágora*, v. V n. 1 jan/jun 2002. 155-174.

DARRIBA, V. A. – A falta conceituada por Lacan: da Coisa ao objeto *a*. *In*: *Ágora: Estudos em Teoria Psicanalítica*. Rio de Janeiro, v. 8, p. 63-76, 2005.

DIDIER-WEILL, A. – Invocações: Dionísio, Moisés, São Paulo e Freud. Rio de janeiro, Companhia de Freud, 1999.

DUFRÊNE, T. – *Le journal de Giacometti*. Paris, Éditions Hazan, 2007.

FREUD, S. – *Edição Standard Brasileira das Obras Completas de Sigmund Freud*. 2ª ed. Rio de Janeiro, Imago, 1987.

__________. – Projeto para uma psicologia científica. [1950(1895)] *In*: *Op. cit.* v. I. Rio de Janeiro, Imago, 1987.

__________. – A interpretação dos sonhos. [1900] *In*: *Op. cit.* v. IV-V. Rio de Janeiro, Imago, 1987.

__________. – Três ensaios sobre a teoria da sexualidade. [1905] *In*: *Op. cit.* v. VII. Rio de Janeiro, Imago, 1987.

__________. – O Moisés de Michelangelo. [1914] *In*: *Op. cit.* v. XIII. Rio de Janeiro, Imago, 1987.

___________. – O estranho. [1919] *In*: *Op. cit.* v. XIX. Rio de Janeiro, Imago, 1987.

__________. – Mal-estar na civilização. [1930(1929)] *In*: *Op. cit.* v. XXI. Rio de Janeiro, Imago, 1987.

__________. – Sonhos de Descartes: carta a Maxim Leroy. [1929] *In*: *Op. cit.* v. XXI. Rio de Janeiro, Imago, 1987.

GALLAND, A. (versão) – *As mil e uma noites*. Apresentação Malba Tahan. Rio de Janeiro, Ediouro, 2001.

GENET, J. – *No ateliê de Giacometti*. Rio de Janeiro, Cosc & Naify, 2000.

GIACOMETTI, A. – *Écrits*. Paris: Hermann, Éditeurs des Sciences et des Arts, 1990.

GULLAR, F. – *Poema sujo*. Rio de Janeiro: José Olympio, 2006.

HAAR, M. – *A obra de arte: Ensaio sobre a ontologia das obras*. Rio de Janeiro: Difel, 2000.

HEIDEGGER, M. – *A origem da obra de arte*. Lisboa, Edições 70, 1977.

__________. – *Que é uma coisa?*. Lisboa, Edições 70, 1987.

__________. – *Introdução à metafísica*. Rio de Janeiro, Tempo brasileiro, 1966.

HUHNE, L. M. (org.). – *Fazer filosofia*. Rio de Janeiro, Uapê, 1994.

JORGE, M. A. C. – Psicanálise e Surrealismo. *In*: *Sexo e discurso em Freud e Lacan*. Rio de Janeiro, Jorge Zahar Editor, 1988.

__________. – *Fundamentos da psicanálise de Freud a Lacan, v. 1: as bases conceituais*. Rio de Janeiro, Jorge Zahar Editor, 2000.

__________. – Arte e travessia da fantasia. *In*: *Sobre arte e psicanálise*. Tania Rivera e Vladimir Safatle (orgs.). São Paulo, Escuta, 2006.

__________. – Aula Inaugural proferida no Círculo Psicanalítico de Minas Gerais, Belo Horizonte, 21 de fevereiro de 2003. In: Estudos de Psicanálise Belo Horizonte: Publicação Anual do Círculo Brasileiro de Psicanálise, 2003

KRAUSS, R. E. – *Caminhos da escultura moderna*. São Paulo, Martins Fontes, 2001.

LACAN, J. – *O Seminário, Livro II: O eu na teoria de Freud e na técnica da psicanálise.* [1955-56] Rio de Janeiro, Jorge Zahar Editor, 1995.

___________. – *Escritos.* Rio de Janeiro, Jorge Zahar, 1998.

___________. – Instância da letra no inconsciente ou a razão desde Freud. [1957] *In*: *Op. cit.* Rio de Janeiro, Jorge Zahar, 1998.

___________. – *O Seminário, Livro VII: A ética da psicanálise.* [1959-60] Rio de Janeiro, Jorge Zahar Ed., 1990.

___________. – *O Seminário, Livro X: A angústia.* 1962-63] Rio de Janeiro, Jorge Zahar Ed., 2007.

___________. – *O Seminário, Livro XI: Os quatro conceitos fundamentais da psicanálise.* [1964] Rio de Janeiro, Jorge Zahar, 1990.

___________. – *Televisão.* [1974] Rio de Janeiro, Jorge Zahar Editor, 1993.

___________. – *O Seminário, Livro XXII: R. S. I.* [1974-75] Inédito.

___________. – *O Seminário, Livro XXIII: O sinthoma.* [1975-1976] Rio de Janeiro, Jorge Zahar Ed., 2007.

___________. – *Outros escritos.* Rio de Janeiro, Jorge Zahar Editor, 2003.

___________. – Talvez em Vincennes... [1975] In: *Op. Cit.* Rio de Janeiro, Jorge Zahar Editor, 2003.

LAURENT, E. – Su control y el nuestro. *In*: *Revista Freudiana*, 30. Barcelona, 2000.

LORD, J. – *Alberto Giacometti – Biographie.* Zurique, Scheidegger & Spiess, 2001.

___________.– *Um retrato de Giacometti.* São Paulo, Iluminuras, 1998.

MAHON, A. - *Surrealism and politics of Eros.* London, Thames & Hudson, 2005.

MATISSE, H. – *Escritos e reflexões sobre arte.* São Paulo, Cosac Naify, 2007.

MILLER, J. – *O sobrinho de Lacan.* Rio de Janeiro: Forense Universitária, 2005.

___________.– A discussion of Lacan's "Kant with Sade". In: *Reading Seminars I and II: Lacan's Return to Freud / The Paris seminars in English.* Richard Feldstein, Bruce Fink, Maire Jaanus (orgs.). New York, Suny Press, 1996.

MILNER, J. – *A obra clara (Lacan, a ciência, a filosofia)*. Rio de Janeiro, Jorge Zahar Editor, 1996.

NIETZSCHE, F. – *Assim falou Zaratustra - Um livro para todos e para ninguém*. Rio de Janeiro, Civilização Brasileira, 1983.

PAZ, O. - *Marcel Duchamp ou o castelo da pureza*. São Paulo, Perspectiva, 2002.

POULICHET, S. L. – *L'art du danger: De la détresse à la création*. Paris, Anthropos, 1996.

QUINET, A. – *Um olhar a mais*. Rio de Janeiro, Jorge Zahar Editor, 2002.

__________. – *O estilo, o analista e a Escola*. Texto capturado no endereço eletrônico http://www.etatsgeneraux-psychanalyse.net/mag/archiv/paris2000/texte84.html, 2005

REGNAULT, F. – *Em torno do vazio*. Rio de Janeiro, Contra Capa, 2001.

RILKE, R. M. – *Cartas sobre Cézanne*. Rio de Janeiro, Sette Letras, 2001.

RIMBAUD, A. – *Oeuvres complètes*. Paris, Le livre de Poche, 1999.

RINALDI, D. – *A ética da diferença – Um debate entre psicanálise e antropologia*. Rio de Janeiro, Jorge Zahar e Editora da UERJ, 1996.

RIVERA, T. - *Arte e psicanálise*. Rio de Janeiro: Jorge Zahar, 2002

ROSENBERG, P. [*et alii*]. – Chardin: The Unknowing Subversive?. In: *Chardin*. New York, Royal Academy of Arts, London and Metropolitan Museum of Art, New York, 2000.

ROUDINESCO, E. – *Jaques Lacan: esboço de uma vida, história de um sistema de pensamento*. Rio de Janeiro, Companhia das Letras, 1994.

SCHNEIDER, A. [*et alii*]. – *Alberto Giacometti / Skulpturen, Gemälde, Zeichnungen*. Munique, Prestel, 1994.

SOUSA, Edson de. – Uma estética negativa em Freud. In: *A invenção da vida, arte e psicanálise*. Porto Alegre, Artes & Ofícios, 2001.

__________. – *Uma invenção da utopia*. 1ª Ed. São Paulo, Lumme Editor, 2007.

WITTKOWER, Rudolf. – *Escultura*. São Paulo, Martins Fontes, 2001.

FILMES E DOCUMENTÁRIOS

Matisse e Picasso, de Philippe Kohly - Les Films d'Ici, 2000.

Le Mystère Picasso, de Henri-Georges Clouzot - Teledis, Clouzot, Lorau, Picasso – 1955.

Henri Matisse, de Frédéric Rossif - Cinématèque Française, 1951.

Qu'est-ce qu'une Tête?, de Michel van Zelle - Les films d'Ici, 2000.

Un homme parmi les homes: Alberto Giacometti, de Jean-Marie Drot - Para a série Les *Heures Chaudes de Montparnasse*, Emission no. 9, 1964.

L'Invention de la psychanalyse, de Elizabeth Roudinesco e Elisabeth Kapnist, 2001.

CADERNO DE
IMAGENS

Alberto Giacometti 1959

Alberto Giacometti

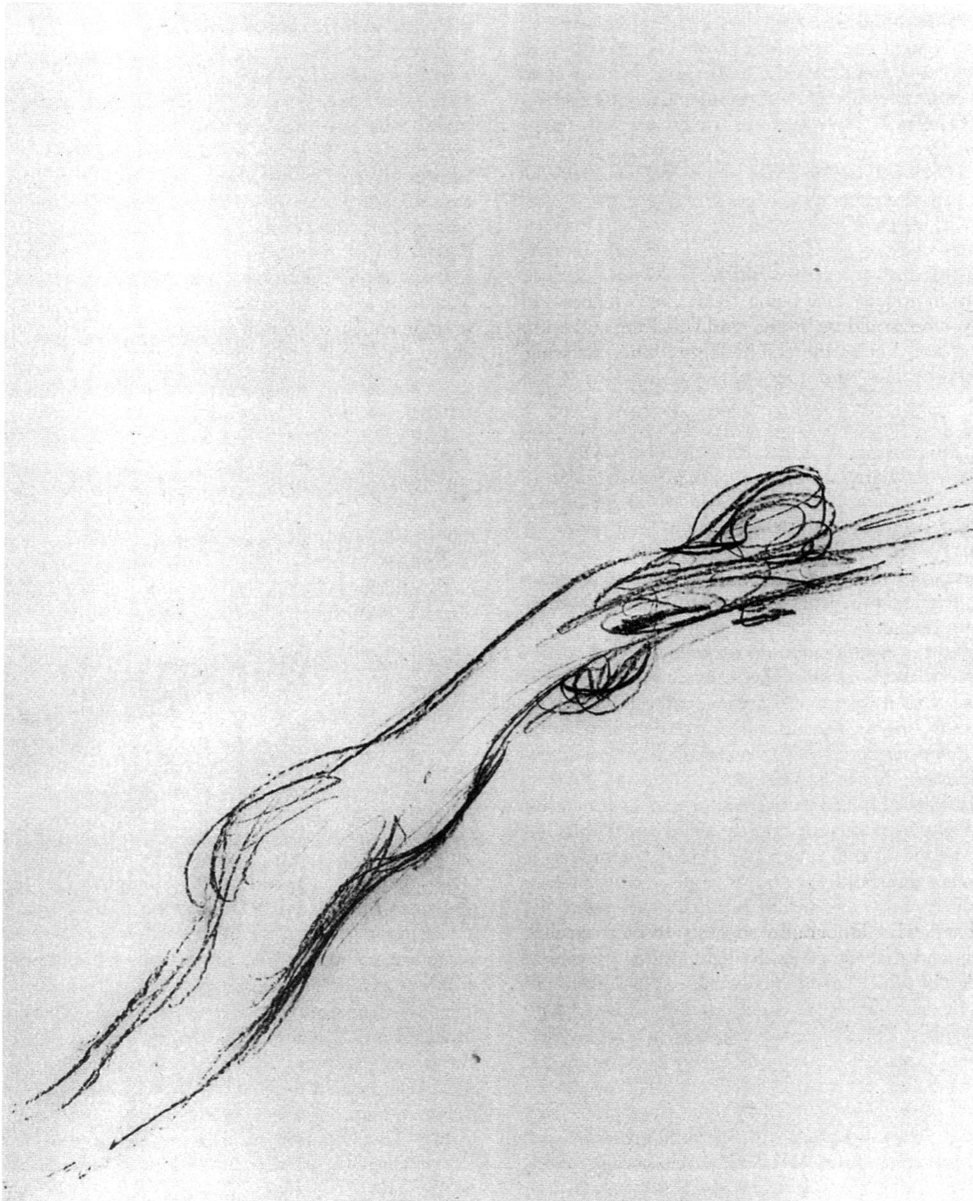

149

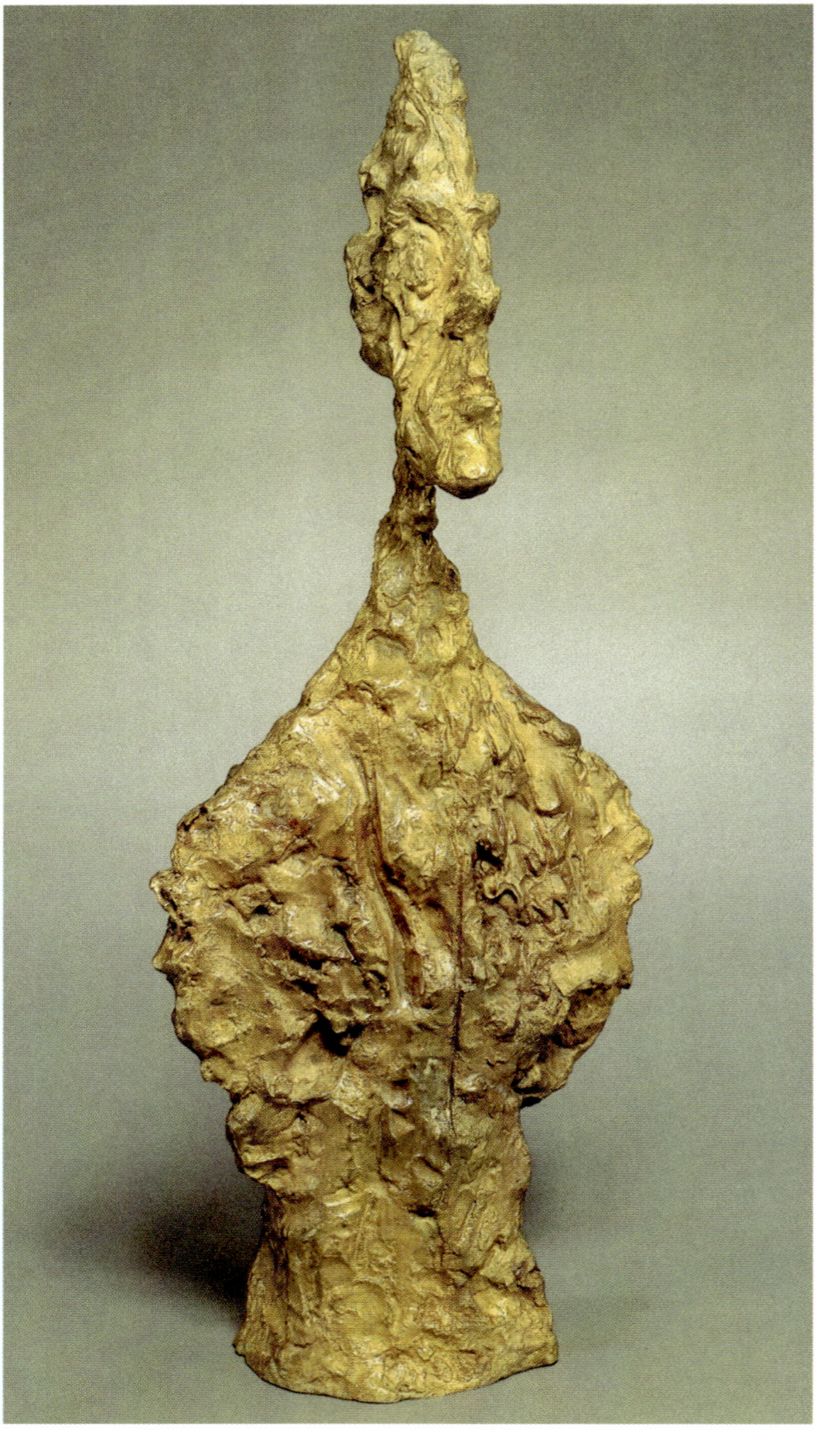

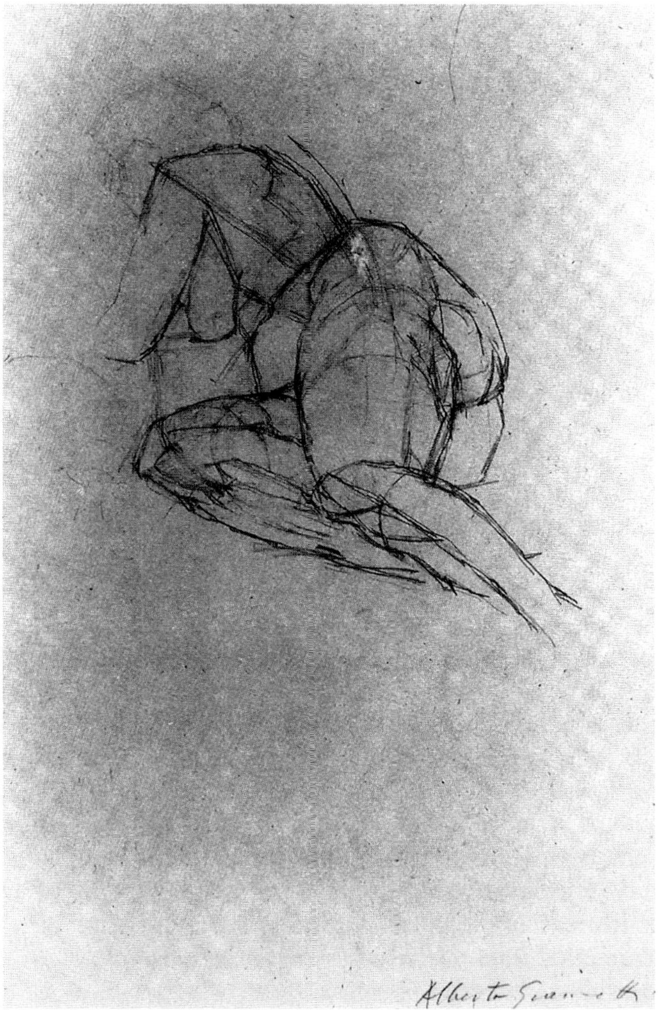

ÍNDICE
IMAGENS

p. 10 Sabine Weiss, *Alberto Giacometti em seu estúdio*, 1954.

p. 16 Henri Cartier-Bresson, *Alberto Giacometti rue d'Alésia*, Paris, 1961.

p. 22 Henri Cartier-Bresson, *Alberto Giacometti instalando suas esculturas na Galeria Maegh,* Paris, 1961.

p. 28 *A mãe do artista*,1946. Lápis, 49.5 x 35 cm. Coleção particular.

p. 40 Franco Cianetti, *Artista modelando cabeça de Diego*, 1922.

p. 96 Franco Cianetti, *Alberto Giacometti modelando busto de Anette*, 1962.

p. 154 [em cima:] *Homem e mulher*, 1928-1929. Bronze, 40 x 40 x 16.5 cm, Musée Nacional d'Art Moderne, Paris, e [em baixo:] *Mulher com garganta cortada*, 1932. Bronze, 22 x 75 x 58 cm. Fundação Alberto Giacometti, Zurique.

p. 155 [em cima:] *Objeto desagradável*, 1931. Bronze, 48.5 cm. Coleção particular, Nova York, e [em baixo:] *Ponta no olho*, 1931. Gesso e metal, 13.5 x 59.5 x 31cm, Fundação Alberto Giacometti, Zurique. Em outra versão, de 1932, *Ponta no olho* é confeccionada em madeira e metal.

p. 200 *Mulher em pé*, lápis sobre papel, 1950.

p. 206 Andrea Garbald. *Família Giacometti em 1909.* Da esquerda para a direita: Alberto, Diego, Bruno, Giovanni, Ottilia e Anetta.

p. 215 Brassaï, *Alberto Giacometti em seu estúdio modelando Mulher em pé*, 22 de março de 1965.

p. 216 *Bola suspensa*, 1930-1931. Gesso e metal, 61 x 36 x 33.5 cm (versão de 1965). Fundação Alberto Giacometti, Zurique.

p. 217 *Jean Genet*, 1955. Óleo sobre tela, 73 x 60 cm. Musée Nacional d'Art Moderne, Paris.

p. 218 *Yanaihara III*, 1956. Óleo sobre tela, 81.3 x 65 cm. The Art Institute, Chicago.

p. 219 *James Lord*, 1964. Óleo sobre tela, 117 x 81.5 cm. Coleção particular.

p. 220 [em cima] *Natureza morta*, 1946. Óleo sobre tela, 24.4 x 30.5 cm. Jean Krugier Gallery, Genebra. [em baixo] *Três estatuetas sobre base*, [à esquerda:]

1945, gesso, 10.3 x 5 x 4.9 cm. [centro:] 1944, gesso, 7 x 2.8 x 3 cm. [à direita:] 1945, gesso, 9.2 x 4 x 4cm. Coleção particular, Nova York.

p. 221 *Objeto invisível* (*L'objet invisible* ou *Mains tenant le vide*) 1934. Bronze, 153 x 32 x 29 cm. National Gallery of Art, Washington.

p. 222 *Cabeça que olha* (*Tête qui regarde*), 1928. Gesso, 39 x 37 x 5.5 cm. Fundação Alberto Giacometti, Zurique.

p. 223 [em cima à esquerda:] *O pai I*, 1927. Gesso, 27 x 20 x 25 cm. Coleção particular, Suíça. [em cima à direita:] *Cabeça do pai*, 1927. Mármore, 30 x 23 x 21 cm. Coleção particular, Suíça. [em baixo:] *Projeto para uma praça*, 1931. Gesso, 18 x 26 x 16 cm.

p. 224 *Paris sem fim*, frontispício. Litografia, 42 x 32 cm, Paris, Verve, 1969. Coleção particular.

p. 225 *Paris sem fim*, pranchas (em sentido horário) 71, 82, 86 e 90. Litografia, 42 x 32 cm, Paris, Verve, 1969. Coleção particular.

p. 226 *Paris sem fim*, prancha final no.149. Litografia, 42 x 32 cm, Paris, Verve, 1969. Coleção particular.

p. 227 *Busto de Anette*, 1954. Óleo sobre tela, 29 x 22 cm. Coleção particular.

p. 228 *Quatro mulheres sobre uma base*, 1950. Bronze, estatuetas pintadas, 76 x 41.5 x 17 cm. Fundação Alberto Giacometti, Zurique.

p. 229 *Homem que anda II*, 1960. Bronze pintado, 187 x 27 x 110 cm. Fundação Maeght, Saint-Paul.

p. 230 *Busto de Diego*, 1957. Bronze, 60.6 x 24.8 x 16 cm. Hirshhorn Museum and Sculpture Garden, Washington, D.C.

p. 231 *Nu deitado*, 1922-1923. Lápis, 50.3 x 33 cm. Fundação Alberto Giacometti, Zurique.

Foto capa: *Três cabeças*, 1962. Caneta esferográfica, 20.7 x 15.2 cm. Coleção particular, Nova York. Dedicatória a Pierre Matisse: "*Pour Pierre Matisse ce 18 (déjà!) janvier 1962*" ("Para Pierre Matisse neste 18 (já!) de janeiro de 1962").

Foto contracapa: Herbert Matter, *Giacometti*, Paris, 1965.